DISCOURS

SUR LA

VIE ET LES VERTUS

DE MONSEIGNEUR

DE MIOLLIS.

DISCOURS

SUR

LA VIE ET LES VERTUS

DE MONSEIGNEUR

CHARLES-FRANÇOIS-MELCHIOR-BIENVENU

DE MIOLLIS,

ÉVÊQUE DE DIGNE,

PRONONCÉ DANS L'ÉGLISE DE S. JÉROME LE 12 SEPTEMBRE 1843,

A L'ISSUE DE LA RETRAITE PASTORALE,

PAR L. J. BONDIL,

Chanoine Théologal.

DIGNE,

Mme Ve A. GUICHARD, IMPRIMEUR,

Place de l'Évêché, 7.

—

1843.

DISCOURS

SUR LA

VIE ET LES VERTUS

DE MONSEIGNEUR

CHARLES–FRANÇOIS–MELCHIOR–BIENVENU

DE MIOLLIS,

ÉVÊQUE DE DIGNE.

———◆———

Nocte et die non cessavi cum lacrymis monens unumquem-
que vestrûm, at nunc commendo vos Deo et verbo gratiæ ipsius.

Je n'ai cessé, ni jour ni nuit, de vous avertir avec larmes,
et maintenant je vous recommande à Dieu et à sa grâce (*Act.*
xx, 51, 52).

MONSEIGNEUR,

En approchant de ce tombeau, autour duquel
aujourd'hui un devoir pieux nous rassemble,
une douce illusion me saisit : je crois voir les
restes glacés que couvre ce marbre se ranimer ;
je crois entendre encore celui qui fut notre père ;
et il me semble qu'empruntant le langage de
l'Apôtre, sa bouche vénérable nous adresse à
tous ces paroles, du fond de sa tombe : Je n'ai
cessé, ni jour ni nuit, de vous avertir ; je n'ai
cessé de vous porter à faire le bien ; car ce que

je désirai toujours et ce que je désire encore, c'est que vous soyez heureux ; *Nocte et die non cessavi monens unumquemque vestrûm.* Je vous ai animés par mes exhortations, je vous ai encouragés par mes exemples. Souvenez-vous donc de mes discours, soyez mes imitateurs là où je le fus moi-même de Jésus-Christ ; et le Dieu puissant, à qui je vous recommande, achèvera par sa grâce, l'important et difficile ouvrage de votre sanctification.

A ce langage paternel je me rappelle et le zèle que mit ce charitable pasteur à instruire son peuple, et les exemples par lesquels il l'édifia. J'en bénis la divine Providence et je me dis : Non, Dieu n'abandonne point son Église, il est toujours également bon et libéral envers elle. Si les prodiges de sa toute-puissance ne sont plus aussi fréquents qu'autrefois, s'il ne déploie pas son bras invincible avec autant d'éclat qu'au jour où il fallait abattre l'antique et formidable colosse de l'idolâtrie, s'il frappe moins de ces coups retentissants, par lesquels il voulait faire sortir le genre humain de l'abîme de dégradation et d'ignorance où il s'était précipité et endormi ; les prodiges de grâce et de sainteté ne sont pas rares, chaque siècle en fournit, chaque pays peut admirer les siens.

Que l'Église de Digne est heureuse d'avoir vu si longtemps briller dans son sein, les pures et

touchantes vertus d'un Pontife qui fut le modèle
de son peuple, et ne cessa de lui montrer les
routes du salut par ses paroles, et plus encore
par ses actions ! C'est là pour nous, mes Frères,
avouons-le, un grand sujet de reconnaissance
envers le Seigneur. Mais hélas! depuis plusieurs
années, ce vénéré Pontife était loin de nous, et
maintenant nous avons la douleur de dire : il
n'est plus ! L'édification qu'il nous donnait a-t-
elle donc cessé avec sa vie? Non, mes Frères,
il ne faut pas qu'elle cesse. Recueillons nos souvenirs, interrogeons ceux des autres; que ces
souvenirs le fassent revivre aujourd'hui, au
milieu de nous; qu'il vienne, en ce moment,
nous exhorter encore par ses paroles et par ses
exemples. Qu'à sa vue, qu'à sa douce voix, une
noble et sainte émulation se réveille dans son
peuple; c'est pour y contribuer, selon mes forces,
que je vais vous raconter ce que j'ai vu et ce que
j'ai pu apprendre des vertus qu'a pratiquées très-
illustre et très-vénérable Charles-François-Melchior-Bienvenu de MIOLLIS, ancien Évêque de
Digne.

Pour être grand aux yeux du monde, il faut
s'élever et briller. Pour être grand aux yeux de
Dieu, c'est tout le contraire: il faut s'abaisser et
pratiquer sans bruit la vertu. Il faut s'abaisser,

car il est écrit : Celui qui s'élève sera humilié, et
celui qui s'humilie sera élevé [1] ; il faut pratiquer
sans ostentation la vertu, parce qu'il est écrit : Ne
faites point vos bonnes œuvres devant les hommes, dans l'intention d'être remarqués, autrement vous n'en recevrez pas la récompense de
votre père qui est dans les cieux [2]. Faire constamment le bien et s'estimer peu, observer toute
la loi et se compter ensuite parmi les serviteurs
inutiles, c'est là toute la vie chrétienne et parfaite ; ce fut toujours celle de notre saint Prélat.

Il fit le bien et il observa la loi ; ce fut l'occupation, la grande affaire de toute sa vie (vous
le savez d'avance, et ce que j'ai à dire le confir-
mera); et cependant il ne s'en estima jamais davantage. Il sut de bonne heure que l'édifice de la
perfection doit s'élever sur le fondement de l'humilité ; il sut de bonne heure aussi s'humilier
devant Dieu et reconnaître son néant devant cette
majesté souveraine ; et cette humilité fut véritable et sincère. Elle avait ses racines dans son
esprit comme dans son cœur ; et de même qu'elle
était à l'épreuve de la louange, et qu'elle pouvait l'entendre sans danger, de même elle sup-

[1] *Omnis qui se exaltat, humiliabitur ; et qui se humiliat exal-
tabitur.* Luc. XIV, 11.
[2] *Attendite ne justitiam vestram faciatis coram hominibus ut
videamini ab eis ; alioquin mercedem non habebitis apud patrem
vestrum qui in cœlis est.* Matth. VI, 1.

portait un reproche sans se troubler, combien plus sans être réduite aux abois !

Si les hommes rentraient sérieusement en eux-mêmes, ils paraîtraient si pauvres, si petits à leurs propres yeux, qu'il leur en coûterait peu de réprimer les mouvements de l'orgueil et même de se mépriser ; mais négligeant de se connaître, ils s'enflent et s'enorgueillissent, alors même qu'ils n'y sont induits par aucun éloge. C'est pis encore, quand ils sont exposés à être flattés : ils ne voient pas ou ils oublient que, bien souvent, les louanges sont des dérisions ; que plus elles sont exagérées moins elles sont sincères ; qu'ordinairement ceux qui les donnent n'y croient pas, et qu'ils sont les premiers à rire intérieurement de la crédulité ou de la vanité avec laquelle elles sont écoutées. Ainsi, ne comprenant pas ce que l'on devrait comprendre ou l'oubliant, on se croit quelque chose tandis qu'on n'est rien ; et au lieu d'éviter et de redouter des traits qui font des blessures profondes, on s'y expose, sans précaution, on les aime, on les recherche.

Ces traits qui donnent la mort à tant d'âmes, Mgr. Miollis sut les repousser. Quoi qu'on pût dire d'avantageux et de flatteur à son sujet, il n'en avait pas une meilleure idée de lui-même, se connaissant bien, sachant qu'il n'était que ce qu'il était en effet, et convaincu que ce qu'on disait de lui ne le changeait point. Mais il ne

confondait pas les discours ou les honneurs com-
mandés par la flatterie avec ceux qui partaient
d'un principe de religion. Quant à ceux-là, il
les méprisait; quant à ceux-ci, il ne les empêchait pas, je pourrais même dire qu'il en était
charmé; et quand, par hasard, on tombait sur
cette matière, « Ceux qui m'honorent, disait-il,
» font bien; ils révèrent en moi l'Évêque, le
» ministre de Jésus-Christ, ils font leur devoir;
» et moi, je serais inexcusable, si, en pareille
» rencontre, je ne savais faire le mien. » Il lui
semblait, en effet, aussi naturel de renvoyer
l'honneur à Dieu, comme à sa fin, qu'il lui
paraissait impossible qu'on voulût honorer en
lui autre chose que le caractère sacré dont il était
revêtu.

Il est des Chrétiens qui se croient humbles et
qui, n'étant pas fâchés de le paraître, se donnent
les qualifications les moins honorables et affectent
de ne parler d'eux-mêmes qu'avec mépris. Mais
vient-on à les blâmer, à leur adresser quelques
reproches? Aussitôt ils se défendent; ils sont in-
génieux à imaginer des excuses, des raisons plau-
sibles; ils se mettent en frais pour prouver qu'ils
n'ont pas tort; au fond ils ne prouvent qu'une
seule chose, qu'il est inutile de les avertir de leurs
défauts. Ils ferment d'avance la bouche à ceux
qui pourraient les en reprendre; et ils se privent
pour toujours, des avantages que retirent d'une

correction charitable et fraternelle, ceux qui savent la recevoir.

Ce n'était point ainsi qu'en usait notre vertueux Prélat. Quand il parlait de son indignité, ses paroles exprimaient sa pensée et ne cachaient point un désir secret de passser pour humble. Quand il se reprochait d'être à la place des Apôtres sans avoir ni la foi de Pierre, ni la charité de Jean et de Jacques, ni le zèle de Paul et de Thadée, il était fort éloigné de prétendre qu'on le crût parfait ; et la preuve que son humilité était sincère, c'est que la vérité ne le blessait point, mais qu'au contraire on l'obligeait en la lui disant. Ceux qui l'ont fréquenté pourraient nous en donner des preuves nombreuses ; en voici une entre mille. A l'heure où l'on venait le prendre pour se rendre à l'office public, son valet de chambre, étant une fois arrivé trop tard, fut un peu grondé par lui, en présence de quelques enfants de chœur de la cathédrale. Un prêtre, d'une franchise et d'une simplicité connues, ayant su ce qui s'était passé, vint, ce jour même, en témoigner son étonnement à Mgr. l'Évêque et lui en faire des reproches. L'humble Évêque l'écouta sans l'interrompre, sans se plaindre, sans dire un mot pour se justifier. Puis il le remercia sincèrement ; et il profita si bien de la correction, que le valet de chambre eut toujours, depuis, à se féliciter d'avoir été réprimandé un peu vivement cette fois.

Après avoir reçu doucement une correction,
le digne Pasteur ne l'oubliait pas. Longtemps
après il se la rappelait, et il en parlait même avec
plaisir et avec un sentiment de reconnaissance.
Ainsi il racontait qu'étant Curé, il avait prêché
un jour un peu longuement sur certaines matières délicates à traiter. « Or, après le sermon,
» ajoutait-il avec une candeur et une humilité
» ravissantes, mon Vicaire, qui avait plus d'es-
» prit que moi, s'approcha et me dit: Monsieur
» le Curé, vous vous êtes trop étendu là-dessus ;
» ce sont des choses dont il ne faut pas tant par-
» ler. Et moi, je réfléchis un moment, je vis qu'il
» disait vrai, et je lui répondis: Mon cher Vi-
» caire, vous avez raison. »

Du peu d'estime qu'il avait de lui-même, de
l'humilité sincère et pratique qui l'animait, nais-
sait l'aimable simplicité qui régnait autour de lui
et n'admettait rien de ce qui eût le moins senti le
faste, la prétention, la recherche. Ses goûts,
depuis qu'il fut Évêque, peuvent vous faire présumer ceux qu'il eut étant Curé ou simple Vicaire. Or, au milieu de vous, bien que sa position
fût changée, et que les bienséances de sa dignité
imposassent plus d'un sacrifice à sa modestie sacerdotale, eût-il pu convenablement avoir des désirs plus modérés, des goûts plus simples, des

vêtements moins précieux, un logement moins
agréable, moins décoré? Vous le savez, pendant
dix-neuf ans, sa demeure, dans cette ville, fut
l'étroite maison d'un particulier; encore ne l'occu-
pait-il pas toute entière. Lui cependant s'en contentait, parce qu'au prix de la crèche de Bethléem
et de la pauvre maison de Nazareth, cette habitation lui semblait trop commode encore.

S'il demanda la restauration et l'agrandissement
de l'ancien évêché, ce fut, d'abord, pour satisfaire avec plus de décence à des devoirs sociaux dont
son rang ne lui permettait pas de s'affranchir;
ensuite et surtout, pour s'acquitter de ce qu'il
devait à ses successeurs. Mais tout en s'efforçant
de ne pas leur laisser, au lieu d'un palais, une
espèce de prison, il ne désirait pas moins qu'on se
bornât à réparer, sans luxe, les vieux bâtiments.

Quand il fut installé dans l'Évêché reconstruit,
il n'accepta que par force un mobilier trop somp-
tueux, à son avis, et il n'en fit presque aucun
usage. Comme en lui rien ne changeait, il voulut
aussi, autant qu'il fut possible, que rien ne chan-
geât autour de lui. On eût dit que son cabinet avait
été transporté, comme par enchantement, dans
le nouvel édifice. C'étaient, en effet, les mêmes
ornements, les mêmes meubles. Les tablettes et
les livres couvraient le bas des murs comme auparavant; au-dessus on retrouvait les gravures qu'on
était habitué à voir; mais il n'y avait rien de

plus. J'entre dans ces détails, mes Frères, et je m'y arrête avec plaisir, parce qu'ils me révèlent les goûts simples et pieux de notre Évêque. J'aime à me le représenter, dans ce cabinet, où il passait les jours de sa vie humble et recueillie ; je me plais à jeter les yeux sur tout ce qui l'environne. Je vois avec édification sur ces murs : l'image de Jésus transfiguré sur le Thabor ; ce Colisée teint du sang des premiers chrétiens et consacré aux douloureux mystères de la Croix ; ce Panthéon d'Agrippa, dédié à la Mère du Sauveur ; ces palais, ces fanum couchés dans la poussière, à côté des basiliques du Christ ; ces temples de la vieille Égypte ; ces antiquités chrétiennes de la Provence ; puis ces courageux missionnaires qui portaient les sciences et les lumières de l'Europe jusqu'aux extrémités de l'insouciante Asie ; ces intrépides Apôtres de la civilisation qui arrosaient de leur sueur et de leur sang les terres des infidèles. En examinant un à un les divers objets que je rencontre, je reconnais avec joie, qu'une piété noble et éclairée a présidé au choix de ce qui s'offre à ma vue ; mais je ne trouve rien qui accuse l'amour des choses précieuses, le goût des curiosités ; rien qui ne convienne à la modeste simplicité d'un saint Évêque, d'un homme des siècles antiques.

Plus on est humble, plus on se défie de soi-même ; et moins on a de confiance en son propre sens, plus on se repose tranquillement sur la parole divine en tout ce qui est au dessus de la raison et de l'intelligence humaine. Si l'humilité dispose merveilleusement à la foi, à son tour, la foi soutient et fortifie l'humilité par les nouvelles lumières qu'elle donne à l'âme, sur la nature de l'homme et sur les grandeurs de Dieu. Ainsi ces deux célestes sœurs se prêtent mutuellement la main et marchent de compagnie, l'une pour attirer sur une âme les regards bienveillants de Dieu, l'autre pour la guider et lui donner la force et la vie. Elles entrèrent ensemble et furent toujours fidèles à leur alliance dans l'âme de notre saint Prélat. De même que son humilité ne fut pas seulement en paroles, mais qu'elle eut part à toute sa conduite, de même, sa foi ne fut pas seulement sur ses lèvres ; elle éclaira et soumit son esprit, elle anima ses actions ; et sa vie, comme celle du juste, fut constamment une vie de foi[1]. Son esprit, naturellement droit, ne s'était jamais égaré dans les dangereuses subtilités d'une vaine philosophie. Dieu, par sa grâce, l'avait placé, pour ainsi dire, au-dessus des régions nuageuses du doute; et le souffle de l'incrédulité moderne n'arriva jamais jusqu'à lui, parce que, dans la fermeté de sa foi, il eut tou-

---

[1] *Justus autem ex fide vivit.* Rom. I, 17.

jours des choses invisibles autant et plus de certitude que s'il les eût vues de ses propres yeux.

Sa foi simple et vive rappelait celle des patriar-
ches, celle de Noé, d'Abraham et de Jacob.

Qui l'a connu, et n'a mille fois remarqué la
décence de son extérieur, la réserve de ses paroles, la retenue de sa gaieté, alors même qu'au
sérieux des affaires ou de la prière succédait un
court et nécessaire délassement? C'était l'effet
de sa foi; elle lui montrait Dieu présent partout, et partout également grand, également
adorable.

Qui l'a connu, et n'a été frappé mille fois, de
son recueillement dès qu'il touchait le seuil du
lieu saint, de ses prosternements au pied de l'autel, de son attention religieuse, de son immo-
bilité comme extatique, pendant les offices divins?
C'était l'effet de sa foi, elle lui montrait dans le
lieu saint la demeure de Dieu, et autour de l'autel des légions d'anges adorant le Sauveur.

Qui l'a connu, et n'a souvent admiré l'égalité
de son âme dans les conjonctures difficiles, sa
soumission à tous les événements, sa résignation parmi les contre-temps les plus fâcheux?
C'était l'effet de sa foi; elle lui faisait envisager,
dans tout ce qui arrivait, ou la sainte volonté de
Dieu, ou une permission de la Providence qu'il
n'avait garde de censurer.

Qui l'a connu, et n'a été touché de son affabilité

envers tout le monde; de la bonté avec laquelle il accueillait, indistinctement, les grands et les petits, les riches et les pauvres; de la patience avec laquelle il écoutait les demandes et les prières de chacun? C'était l'effet de sa foi; elle lui faisait voir dans tous les hommes des égaux et des frères, des enfants de Dieu, des membres de Jésus-Christ, appelés au même royaume, au même bonheur que lui.

Qui l'a connu et n'a été souvent édifié de son indifférence pour les passe-temps d'ici-bas, de son renoncement complet aux plaisirs les plus permis, aux jeux les plus innocents? C'était l'effet de sa foi; elle lui découvrait le vide et la frivolité des amusements de cette vie, et il les croyait indignes d'occuper longtemps des cœurs faits pour une éternelle félicité.

Enfin chez lui la foi présidait à tout. Elle animait ses paroles, elle réglait son ton, elle se peignait sur son visage, elle était empreinte sur toutes ses actions. En l'abordant on s'apercevait, sans peine, qu'on était avec un homme de foi. Comme si déjà il eût été citoyen du ciel[1], il aimait à ne s'entretenir que de choses saintes et pieuses. Il vous parlait de l'humilité de saint François, des sublimes oraisons de sainte Thérèse, des pénitences de saint Pierre d'Alcantara,

[1] *Nostra autem conversatio in cœlis est.* Philip. III, 20.

du zèle de saint Charles, de la charité de saint
Vincent. Il redisait avec plaisir ce qui l'avait
le plus touché pendant son séjour à Rome : vous
assistiez avec lui aux cérémonies attendrissantes
de la semaine sainte ; vous entendiez les Litanies
solennelles retentir sur les flots du Tibre, lorsque
la procession passait sur le pont et devant le
mausolée d'Adrien ; il vous faisait descendre
dans le sombre cachot où furent enchaînés saint
Pierre et saint Paul ; vous le suiviez au Vatican
sous la coupole magnifique où repose le premier,
sur la voie d'Ostie au milieu de ces colonnes antiques qui décoraient le tombeau du second. Il vous
montrait : là, le gril sur lequel fut horriblement
tourmenté le diacre Laurent ; ici, le bain dans
lequel fut étouffée sainte Cécile ; plus loin, le
puits où sainte Praxède recueillait le sang des
martyrs ; ailleurs, le lieu vénérable où furent
décapités, par ordre de Julien l'Apostat, les saints
et courageux frères Jean et Paul ; il vous ouvrait
les noires profondeurs des catacombes ; ensuite
il vous parlait des madones qui protègent les maisons dans toutes les rues, et devant lesquelles
le soir, à la lueur des cierges, la piété populaire
pousse le cri joyeux de *Vive Marie, vive son Créateur !* Mais il parlait de tout cela avec tant de
vérité, avec une piété si tendre, avec une foi
si ingénue, qu'on en était ému, attendri ; et on
ne sortait d'auprès de lui qu'avec un redouble-

ment de foi, et une nouvelle vénération pour l'homme de Dieu dont la conversation simple et naïve était si douce et si salutaire.

Chose admirable ! La piété, comme dit l'Apôtre à son disciple, est utile à tout [1] ; elle fait notre consolation et notre bonheur dès cette vie. Quelle différence entre le vrai croyant et l'homme qui ne croit pas ! Celui qui ne croit pas place son espoir dans son travail, dans son industrie, dans la fortune, dans ses amis, dans ses protecteurs ; et puis tout lui manque, fortune, protecteurs, amis ; et puis tout s'évanouit, tout lui échappe, la vie et toutes les espérances dont il se berçait. Et lors même qu'il réussit au gré de ses désirs, que laisse-t-il en sortant de ce monde ? Quelques biens ? mais, hélas ! désormais ces biens lui seront inutiles. Un nom honorable ? mais quelle proportion entre un demi-siècle de fatigues, de dévouement, de sacrifices, et un peu de renommée parmi les hommes ? Certes, il n'y a rien là qui puisse l'encourager dans les travaux d'ici-bas. Celui, au contraire, qui croit, sait que Dieu est fidèle à ses promesses, et dès-lors il est assuré de trouver en lui ce qui l'intéresse souverainement : d'abord, appui et secours ; ensuite,

---

[1] *Pietas autem ad omnia utilis est.* 1 Timoth. IV, 8.

dédommagement et récompense. Quel que soit
le succès de ses efforts en cette vie, il ne se
décourage pas, il porte plus haut et plus loin
ses espérances ; il sait que, du côté de Dieu, elles
sont certaines, et que, si elles sont frustrées,
ce ne sera que pour n'avoir pas correspondu
au secours du ciel. Il sait encore que toutes ses
peines, que toutes ses œuvres seront comptées ;
que rien ne sera laissé sans compensation, qu'à
un moment de tribulation légère est réservé un
poids immense de gloire.¹ Voilà ce qui l'anime,
voilà ce qui lui inspire une ardeur infatigable
dans la pratique du bien : voilà aussi ce qui
animait l'Évêque de Digne. — Mais que faisait-
il ?.— Ce que doit faire quiconque veut se sanctifier : il s'appliquait à remplir les obligations
de son état. Aussi, à part quelques moments de
relâche, qu'il ne pouvait refuser à la nature,
après le milieu du jour, il était toujours occupé
de choses sérieuses. Et certes quelle sollicitude
que celle d'un Prélat à la tête de tant de paroisses et de tant de Prêtres ! Chaque jour, corres-
pondance indispensable avec les Curés, besoins
des paroisses à satisfaire ou à prévenir, affaires
épineuses à traiter, relations diverses avec l'au-

---

¹ *Id enim quod in præsenti est momentaneum et leve tribula-
tionis nostræ, supra modum in sublimitate æternum gloriæ
pondus operatur in nobis.* 2 Corinth. ɪᴠ, 17.

torité temporelle, audiences à donner, importu-
nités à essuyer... A ces soins journaliers, ajoutez
la surveillance des établissements religieux, l'exa-
men et l'ordination des jeunes clercs, les emplois
à distribuer, un vaste diocèse à visiter... Vous
voyez sur cet exposé rapide si la charge pastorale
est aussi légère que plusieurs le pensent. Plus on
la considère de près, plus on demeure convaincu
qu'on a besoin de patience et de courage pour la
porter. Eh bien, notre bon Évêque portait avec
constance ce lourd fardeau; et il s'acquittait de
ses devoirs, non comme devant rendre compte
aux hommes, mais comme devant rendre un
compte rigoureux à Dieu. Et quel fruit se pro-
mettait-il de ses travaux? Ce n'était pas assurément un gain sordide; sans se donner tant
de peine il l'aurait également obtenu. Ce n'était
pas non plus un avenir agréable sur la terre; il
se considérait en ce monde comme un étranger,
comme un voyageur qui s'arrête à peine et qui
passe. C'était encore moins le plaisir de laisser
un nom après lui, car outre que l'approbation
de Dieu lui tenait infiniment plus au cœur que
celle des hommes, il n'ignorait pas combien le
vulgaire est inconstant et léger dans ses opinions;
mais il avait appris dans les divines écritures :
que l'homme moissonnera dans l'éternité à proportion de ce qu'il aura semé sur la terre; et que
celui qui fait le bien sans se lasser, tandis qu'il en

a le temps, recueillera aussi, en son temps, le fruit de cette infatigable persévérance.[1] Il était jaloux de pouvoir dire, un jour, avec l'Apôtre : » J'ai fourni ma carrière ; je me suis consumé » dans les travaux, dans les fatigues, dans les » veilles, pour le bien de toutes les églises con- » fiées à mes soins ; » parce que, comme lui, il voyait d'avance cette couronne immortelle que le juste Juge prépare à ceux qui, dans l'attente de son avénement, agissent en tout comme de dignes ministres du Très-Haut.[2]

L'espérance des biens futurs, oh! qu'elle est puissante, mes Frères! Que ne fait supporter l'espoir d'un bonheur sans fin ? Voir Dieu, posséder Dieu ; et le voir et le posséder pour jamais... Ah! c'est trop heureux, c'est trop beau pour des créatures! A quelque prix que Dieu ait mis ce bonheur, il ne peut être acheté trop cher. Aussi les jeunes Machabées et leur incomparable mère ont-

---

[1] *Quæ enim seminaverit homo, hæc et metet..... Bonum autem facientes non deficiamus : tempore enim suo metemus, non deficientes. Ergo dum tempus habemus operemur bonum.* Galat. **VI**, 8, 9, 10.

[2] *In labore et ærumnis, in vigiliis multis.* 2 Corinth. **XI**, 27.

Cursum consummavi...... In reliquo reposita est mihi corona justitiæ quam reddet mihi Dominus in illa die justus judex; non solum autem mihi sed et iis qui diligunt adventum ejus. 2 Tim. **IV**, 7, 8.

In omnibus exhibeamus nosmetipsos sicut Dei ministros. 2 Corinth. **VI**, 4.

ils bravé les tourments, parce qu'ils espéraient avec une ferme confiance, qu'au sortir des tortures, ils entreraient dans l'alliance d'une vie éternellement heureuse.[1] Aussi l'Apôtre St. Paul se glorifie-t-il dans les tribulations, assuré qu'il est que son espérance ne le trompe point.[2] Aussi le fervent Ignace d'Antioche désire-t-il d'être broyé dans l'amphithéâtre par la dent des bêtes, afin de jouir de la vue de Jésus-Christ. A leur exemple, les serviteurs de Dieu ont soutenu courageusement les revers et les épreuves les plus terribles; à leur exemple, ils ont souffert patiemment les contradictions qui leur venaient de la part des hommes, et celles que la Providence leur envoyait.

Fort des mêmes espérances, notre pieux Évêque n'a pas seulement rempli ses devoirs avec ardeur, mais il a été ferme et constant dans les traverses; et quand la Providence a permis qu'il fût affligé par la maladie, il ne s'est point démenti, il a toujours été lui-même; la maladie, qui est l'écueil ordinaire de tant de vertus com-

[1] *Contigit autem et septem fratres una cum matre sua apprehensos, etc........ Potius est ab hominibus morti datos spem exspectare a Deo, iterum ab ipso resuscitandos......... Fratres mei, modico nunc dolore sustentato, sub testamento æternæ vitæ effecti sunt.* 2 Machab. VII, 1, 14, 36.

[2] *Gloriamur in tribulationibus, scientes quod tribulatio patientiam operatur......... spes autem non confundit.* Rom. V, 3, 5.

munes, n'a servi qu'à manifester la force de son
espérance, et la patience qui en était le fruit.
A deux époques différentes, pendant son épiscopat, il fut grièvement malade; et l'une et l'autre fois il donna des exemples dont tous ceux qui
l'approchaient furent singulièrement édifiés.
Tous admirèrent sa douceur inaltérable, sa résignation, sa paix, et le courage avec lequel il
supporta de grandes douleurs. Ceux qui alors lui
donnaient leurs soins peuvent nous apprendre la
vérité. Qu'on les interroge, ils répondront que :
dans la cruelle maladie qu'il essuya, il y a environ
dix-sept ans, la gangrène avait tellement gagné
et fait des ravages si effrayants, que la colonne
épinière était en partie dénudée. Pour arrêter le
progrès du mal, il fallut, pendant plusieurs jours,
employer le fer; il fallut, avec des instruments
tranchants, couper jusqu'au vif pour enlever les
chairs altérées; or, pendant ces longues et dou-
loureuses opérations, on n'entendit jamais le
saint Évêque jeter un cri, proférer une plainte,
pousser un soupir; seulement, il demandait quelquefois si ce n'était pas encore fini; et quand on
lui répondait que non, il fermait les yeux,
joignait les mains; et, sans se permettre le plus
léger mouvement d'impatience, il disait avec
l'accent d'une douceur inexprimable, *Continuez!*
permettant ainsi aux médecins d'opérer sur lui,
comme sur un corps déjà privé de sentiment et

de vie. Je ne crains pas d'être démenti, mes
Frères; les deux hommes honorables qui le trai-
tèrent en cette occasion, sont encore au milieu de
vous; c'est d'après leur témoignage que je parle,
et je n'ai fait que citer presque textuellement le
rapport que l'un d'eux a bien voulu me communiquer. Notre saint Évêque, assurément, ne pré-
voyait pas qu'on vous rappellerait un jour l'hé-
roïsme de sa patience. Remercions ceux qui nous
en ont conservé le précieux souvenir, et qui par
là nous font partager avec eux l'édification qu'ils
en reçurent les premiers.

Vous parlerai-je maintenant de sa charité? Ne
pas en parler ce serait une omission impardon-
nable sans doute. Mais si j'en parle, ne resterai-je
pas, comme nécessairement, au dessous de la
vérité? Je le sens moi-même, mes Frères, et
vous devez vous y attendre aussi.

La charité, vous le savez, a un double objet,
Dieu et le prochain « Tu aimeras le Seigneur ton
» Dieu, de tout ton cœur, de toute ton âme, de
» tout ton esprit; c'est le premier, c'est le grand
» commandement. Tu aimeras ton prochain com-
» me toi-même, c'est la suite de ce premier
» commandement; toute la loi et les prophètes
» sont là.[1] »

---

[1] *Diliges Dominum Deum tuum ex toto corde tuo, et in tota anima tua, et in tota mente tua. Hoc est maximum et primum*

Pour aimer Dieu, il faut le connaître (car l'inconnu n'est l'objet d'aucun désir); or, c'est par
la foi que l'on conçoit et que l'on voit, pour ainsi
dire, Dieu, aussi clairement qu'il est possible
sur la terre. Une foi pure et ferme est donc une
condition favorable pour le développement de la
charité; et dès-lors ce que nous savons de la foi
de notre pieux Évêque nous conduit à cette conclusion générale : Que sa charité fut grande ; et
qu'autant la foi qui l'éclairait fut vive, autant la
charité qui l'animait fut ardente. Mais comment
vous peindre, mes Frères, l'ardeur de cette charité, lorsqu'il méditait dans le silence l'infinie
bonté de Dieu et sa libéralité envers les hommes?
Comment vous dire la tendresse de son amour,
lorsque sa foi lui représentait les prodiges de la
divine miséricorde envers l'homme rebelle et pécheur? Comment vous dire les effusions de son
cœur dans ses colloques affectueux avec les trois
personnes de l'auguste et adorable Trinité? Comment vous peindre les élans, les transports de
ce cœur, lorsqu'il était honoré de la présence de
son Dieu et comme en contact avec son Sauveur?
Parfois l'expression animée de son visage trahis-
sait le feu caché dans son sein. Parfois des sou-
pirs ardents, ces mots enflammés, *Mon Dieu!*

*mandatum, secundum autem simile est huic : Diliges proximum
tuum, sicut teipsum. In his duobus mandatis universa Lex pen-
det et Prophetæ.* Matth. xxii, 37—40.

Mon Père ! O bon Jésus ! d'autres paroles brûlantes échappaient à sa ferveur, comme des
étincelles qui s'élancent du milieu d'une fournaise embrasée. Mais Dieu seul connaît ce qui se
passait dans ce cœur ; Dieu seul connaît jusqu'à
quel degré s'élevait la chaleur de ce saint amour.

Pour nous, nous ne pouvons guère en juger
que par la règle que Jésus-Christ lui-même
nous donne : « Celui qui m'aime, dit-il, c'est
» celui qui garde mes commandements.[1] » Or,
qui n'a connu la fidélité de notre bon Évêque ? sa
soumission inviolable à la loi de Dieu, son respect profond pour toutes les lois de l'Église, son
application constante à éviter jusqu'à l'ombre
et à l'apparence du mal, le soin qu'il avait de
rapporter toutes ses actions, ses paroles, ses
pensées à la plus grande gloire de Dieu ; la disposition invariable où il était de tout sacrifier et
de mourir, plutôt que de violer le moindre des
commandements du Seigneur ?

On peut encore juger de l'amour d'un Chrétien pour Dieu, par la manière dont il s'acquitte
du second devoir de la charité, qui est l'amour
du prochain. Dieu, en effet, qui n'a nul besoin
de nos biens, de nos conseils, de notre aide, s'est
substitué le prochain et lui a transmis ses droits.

[1] *Qui habet mandata mea, et servat ea, ille est qui diligit
me.* Joan. XIV, 21.

Il veut être aimé lui-même à cause de ses perfec-
tions, et il veut qu'à cause de lui nous aimions
aussi notre prochain. En conséquence, il regarde
comme fait à lui-même tout ce que nous faisons
à nos semblables ; et il se tient obligé des services
que nous rendons au dernier de nos frères,
comme si lui-même il les recevait.[1] De là, dans
tous les saints, l'union constante de l'amour
de Dieu et de l'amour du prochain. Jamais on
ne vit un homme animé de l'amour de son
créateur demeurer insensible aux misères de
ses semblables ; et réciproquement ceux qui
ont le plus contribué au soulagement de l'humanité souffrante, furent toujours les hommes
les plus animés de l'amour de Dieu. Ce sont
ceux qu'embrase ce feu sacré qui toujours, et
partout où ils sont, font sentir leur présence
par leurs bienfaits. Mgr. l'Évêque de Digne fut
un de ces hommes généreux et compatissants,
envoyés par la Providence pour soulager les malheureux. Ceux qui n'ont pas éprouvé sa bienfaisance, ou n'en ont pas eu besoin, ou ne l'ont pas
réclamée ; du reste il n'est personne qui n'ait
connu sa charité. On l'a connue dans tous les
quartiers de cette ville, on l'a connue dans les
paroisses voisines, on l'a connue dans les paroisses

[1] *Amen dico vobis quamdiu fecistis uni ex his fratribus meis minimis, mihi fecistis.* Matth. xxv, 40.

éloignées, on l'a connue dans le diocèse entier.

Parlez, vous sur qui tombaient ses largesses ; racontez-nous quels dons vous reçûtes de sa libéralité. Vous dont il apaisait la faim, vous me dites : « Chaque mois, nous recevions, par ses » soins, le pain qui nous manquait ; et il ne se » contentait pas que la distribution s'en fît ré- » glément, il voulait encore, avec la tendresse » d'un père pour ses enfants, s'assurer si le pain » qu'on nous donnait était bon ; et souvent lui- » même il n'en avait pas d'autre à sa table. » Vous qu'il soulagea et qu'il consola dans une année de disette désastreuse, vous me dites : « Il se dépouilla » de tout pour nous nourrir ; ce fut le prix de son » patrimoine qui nous sauva du désespoir et » peut-être de la mort. » Vous dont il couvrait la nudité, vous me dites : « Tous les ans il nous » donnait des vêtements honnêtes ; et il avait » l'attention de ne les distribuer qu'à l'approche » de l'hiver, afin que sa charité nous fût double- » ment utile, en nous défendant contre la ri- » gueur de la saison. Et, comme pour nous con- » soler et nous prouver le cas qu'il faisait des » pauvres, il avait fini par se vêtir de la même » étoffe que nous ; il n'y avait de différence que » dans la couleur. » Vous qui frappiez à sa porte, dites-nous si jamais vous fûtes repoussés. Vous qui lui exposiez des besoins urgents, dites-nous avec quelle promptitude et quelle libéralité,

quand il le pouvait, il vous secourait. Et vous
qui, dans une circonstance où vous n'osiez implorer sa bonté, lui fûtes présentés couverts de
haillons, vous en convenez, vous n'étiez pas sans
reproche, et vous n'aviez que trop donné lieu
aux remontrances qu'une voix un peu amère vous
adressait. Mais l'indulgent Évêque, persuadé que
votre conscience et sa charité vous rappelleraient
au devoir, se hâta d'abréger votre confusion.
» Commencez, dit-il à la personne qui vous gour-
» mandait, commencez par vêtir ces membres de
» Jésus-Christ; la confession viendra ensuite. »

Je pourrais aussi invoquer votre témoignage,
vous amis de l'humanité, qui dans des temps
d'épidémie, ou après des événements funestes,
alliez de maison en maison recueillir le tribut
volontaire de la bienfaisance publique; vous me
diriez si sa charité fut en défaut lorsqu'une effrayante épidémie de petite vérole fit tant de ravages
dans cette ville, et lorsqu'un horrible incendie,
ayant réduit en cendre les maisons d'une commune entière, en laissa les habitants sans ressource ni abri au cœur de l'hiver.

Citerai-je encore ce fait? mais pourquoi ne le
citerai-je pas? Il prouve que sa charité n'attendait
pas même la demande, quand elle connaissait le
besoin. Un malade ayant passé une quinzaine
aux eaux, et se trouvant dépourvu d'argent,
était décidé à s'en retourner quoique son état

demandât un plus long séjour aux bains. Quelqu'un, par hasard, apprend à Mgr. l'Évêque que le malade est sur le point de partir, et qu'il s'en va pour telle cause. Le bon Évêque aussitôt s'avance vers un tiroir, l'ouvre, y porte deux fois la main, et en retire tout ce qu'il peut de pièces d'argent ; puis, sans les compter : « Voilà,
» dit-il à l'ami du malade, de quoi payer encore
» quelques bains. Allez auprès de ce brave hom-
» me ; dites-lui de se tenir tranquille ; et si ce
» que vous lui portez ne suffit pas, vous revien-
» drez. » Lorsque, arrivé au vestibule et un peu remis de sa surprise, celui qui venait de recevoir l'argent l'eût compté, il trouva dans sa main une centaine de francs ; et c'est de lui que je tiens le fait.

Quand on considère le grand nombre de bonnes œuvres que s'imposait le charitable Pasteur, on se demande comment son revenu, quoique bien plus fort que celui des Évêques d'à présent, pouvait suffire pour tant d'aumônes. C'est qu'une stricte économie régnait autour de lui et dans tout son domestique ; c'est qu'autant il était libéral envers les pauvres, autant il était ménager à son égard, et que tout ce qu'il se fût accordé au delà de l'absolu nécessaire, il l'eût regardé comme un larcin fait aux indigents et, par suite, à Dieu. Ainsi, pour me borner à quelques traits, il écartait de sa personne tout ce qui aurait pu sentir tant soit peu la sensualité; ses vêtements ordinaires n'étaient pas seulement communs et grossiers ; souvent ils étaient usés, élimés et même rapiécés. Le matin il ne prenait qu'un breuvage insipide où il ne voulait mêler aucune douceur ; et ce n'était que par une ruse innocente que quelquefois on trompait sa mortification, sans qu'il en perdît lui-même le mérite. A part les cas où il fallait céder à des convenances impérieuses, on ne servait sur sa table ni volaille ni gibier. Pendant le carême il s'interdisait l'usage du poisson, et il défendait que les œufs et le laitage entrassent en aucune manière dans ses aliments. Les rudes hivers de ce pays, il les passait presque sans feu ; mais quand on allait le voir, il s'empressait de prendre de minces éclats de bois préparés tout exprès ; il les accommodait autour d'un tison presque éteint ; puis, avec un peu d'effort, il ranimait le feu de son foyer, et l'entretenait tout juste jusqu'au moment où l'on sortait de chez lui. Comme ses revenus avaient d'avance leur destination, quand une aumône imprévue était à faire, c'était en réduisant ou en retranchant quelque article du budget de son ménage qu'il trouvait des fonds; et alors, on le conçoit, sa charité devenait d'autant plus méritoire qu'elle lui imposait de plus longues et de plus dures privations.

Quelquefois certaines personnes se sont égayées

au sujet de la frugalité de sa table. Mais ceux-là même qui, dans des moments de légèreté, ont pu rire de sa vie sobre, applaudissaient comme tous les autres aux motifs qui l'animaient. C'était pour subvenir aux besoins des pauvres qu'il était insensible aux siens; c'était pour soulager quelques souffrances de plus qu'il s'interdisait à lui-même tout mets délicat; c'était par bonté, par commisération pour les malheureux, qu'il se traitait lui-même avec dureté. Et dans tout cela, il n'était pas moins digne de votre admiration que de votre amour, mes Frères, vous le comprenez.

Sans doute vous avez admiré aussi sa ponctualité à se rendre aux offices publics, son assiduité aux prônes de la paroisse. Vous avez peut-être ouï parler de sa fidélité à suivre, dans son intérieur, la règle qu'il s'était prescrite. Vous avez pu, chaque soir, assister à la prière et à la lecture spirituelle qui se faisaient dans sa chapelle, en commun et avec tant d'édification! Pendant trente ans et plus, vous eûtes sous les yeux, dans la personne de votre vénérable Évêque, le spectacle vivant des vertus chrétiennes, c'est à vous d'en profiter. Votre charitable Pasteur vous a précédés et vous a montré la voie; c'est à vous, si vous êtes des brebis dociles, c'est à vous de suivre ses pas.

Marchez donc comme lui par le chemin de l'humilité; car c'est aux humbles que Dieu donne plus de grâces.[1] Imitez la modération de ses désirs, ce sera le moyen d'être contents chacun dans votre condition. Imitez sa foi, car sans la foi il est impossible de plaire à Dieu.[2] Imitez son espérance ; car celui en qui vous espérez est fidèle à sa parole.[3] Imitez sa patience ; car la patience vous est nécessaire, afin qu'accomplissant la volonté de Dieu vous remportiez la récompense promise.[4] Imitez sa charité ; cette charité qui ne se lasse point, et qui, au lieu de s'affaiblir, s'enflamme par l'exercice. Demandez à Dieu cette charité qui couvre la multitude des péchés[5], et qui fait accomplir la loi.[6] Ce sont là des vertus que nous pouvons et que nous devons imiter, qui que nous soyons ; car dès que nous sommes chrétiens, nous sommes tenus à la pratique des vertus chrétiennes. Modèle de tout son troupeau, notre digne Pasteur le fut spécialement aussi de ses Prêtres ; c'est ce que je tâcherai encore de vous montrer.

---

[1] *Deus........ humilibus dat gratiam.* Jac. IV, 6.

[2] *Sine fide autem impossibile est placere Deo.* Hebr. XI, 6.

[3] *Fidelis enim est qui repromisit.* Hebr. X, 23.

[4] *Patientia enim vobis necessaria est ; ut voluntatem Dei facientes, reportetis promissionem.* Hebr. X, 36.

[5] *Charitas operit multitudinem peccatorum.* 1 Petr. IV, 8.

[6] *Plenitudo legis est dilectio.* Rom. XIII, 10.

Jésus-Christ, Notre Seigneur, n'est pas venu sur la terre pour être servi à la manière des Princes de ce monde, mais au contraire pour servir; c'est lui-même qui nous l'apprend.[1] A son exemple les Ministres des saints autels, loin d'affecter la domination, doivent se tenir humblement dans la place que la Providence leur assigne; et se croire d'autant plus obligés à servir leurs frères, que par leur dignité ils sont plus au-dessus d'eux. Nourri de ces saintes maximes, le jeune Miollis, entré dans le sanctuaire avec des intentions pures, n'eût jamais pensé à sortir des derniers rangs de la hiérarchie ecclésiastique, si jamais l'on ne l'en eût tiré. Son attrait le portait comme naturellement vers les pauvres; et il eût volontiers passé ses jours au milieu d'eux,

[1] *Filius hominis non venit ministrari sed ministrare.* Matth. XX, 28.

occupé à les instruire, à les servir, à leur apprendre le grand art de se sanctifier par l'acceptation de leurs peines, de leur abjection, de leur misère. Aussi fut-ce un bonheur pour lui, après quelques années de vicariat à Brignoles, d'avoir à desservir la chapelle des Ursulines dites de St. Sébastien, dans sa ville natale, parce qu'il put dès lors consacrer une partie de son temps aux humbles fonctions de cathéchiste des pauvres.

Des œuvres éminemment chrétiennes, qu'avait encouragées l'illustre Mgr. de Brancas, se continuaient à Aix en faveur de ceux qui, le plns communément, courent le risque d'être privés des lumières et des consolations de la foi. M. l'abbé Miollis trouvait là une heureuse occasion de satisfaire son goût pour les fonctions évangéliques qui exposent le moins à la vanité ; il s'empressa de la saisir.

De pieux laïques, parcourant les campagnes, allaient d'abord apprendre aux jeunes enfants la lettre du catéchisme ; des ecclésiastiques du séminaire le leur expliquaient ; mais ensuite notre saint Prêtre, par des instructions fréquentes et proportionnées à leur âge et à leurs besoins, faisait germer dans leurs cœurs la précieuse semence qu'ils avaient reçue, et préparait dès lors les fruits qu'elle devait porter plus tard. Aux approches de la première communion, c'était encore lui qui réveillait leur foi, qui excitait leur

erveur, qui leur inspirait l'amour, la componc-
ion, tous les saints désirs qu'ils apportaient à la
able sainte.

Pendant le carême avaient lieu les catéchismes
t les autres exercices établis en faveur des men-
liants dans l'Hospice de la Charité. Là, conduits
)ar le même zèle et pleins de la même humilité,
e rencontraient deux hommes qui devaient un
our être si chers à notre pays. L'un était M. l'abbé
le Bonneval, qui, alors chanoine de Saint-Sau-
'eur fut depuis élevé à l'évêché de Senez, où
'on n'a oublié ni sa charité pastorale, ni la noble
ermeté qu'il opposa aux excès de l'impiété révo-
utionnaire; l'autre était M. l'abbé Miollis, qui ne
oupçonnait certainement pas ce qu'il serait dans
a suite parmi nous. C'était là, que, rivalisant de
endresse et de zèle, ces deux hommes apostoli-
[ues réunissaient leurs efforts pour disposer leurs
iumbles auditeurs à remplir saintement le de-
oir de la communion pascale. C'était dans l'obs-
urité d'un hospice qu'ils préludaient l'un et
'autre aux fonctions plus éclatantes que la Pro-
idence leur réservait. M. l'abbé Miollis possédait
.éjà le précieux don de toucher les cœurs. Il ne
arlait jamais aux enfants ni aux mendiants, qu'ils
ie versassent presque tous des larmes de com-
onction et de repentir. Je le sais par le témoi-
nage de celui qui en était alors le catéchiste, et qui
ujourd'hui ne s'en souvient qu'avec attendrisse-

ment. Les succès du saint Prêtre dans ses modestes travaux et son amour pour les fonctions
obscures étaient si connus, que, dans les quatre
paroisses de la ville, c'était sur lui principalement qu'on se reposait du soin de la retraite par
laquelle on disposait les enfants des pauvres à la
première communion.

Quand la révolution eut éclaté, ce fut avec une
vive douleur qu'il se vit contraint d'interrompre
les humbles fonctions de son pieux ministère.
Mais lorsque, après nos orages religieux et politi-
ques, il put rentrer dans sa patrie, il se vit avec
une grande joie placé en qualité de simple vicaire
dans l'Église métropolitaine, parce que là il retrouvait en plus grand nombre ceux qu'il aima
toujours, les pauvres qu'il avait laissés malgré
lui. Et bien qu'il méritât une cure, affirme le
témoin que j'ai cité tout à l'heure, il préférait de
beaucoup le poste où il était, comme plus favorable à la pratique de l'humilité qui fut toujours sa
vertu chérie.

La cure de Brignoles, à laquelle il fut nommé
en 1804, il avait été loin de la solliciter. Beaucoup moins chercha-t-il l'épiscopat auquel il fut
élevé bientôt après ; ce fut au contraire, s'il est
permis de parler ainsi, cette dignité qui vint le
chercher. Pour lui, il ne la subit qu'en tremblant, parce que sa foi n'y voyait qu'un joug
pesant et qu'un fardeau redoutable. Il se reprocha

constamment de s'en être laissé charger, parce
que son humilité se persuadait que le fardeau
excédait ses forces; et, dans cette conviction, il
ne cessa de soupirer avec ardeur après le moment
où il lui serait permis de s'en délivrer. C'était
par un effet de ce sentiment profond, de cette
disposition habituelle, qu'on l'entendait dire
quelquefois : « Si le chef de l'Église m'écrivait :
» Descendez de votre siége et allez diriger la plus
» petite paroisse de votre diocèse, je partirais
» aussitôt. » Une âme que flattait si peu la prée-
minence de l'épiscopat, ne devait guère ambi-
tionner les honneurs mondains et les distinctions
dont les gens du siècle sont si avides. Aussi lorsque l'Empereur, jaloux d'entourer son trône
d'une noblesse nouvelle, nomma tous les Évêques barons, l'Évêque de Digne ne fit aucune
démarche auprès de la chancellerie pour retirer
ses lettres. Mais quand le Ministre lui eut écrit
d'envoyer cent écus afin qu'on lui expédiât son
titre, il y renonça et répondit : qu'il n'avait pas
encore eu à sa disposition une somme de cent
écus qui ne fût pas nécessaire aux pauvres de son
diocèse.

Le saint Évêque faisait trop peu de cas des
honneurs du monde pour en faire beaucoup du
monde lui-même. Il n'en recherchait pas plus le

commerce qu'il n'en aimait les applaudissements.
« Que ceux-là, se disait-il, fréquentent le
» monde, qui espèrent d'en corriger la frivolité,
» d'y empêcher l'offense de Dieu, et d'en reve-
» nir meilleurs ; mais est-ce là communément
» de quoi l'on peut se flatter ? Un ecclésiastique
» prend-il l'air de vanité, le ton de suffisance,
» les manières enjouées du siècle ? Alors il est
» condamné par l'Apôtre qui dit, à tous les fi-
» dèles en général : Gardez-vous de vous con-
» former au siècle présent [1] ; et à Timothée :
» Évitez les entretiens vains et profanes. [2] Prend-
» il au contraire un air grave ? Alors le siècle le
» repousse comme un témoin fâcheux et un cen-
» seur importun : voilà tout ce qui en résulte.
» Ainsi, à part les cas où les convenances, le de-
» voir ou la charité l'y appellent, un ecclésias-
» tique est déplacé dans le monde. » Il sentait
néanmoins combien il est difficile d'en être sé-
paré, à un Pasteur obligé de vivre au milieu de
ses ouailles, à un Évêque obligé de se faire tout
à tous [3] et d'entretenir tant de rapports avec les
hommes du monde ; mais il n'en sentait aussi que
plus vivement le besoin et le prix de ces moments
de silence et de calme où le Pasteur et l'Évêque

---

[1] *Nolite conformari huic seculo.* **Rom.** XII, 2.

[2] *Profana autem et vaniloquia devita.* 2 Timoth. II, 16.

[3] *Omnibus omnia factus sum, ut omnes facerem salvos.*
1 Corinth. IX, 22.

rendus enfin à eux-mêmes, peuvent s'examiner, se voir tels qu'ils sont, se juger sans flatterie, confier leurs peines au Seigneur, implorer son secours, écouter sa voix. Il soupirait après ces heureux moments, et quelquefois, surtout dans les premières années de son épiscopat, pour retremper son âme et vaquer plus librement aux choses de Dieu, il se retirait dans la solitude. Ce fut alors qu'on le vit avec édification passer des mois entiers dans son séminaire. Là, il s'estimait heureux de marcher entouré de la pieuse famille qui lui devait son existence. Là, nous étions ravis de voir ce vénérable Évêque se faire presque aussi petit qu'un de nous, nous encourager par sa présence, nous exciter à l'observance de la règle par sa régularité, nous prêcher le silence par son recueillement, nous animer à l'étude par sa vie laborieuse, à la dévotion par sa piété.

Là, il se félicitait aussi de pouvoir professer plus librement le mépris qu'il eut toujours pour les superfluités et les richesses de la terre, et se revêtir sans obstacle des livrées de la pauvreté. Il ne se borna pas en effet à chérir les pauvres ; il s'efforça, autant qu'il fut en lui, de se rapprocher de leur condition. S'il ne fut pas pauvre en réalité, par la privation de toute fortune, il le fut toujours d'esprit et d'affection: ne soupirant jamais après l'argent ; et, lorsqu'il en avait, ne s'en croyant pas le maître, mais l'économe, et n'y attachant jamais son cœur.[1] N'eut-il pas l'esprit de pauvreté, celui dont les revenus furent constamment le patrimoine des pauvres ? Ne fut-il pas détaché des richesses, celui qui n'en usa que selon l'intention de la Providence, pour faire plus de bonnes œuvres et pour étendre le règne de Jésus-Christ? Ne fut-il pas détaché des richesses, celui qui, ne devant rien, mais uniquement pour épargner à de pauvres prêtres la restitution de la pension ecclésiastique qu'ils avaient recue par erreur, en sus de leur modique traitement, restituait lui-même ce qu'on aurait pu leur redemander, et abandonnait généreusement au payeur une somme de deux mille cinq cents francs à la fois? Ne fut-il pas détaché des richesses celui qui, loin de thésauriser, était, dans certains cas, réduit à faire une aumône si légère, qu'on en eût été peut-être mal édifié, si l'on n'avait su d'ailleurs qu'en donnant si peu de chose il donnait le dernier argent qui lui restât? Ne fut-il pas détaché des richesses, celui qui, voyant un jour la fortune arrivée à sa porte, l'accueillit à peine un instant, puis lui donna un autre adresse et la pria

---

[1] *Oportet enim episcopum sine crimine esse, sicut Dei dispensatorem* (gr. οἰκονόμον)..... *non turpis lucri cupidum.* Tit. i, 7.

de passer son chemin ? Ne fut-il pas détaché des richesses, celui qui dans une note testamentaire prescrivit que ses funérailles se fissent le plus simplement qu'il serait possible, vu qu'il ne laissait rien de considérable, et que son héritier recevrait à peine de quoi faire face aux dépenses absolument nécessaires? Enfin ne fut-il pas détaché des richesses, celui qu'on vit toujours prêt à tout perdre plutôt que de composer avec sa conscience et ses devoirs ?

Dans cet état d'indifférence pour les richesses, pour le monde et pour les honneurs, quelle fut donc sa passion? Sa passion à lui, ce fut celle qui fait les bons Pasteurs : ce fut de glorifier Dieu en se dévouant au maintien, à la défense des vrais principes, au rétablissement et à l'affermissement de la foi ; ce fut de le glorifier en gagnant des âmes à son service.

Aussi souvent des attaques sacriléges furent dirigées contre la constitution et la doctrine de l'Église, aussi souvent il donna des preuves de son attachement aux saintes règles et de son ardeur à les défendre.

Un jour des hommes pour qui rien n'était sacré, et qui ne voyaient rien au-dessus de leur puissance sur la terre, s'imaginèrent qu'après avoir réformé les institutions humaines, ils pouvaient aussi réformer l'œuvre de Dieu. Ils entreprirent donc d'organiser sur un nouveau plan l'Église de France; ils prétendirent en régler la discipline sur le modèle de leurs administrations civiles; ils essayèrent de la séparer du centre de l'unité catholique, de la source d'où elle reçoit la vie; et forcèrent un roi faible et captif à sanctionner ces schismatiques innovations.

Beaucoup, hélas! dans ces jours à jamais déplorables, furent plus sensibles à leurs intérêts personnels qu'à ceux de la foi. Le nombre des lâches et des prévaricateurs fut grand; mais le nombre des cœurs généreux et fidèles fut plus grand encore. L'Épiscopat français défendit noblement la cause sainte; il rejeta les nouveautés profanes, et voulut conserver dans son entier, le sacré dépôt qu'il avait reçu intact. Le Clergé du second ordre suivit en foule l'exemple de ses chefs. Cependant la ruine de l'antique foi est jurée; les asiles de la piété, transformés en prisons, ne suffisent plus pour recevoir les vertueux ecclésiastiques qu'on enchaîne au nom de la liberté. La proscription est résolue, c'en est fait : de paisibles ministres des autels, des hommes dont tout le crime est de ne vouloir pas apostasier, sont massacrés dans la capitale au nom de la *justice* et du *salut public;* partout des provocations féroces font couler par torrents le sang des Prêtres fidèles. Ceux qui ne tombent pas sous le fer des assassins, jetés par centaines dans des vaisseaux trop étroits, entassés comme les plus vils criminels dans des cachots infects, sont emportés par une affreuse contagion, ou périssent victimes des plus barbares traitements. Dieu permit néanmoins que beaucoup de dignes ecclésiastiques échappassent à la vigilance des perquisiteurs et à la rage des bourreaux ; de ce nombre fut M. l'abbé Miollis. Disposé à verser son sang pour le maintien de la foi, il accepta comme une faveur les privations et les amertumes de l'exil ; et, s'éloignant d'une patrie où il fallait choisir entre l'apostasie et l'échafaud, il grossit la troupe des confesseurs que l'Italie accueillit avec transport. Rome fut le lieu ordinaire de sa demeure. Dans ce port heureux que la providence lui ouvrait pendant la tourmente, sa foi s'accrut encore par l'étude qu'il fit des monuments de Rome chrétienne ; et quand le calme lui permit de rentrer dans sa patrie, il y revint plus disposé que jamais à maintenir et à défendre la foi, mais ne prévoyant guère de la part de quel ennemi il aurait à soutenir de nouveaux assauts.

L'Évêché de Digne étant devenu vacant, M. l'abbé Miollis y est appelé. Les premières années de son épiscopat s'écoulent paisiblement dans l'exercice continuel du ministère évangélique. Mais bientôt l'horison s'obscurcit, les nuages s'amoncellent, le ciel est gros de tempêtes.....

un nouvel orage a éclaté. Le guerrier qui venait de consoler l'Église va la plonger dans l'affliction et dans le deuil. Des succès trop constants ont enflé son cœur; il a vu avec orgueil ses aigles victorieuses voler des bords du Tage aux rives de la Vistule; l'appui de la Providence le rend ingrat. Il ne cesse de dire aux Pontifes : « N'oubliez pas » que le royaume de Jésus-Christ n'est pas de ce » monde[1]; » et il oublie lui-même que le sien en est et qu'il doit s'y borner; et il prétend réformer la discipline de l'Église comme il réforme celle des camps. Le Vicaire de Jésus-Christ oppose à cette audace une noble résistance; mais le despote qui dicte des lois à l'Europe, qui fait et défait les Rois, s'indigne qu'un Prêtre ose contredire ses volontés. Rome est réunie par un décret au nouvel empire; et le Pape, traîné presque mourant en deçà des Alpes, par l'ordre de celui que naguère il était venu de si loin sacrer à Paris, gémit dans une dure captivité, privé de toute communication avec ceux dont on ne pouvait, sans une odieuse tyrannie, lui refuser l'assistance et les conseils.

Alors, comme dans ces jours d'alarmes où Pierre était entre les mains du cruel Hérode, l'Église, sans interruption, faisait des prières

---

[1] *Respondit Jesus : Regnum meum non est de hoc mundo.* Joan xviii, 36.

ardentes pour la délivrance de son chef[1]; et ce chef infortuné, accablé de chagrins et d'années, soutenait une lutte à laquelle, à moins d'un miracle, sa vieillesse devait succomber. Cependant aussi ennemi des lenteurs dans les négociations que sur le champ de bataille, l'Empereur veut faire décréter par les Évêques, ce qu'il ne peut obtenir assez promptement de la prudence et du courage de Pie VII. Les Évêques de France et d'Italie sont donc convoqués à Paris, afin, disait-on, de mettre un terme à la violation des saints canons, de venger les droits des chapitres et de prévenir l'extinction de l'épiscopat en France et en Italie; mais en réalité, afin de soumettre à une assemblée incompétente l'Église mère et maitresse de toutes les églises; afin de réviser une institution, une loi de Jésus-Christ; afin d'ébranler ou même de renverser l'épiscopat catholique, en ébranlant le siége suprême, la pierre angulaire et fondamentale d'où tous les siéges particuliers reçoivent leur solidité.[2]

---

[1] *Petrus quidem servabatur in carcere : oratio autem fiebat sine intermissione ab Ecclesia ad Deum pro eo.* Act. XII, 5.

[2] *Tu es Petrus et super hanc Petram ædificabo Ecclesiam meam........ et tibi dabo claves regni cœlorum , etc.* Matth, XVI, 18, 19.

Pasce agnos meos..... Pasce oves meas. Joan XXI, 16, 17.

Et tu aliquando conversus confirma fratres tuos. Luc. XXII, 32.

Un jour donc le bruit se répand que l'Évêque de Digne va partir pour le Concile : il arrive en effet au milieu de nous, dans le séminaire. Je le vois encore ce modeste Évêque, n'espérant rien de ses propres forces, mais espérant tout de Dieu, se recommandant avec instance à nos prières et surtout à celles des trois vénérables prêtres qui nous dirigeaient, et qui déjà, comme lui, avaient confessé la foi. Notre digne supérieur, en lui promettant ses prières et les nôtres, lui témoigna avec une confiance respectueuse tout ce qu'on avait droit d'attendre d'un Évêque, et d'un Évêque aussi orthodoxe que lui ; il ne se trompait pas.

Le 9 juin de l'année 1811, quatre-vingt-quinze Prélats, réunis de tous les points de la France et de quelques endroits de l'Italie, se trouvèrent en présence de cet homme extraordinaire devant qui l'Europe tremblait. Comment se défendre d'un frisson de terreur à l'aspect de cette puissance gigantesque redoutée des peuples et des rois ? Comment ne pas être ébloui de tant de gloire au souvenir des Pyramides, d'Austerlitz, de Wagram, d'Iéna ? Comment résister au vainqueur de tant d'armées, à ce génie qui enchaînait à son char et les factions remuantes, et les passions jalouses, et les opinions rivales, et les ambitions outrées ? Comment ne pas craindre ce foudre de guerre qui brisait les trônes, et devant qui les

plus bouillants courages restaient glacés ? Il
faut l'avouer, peu d'hommes étaient capables
de soutenir avec calme le regard menaçant de
cette majesté redoutable. Aussi à son approche
plus d'une résolution sérieuse s'évanouit, plus
d'un cœur fut ébranlé, quelques-uns même
furent lâches. D'autres, sans être lâches, ne
parurent point assez sensibles aux indignes traitements faits à un vieillard vénérable, à un souverain sans défense, au père pacifique de tous
les Chrétiens; et ils eurent à se reprocher une
excessive complaisance envers un pouvoir oppres-
seur. Cependant de grands courages éclatèrent;
de généreux sentiments furent exprimés. Un
Évêque, dont le nom est digne de mémoire,
Maximilien de Droste, Évêque de Jéricho, proposa
à ses collègues d'aller tous ensemble se jeter aux
pieds du Souverain, pour demander la liberté du
Saint-Père. Mgr. de Solles, qui avait passé du
siège de Digne sur celui de Chambéry, applaudit
à cette proposition. Ou je m'abuse, ou elle dut
être aussi accueillie avec enthousiasme par l'Évêque de Digne, car rien n'était plus conforme à
ses sentiments bien connus. Ferme et inébranlable dans la foi comme les Athanase et les Hilaire,
il eût volontiers pour elle sacrifié sa liberté, versé
tout son sang. Jamais, dans ces temps difficiles,
il ne régla sa conduite d'après les étroits calculs
de l'intérêt; jamais il ne prit conseil de la peur

ni de la prudence du siècle, alors même que le courage et la fidélité avaient pour prix l'exil ou le donjon de Vincennes. Sa règle à lui c'étaient les symboles, les décrets des Conciles, la foi de la sainte antiquité. Il se fortifiait de l'exemple et des paroles des dignes Évêques avec lesquels il s'était lié. Il consultait Dieu et se remplissait de son esprit dans la prière. Et lorsque des ministres courtisans, croyant l'amener plus aisément aux vues de leur maître, lui représentaient ce qu'il devait à l'Empereur, il leur représentait à son tour ce qu'il devait à Dieu et à l'Église, ce qu'il devait au Pontife dont il avait juré de respecter et de défendre les droits. Et lorsque le conquérant lui demandait d'un ton ironique ce que lui avait conseillé le Saint-Esprit, lui, dans la sincérité de sa foi, et avec un courage qui eût fait honneur aux Ambroise et aux Basile, savait répondre : « Rien de ce que m'a proposé Votre Majesté. »

Oh ! que de vexations, d'amertumes et de regrets eussent été épargnés au chef de l'Église, si, au lieu des concessions que faisaient la faiblesse et la crainte, le chef de l'État n'eût obtenu, de tous ceux qui le conseillaient, que des réponses pleines de cette foi et de cette force évangélique qui caractérisèrent constamment l'Évêque de Digne!

Rentré dans son diocèse, il reprit avec une nouvelle ardeur l'œuvre, déjà heureusement commencée, du rétablissement de la foi. Mais que de temps et d'efforts il fallait, pour réparer les ravages de dix années de persécutions ! Ce qu'il y avait de plus urgent, c'était de remettre en vigueur et d'assurer, pour l'avenir, autant qu'il était possible, l'enseignement de la saine doctrine, interrompu pendant si longtemps et remplacé par des leçons d'anarchie ou d'athéisme. Il fallait, sous peine de voir la tribu sacerdotale et la religion éteintes, se hâter de remplir le vide immense que la mort naturelle ou violente de tant de bons prêtres avait laissé dans le sanctuaire ; il fallait préparer et multiplier pour la jeunesse, les organes et les moyens d'une instruction pure et chrétienne.

Aussi, dès son entrée dans l'épiscopat, notre vigilant Évêque s'était-il occupé de l'établissement d'un séminaire. Dabord, dans un vieux couvent, puis dans un coin des bâtiments de l'archevêché d'Embrun, sous la direction de deux respectables Prêtres, s'étaient réunis un petit nombre de jeunes aspirants, et quelques autres que la révolution avait surpris novices encore autour de l'autel. Bientôt après, une réunion un peu plus nombreuse s'était formée à Digne, où elle occupait ce que le marteau révolutionnaire avait épargné d'un ancien couvent de Cordeliers. Mais cette étroite maison, quoique réparée et habitable, ne répondait pas encore aux besoins du diocèse ; ainsi une partie des jeunes clercs était restée à Embrun, l'autre seulement était à Digne. Un tel état de choses offrait des inconvénients qu'il convenait de faire cesser, d'autant que les directeurs de ces communautés étant uniquement à la charge du diocèse, il importait d'en réduire le nombre dès qu'on le pourrait. Aussi Monseigneur l'Évêque avait mis de bonne heure la main à l'œuvre. Par ses soins, et grâce aux sacrifices qu'il sut s'imposer, un bâtiment spacieux s'éleva, et fut ajouté à l'ancien du côté du levant ; et les travaux furent poussés avec tant d'activité, qu'avant la fin de l'année 1812 nous pûmes habiter le haut du nouvel édifice. Du terrain fut acquis pour arrondir l'enclos, un mur d'enceinte fut construit ; et le tout, des deniers et par les économies du généreux Prélat, bien avant l'époque où l'ancien couvent fut démoli et rebâti aux frais de l'état. Ce vaste bâtiment n'est donc pas seulement pour vous, Habitants de Digne, un témoin de la piété de vos pères ; c'est aussi un monument de la libéralité de votre Évêque, et de son zèle pour rétablir et perpétuer la foi parmi vous. Un zèle éclairé et orthodoxe comme le sien ne pouvait négliger ce qu'il y a de plus important par rapport à un séminaire, le choix des chefs ; ce choix lui fit honneur : il mit à la tête de la nouvelle communauté trois hommes qui avaient fait leurs preuves, trois hommes qui n'étaient pas moins recommandables par leur piété que par leur attachement aux saines doctrines, trois hommes qui ont laissé parmi vous les plus honorables souvenirs, et dont la mémoire sera longtemps encore en vénération dans le clergé. Le séminaire, ce noviciat où sont formés les jeunes Prêtres, cette pépinière d'où ils sont tirés, fut toujours pour Mgr. l'Évêque de Digne, l'objet d'une spéciale et tendre sollicitude, et avec raison; car la perpétuité de la foi, qu'il avait tant à cœur, est étroitement liée à celle du sacerdoce. Ainsi, quoique ce fût beaucoup d'avoir fondé un séminaire, ce ne fut pas assez pour lui. Il crut, dans des temps où il était difficile de prévoir les événements, il crut qu'il lui était permis de penser à l'avenir, et d'imiter le bon père de famille, qui tâche de concilier les besoins du jour avec un souci raisonnable du lendemain. Il fit conséquemment de nouvelles économies dont il assura la propriété au séminaire, et dont il ne retint que l'usufruit. Il fit ces économies, afin de contribuer de toutes les manières possibles à vous conserver le précieux trésor de la foi; il voulut, même après sa mort, vous annoncer par d'autres bouches cette foi sainte, et l'annoncer à vos enfants et à ceux qui naîtraient de vos enfants.

Par tout cela vous pouvez juger s'il négligea les écoles où les élèves du sanctuaire font leurs

premières études ; s'il recula devant quelque sacrifice pour les fonder, les soutenir, les encourager. Les deux maisons d'Embrun et de Forcalquier ont éprouvé tour à tour les effets de sa charité paternelle. Celle de Forcalquier fut de bonne
heure confiée par lui à quelques-uns de ces Prêtres pieux qui, vivant sous la règle de St. Ignace,
enseignèrent ensuite avec tant de succès les lettres et la piété dans quelques autres maisons
ecclésiastiques de France.

Forcalquier connut encore les efforts de son zèle
pour étendre le bienfait d'une instruction chrétienne sur les jeunes garçons, riches et pauvres.
Digne les a moins connus, parce que la charité
ardente de celui qui régit la paroisse a pris le
devant. Mais Digne n'est-elle pas assez redevable
au saint Évêque ? N'est-ce pas lui, presque seul,
dont l'immense libéralité l'a dotée de cette belle
et vaste retraite où les pieuses filles de sainte
Ursule, comme de tendres mères, font couler
sur les lèvres de l'enfance le lait spirituel de la
doctrine chrétienne et le miel d'une douce piété?
N'est-ce pas lui encore qui l'a dotée de cette
maison, si utile à la ville et à tout le diocèse, de
cette sainte école où s'exercent de modestes filles,
qui, pour honorer l'enfance et la soumission de
Jésus, obéissent d'abord à la sage voix qui les
dirige, puis, sortant de leur solitude, viennent
au sein de la cité, ou vont dans les villa-

ges, se vouer à l'instruction et au service de l'âge
le plus tendre, apprendre à de petites filles à
bégayer les noms qui doivent les sauver, à donner à Dieu le titre de père, à obéir à leurs parents,
à répéter qu'aimer Dieu et lui être fidèle, c'est
le bonheur. Manosque aussi possède une communauté religieuse d'où s'exhale un doux par-
fum de piété. Les jeunes filles y vont puiser
l'amour de notre Seigneur Jésus-Christ et de
sa loi, le goût de la vertu, des travaux domestiques, de toutes les choses honnêtes et utiles. Or,
qui ne sait que la création de cette maison a
été puissamment secondée par l'inépuisable libéralité du saint Évêque? Enfin, sans rien exagérer,
sans préjudicier à aucun mérite, ne puis-je pas
dire qu'il n'est à Digne ni ailleurs, dans le diocèse, aucun établissement inspiré par la foi en
faveur de la jeunesse chrétienne, où l'on n'ait eu
à lui rendre grâces ou de son appui, ou de ses secours, ou du moins de sa bienveillance, alors
même qu'une heureuse concurrence de charité ne lui a pas laissé le mérite de la fondation?

En ouvrant à son peuple les sources d'un enseignement pur et religieux, le zélé Pasteur ne
négligeait aucun des besoins de ses nombreuses
ouailles. Il eût voulu les ramener, les sanctifier,
les sauver toutes. Mais après tant d'années d'im-

piété, de dissolution, de délire, combien de ces pauvres ouailles se trouvaient loin du salut ! Que d'égarements elles avaient à déplorer ! Que de doctrines absurdes ou perverses à abjurer ! Que de haines à bannir de leurs cœurs ! Que d'injures à pardonner ! Que de violences et d'injustices à réparer ! Que de scandales et de profanations à racheter par la pénitence ! Que de crimes à expier ! Que de taches honteuses à laver dans les larmes du repentir ! Pour les résoudre à un retour sincère, à une réparation généreuse, il fallait les toucher, les frapper, leur imprimer une salutaire terreur ; leur rappeler tout ce que la religion a de plus puissant, de plus persuasif, de plus effrayant ; il fallait convaincre l'esprit, gagner le cœur, triompher des sophismes, et des passions : vaincre la raison par la raison, l'intérêt par l'intérêt, le sentiment par le sentiment. A des maux extrêmes les remèdes ordinaires ne suffisaient plus ; il fallait un remède plus énergique, celui des missions ; on y eut recours.

Alors, dans les principales villes du diocèse, se firent des missions, auxquelles le sage et pieux Évêque présida. Il édifiait, il animait tout le monde par sa présence. Et il n'était pas seulement spectateur ; mais le premier en chaire, le premier au confessionnal, le premier auprès du lit des malades, le premier partout où une bonne œuvre était à faire ; il remplissait avec ardeur, toutes les fonctions de Prêtre et d'Apôtre. Embrun, Saint-Bonnet, Riez, Manosque, Oraison, Sisteron, ont successivement admiré son zèle infatigable et en ont recueilli le fruit. On le voyait, après la prédication, aborder avec empressement de pauvres paysans, de bons campagnards, et leur dire : « Vous voulez sans doute vous confesser, » mes Amis ; mettez-vous là ; je confesse, moi » aussi, quoique Évêque.» Et les plus pauvres étaient toujours ceux qu'il préférait ; et l'homme de la paroisse dont le nom et la profession rebutent le plus la délicatesse du siècle se présentât-il, il le recevait avec joie. » Ce sont les pauvres » gens, disait-il, qu'il faut principalement re-» chercher. Notre-Seigneur estime plus leur âme » que celle de beaucoup de riches, parce qu'il en » retire communément une plus grande gloire, » et qu'ils persévèrent pour la plupart. »

Partout où il se montrait, il attirait les yeux de tous ; partout son aspect seul lui gagnait les cœurs ; mais dans la chaire il exerçait un ascendant à peine croyable, l'ascendant qui est le privilége de la sainteté. Je ne l'égalerai certainement ni aux Augustin, ni aux Chrysostôme ; je manquerais de vérité, si je n'avouais franchement ses défauts oratoires, son style peu correct, ses redites, ses longues et trop fréquentes énumérations, son accent vulgaire, sa diction et sa prononciation souvent surannées ; mais je manquerais aussi de vérité si je n'ajoutais que son ton de bonté, sa conviction profonde et l'affection pastorale que respiraient toutes ses paroles captivaient les cœurs.

Lorsque je l'entendis pour la première fois, il prêchait dans la ville qu'illustra le grand Marcellin. Trop accoutumé que j'étais alors à la voix séduisante des poëtes, je me trouvais peu disposé à goûter un langage simple et sans fard; et je conviens que cette parole, qui ne chatouillait point mon oreille, ne m'attira pas. Peu à peu cependant, faisant plus d'attention au fond qu'à la forme, je sentis naître en moi un secret intérêt; puis je fus touché de ce zèle; puis j'aimai cette charité paternelle; puis enfin, suspendu et attendri comme les autres, je ne pouvais m'empêcher de dire comme eux : *O le saint homme!*

Son éloquence ne s'adressait pas à l'esprit, mais elle allait droit au cœur. Ses discours n'étaient ni de profonds raisonnements, ni de brillantes descriptions, ni une harmonieuse mélodie. C'étaient des avis paternels, des exhortations pressantes, les prières de la charité, les alarmes de la tendresse, le dévouement d'un Moïse et d'un saint Paul pour le salut des pécheurs; ensuite tout préchait en lui : son air patriarcal, sa voix douce et caressante, son abandon, son humilité, souvent les larmes qui coulaient de ses yeux; enfin il avait de ces moments et de ces mouvements qu'on pouvait sans contredit appeler heureux.

Il avait de plus le grand avantage de s'être nourri de bonne heure de l'Écriture sainte et de l'avoir constamment méditée avec un esprit de foi. Il en savait les expressions et les images ; et, sans qu'il fût obligé de les chercher, elles coulaient de ses lèvres comme naturellement.

Au commencement d'une mission, il vous représentait le docile Joseph que le vieux Jacob faisait partir de la vallée d'Hébron et envoyait vers ses autres enfants. Arrivé à Sichem, l'innocent jeune homme y cherchait en vain ses frères, parce qu'ils étaient allés à Dothaïn, avec leurs troupeaux. Alors un habitant du lieu, le voyant errer, lui demandait ce qu'il cherchait ; et le jeune homme ingénu lui répondait : « Je cherche » mes frères.[1] »

Dès ce préambule tout le monde était en sus-

---

[1] *Dixit ad eum Israel : Fratres tui pascunt oves in Sichimis. Vade, et vide si cuncta prospera sint erga fratres tuos et pecora..... Missus de valle Hebron venit in Sichem :*

Invenitque eum vir errantem in agro, et interrogavit quid quœreret.

At ille respondit : Fratres meos quœro ; indica mihi ubi pascant greges.

Dixitque ei vir : Recesserunt de loco isto ; audivi autem eos dicentes : Eamus in Dothain. Perrexit ergo Joseph post fratres suos, etc. Genes. XXXVII, 13—17.

pens. Joseph, Hébron, Sichem, Dothaïn, tous
ces noms antiques de la Bible avaient éveillé
l'attention et préparé favorablement les cœurs.
Alors il ajoutait : « Aujourd'hui le Père céleste
» m'envoie comme autrefois le père des Israélites
» envoya son fils. Il m'a dit : Va vers tes frères ;
» va voir ce qu'ils font, et si le troupeau est en
» bon état. Et moi je suis parti aussitôt. Si donc
» quelqu'un me demande où je vais, ce que je
» veux, je lui répondrai : Je cherche mes frères,
» *Fratres meos quæro.* C'est vous en effet que je
» viens chercher. Je ne veux ni vos biens, ni
» vos blés, ni vos troupeaux ; c'est vous seuls,
» mes Frères, ce sont vos âmes que je cherche.»
Ce rapprochement inespéré frappait d'autant
plus, que le saint vieillard, qui se comparait à
Joseph, en avait la candeur et l'innocence. On
croyait voir, on croyait entendre Joseph. Ce nom
chéri réveillait mille touchants souvenirs. Alors
le bon Évêque pouvait parler ; il avait gagné
d'avance son auditoire.
Il était admirable lorsque, pour émouvoir les
pécheurs, il leur montrait : dans la misère profonde de l'Enfant prodigue, le tableau de celle où
les plongent leurs déréglements ; dans sa honte,
son amer repentir et son humble retour, le modèle de leur pénitence ; dans la bonté, l'indulgence et la joie de ce tendre père, une image
des miséricordes infinies du Seigneur pour les

enfants prodigues qui reviennent à lui. Et ici son discours était d'autant plus pathétique, qu'il avait lui-même dans l'âme, à l'égard des pécheurs, tous les sentiments dont il parlait.

Que puis-je vous dire encore, mes Frères, que vous n'ayez plus d'une fois entendu? Vous savez comment il appliquait ce qui est dit de la piscine probatique, au sacrement qui guérit les âmes de leurs infirmités ; ce qui est dit de la résurrection de Lazare, à la vie nouvelle où renaissent ceux qui sont déliés des chaînes du péché par les prêtres. Il y a eu des missions à Digne, et là vous l'avez tous entendu. Vous n'avez pas oublié quelle impression il fit lorsque, montant en chaire avec la chappe et la mitre, il prononça d'un ton animé ces paroles d'un prophète: *Vox Domini ad civitatem clamat*, La voix du Seigneur a retenti sur cette ville [1]; et que, partant de ce texte, il appela, au nom du Seigneur, les magistrats et le peuple, les grands et les petits, toutes les classes, tous les habitants de la ville de Digne aux exercices du jubilé.

Ce n'était pas seulement dans les missions que son zèle pour le salut des âmes se déployait, mais en tout temps et partout où il se trouvait. Frappé

[1] Mich. vi , 9.

de cet ordre de l'Apôtre à un Évêque : « Annonce
» la parole sainte ; presse à temps et à contre-
» temps ; reprends, supplie, menace sans te las-
» ser[1] ; » il saisissait toutes les occasions pour
prêcher, il animait toutes ses fonctions de sa
parole vivifiante.

Admettait-il de simples clercs aux ordres in-
férieurs du sanctuaire ? Il leur recommandait
d'être assidus dans le temple comme Samuel ; de
dire au Seigneur, comme lui : « Parlez Seigneur,
» car votre serviteur écoute[2] ; » d'être simples,
modestes, respectueux comme Népotien ; fervents comme Louis de Gonzague et Stanislas
Kostka ; dociles aux inspirations de leurs Anges
comme Tobie.

Ordonnait-il des diacres ? Il ne manquait pas
de leur proposer pour modèles les Étienne de
Jérusalem, les Laurent de Rome, les Vincent de
Sarragosse.

Venait-il d'élever des diacres au sacerdoce ?
Oh ! avec quelle effusion il les conjurait d'être
des Moyses, des Aarons, des Onias, des Zacharies
par leur sainteté ; des Isaïes, des Jérémies, des
prophètes par leur zèle et leur prédication ; de
fidèles imitateurs de Jésus-Christ ! « O vous,

---

[1] *Prædica verbum ; insta opportune, importune : argue,
obsecra, increpa, in omni patientia et doctrina.* 2 Timoth. IV, 2.

[2] *Loquere, Domine, quia audit servus tuus.* 1 Reg. III, 10.

» hommes de Dieu! ajoutait-il avec l'Apôtre,
» fuyez les vains désirs et les passions de la jeu-
» nesse ; recherchez la foi, la piété, la justice,
» la charité, la mansuétude.....[1] » Et que d'avis
importants ne tirait-il pas encore de cette parole,
Homme de Dieu, *ô homo Dei?*

Faisait-il la bénédiction de la première pierre,
au moment où l'on allait reconstruire le couvent qui avait appartenu aux Cordeliers ? Du
haut d'un monceau de décombres d'où il dominait
la foule, il expliquait la destination du nouvel
édifice, et faisait sentir en quoi il pourrait dé-
dommager la ville et le diocèse de la perte de
l'ancien.

Installait-il de charitables religieuses dans un
hospice ? Pour l'instruction des assistants et l'encouragement de ces saintes filles, il rappelait ce
qu'ont fait en faveur de l'humanité pauvre et
souffrante, les Jean de Matha et les Félix de
Valois, les Jean de Dieu, les Camille de Lellis,
les Vincent de Paul.

Donnait-il l'habit de religion à des novices
suffisamment éprouvées ? Il les félicitait sur leur
résolution généreuse et sur le bonheur de la

[1] *Tu autem, ô homo Dei, hæc fuge : sectare vero..... pieta-
tem..... mansuetudinem.* 1 Timoth. VI, 11.
*Juvenilia autem desideria fuge; sectare vero justitiam,
fidem, caritatem.* 2 Timoth. II, 22.

retraite qu'elles embrassaient; il leur recommandait d'aimer la solitude et l'obscurité comme
Judith dans sa maison de Béthulie[1]; de faire leurs
délices de la prière comme la sainte veuve Anne,
fille de Phanuel, qu'on voyait toujours dans le
temple[2]; d'aimer à être aux pieds de Jésus et à le
contempler comme Marie; d'imiter les Paule,
les Démétriade, les Eustochium, les Marcelle,
puis les Thérèse, les Catherine de Sienne, et
tant d'autres dont la vie admirable lui était aussi
familière que les noms.

Mettait-il en possession de leur pénible emploi
des frères des écoles chrétiennes? Il rappelait
la douce bonté de Jésus et la tendresse de
cet aimable maître pour les petits enfants; il
parlait du devoir qu'il nous impose d'être purs et
simples comme eux, si nous voulons entrer dans
le royaume du ciel[3]; il n'oubliait pas le dévouement d'un Joseph de Calasance, d'un Jérôme
Émilien, du vertueux de la Salle.

Était-il au milieu de ses prêtres pendant une
retraite pastorale? Là, comme un autre Jacob
entouré de ses soixante et dix enfants ou petits-

[1] Judith, VIII, 4, 5.
[2] *Et erat Anna prophetissa, filia Phanuel,.... quæ non disce-
debat de templo, jejuniis et obsecrationibus serviens nocte ac die.*
Luc. II, 36, 37.
[3] *Amen dico vobis: nisi conversi fueritis et efficiamini sicut
parvuli, non intrabitis in regnum cœlorum.* Matth. XVIII, 3.

enfants, il donnait des avis avec une grâce et une simplicité admirable, corrigeant sans blesser, peignant les défauts d'après nature mais sans personnalité, assaisonnant son discours de traits naïfs et piquants, usant avec un sage à-propos de l'arme du ridicule.

Le jour du départ et des adieux arrivait-il? alors, accompagnant ses chers coopérateurs de ses vœux, il les mettait sous la garde des saints Anges; il se représentait la joie de toutes ces paroisses charmées de revoir leurs Pasteurs; puis, craignant toujours lui-même de les voir et de leur parler pour la dernière fois, il leur recommandait de reparaître dans le monde, après la retraite, comme des Jeans-Baptistes venant du désert, comme des Apôtres sortant du cénacle; de répandre partout la bonne odeur de Jésus-Christ; de se conduire avec tant de régularité que les fidèles pussent dire : « Notre Curé ne fait plus » de telle manière; il est plus recueilli, plus affa- » ble, plus patient, plus assidu à l'Église....... » Ah ! c'est qu'il vient de la retraite; ah ! l'on » voit bien qu'il a profité des exercices de la » retraite. » Et c'étaient là comme ses dernières volontés et comme son testament épiscopal.

Enfin il prêchait en toute occasion et pour tous, mais il prêchait surtout pour les pauvres.

« Les riches, disait-il, ont, pour s'instruire, » des vérités du salut, deux moyens qui man-

» quent aux pauvres, une éducation soignée et
» la lecture des bons livres. Les pauvres n'ont
» d'autre ressource que des instructions familiè-
» res; peut-on les leur refuser ? Jésus-Christ ne
» nous apprend-il pas qu'il a été envoyé pour
» leur annoncer l'Évangile[1]? Et quand les dis-
» ciples de Jean viennent lui demander s'il est
» le Messie, manque-t-il de leur faire remarquer,
» entre autres choses, qu'il accomplit sa mission
» auprès des pauvres[2]? » D'après cela , la parole
de l'Évêque de Digne dut être simple ; mais avec
sa simplicité, elle avait un je ne sais quoi qui atta-
chait, une onction qui pénétrait tous les cœurs.

« Un jour, disait-il, je parlai de Mgr. Dulau,
» dans l'église de St.-Trophime, au peuple d'Ar-
» les. Il aurait fallu là, ajoutait-il avec sa naïveté
» ordinaire, un autre orateur que moi. Cepen-
» dant le nom du vénérable Archevêque attendrit

---

[1] *Invenit locum ubi scriptum erat: Spiritus Domini super me...
evangelizare pauperibus misit me..... Cœpit autem dicere ad
illos quia hodie impleta est hæc scriptura in auribus vestris.*
Luc. IV, 17, 18, 21.

[2] *Joannes, cum audisset in vinculis opera Christi, mittens
duos de discipulis,*

Ait illi: Tu es qui venturus es an alium exspectamus ?

*Et respondens Jesus, ait illis: Euntes renuntiate Joanni quæ
audistis et vidistis :*

*Cæci vident, claudi ambulant, leprosi mundantur, surdi au-
diunt, mortui resurgunt, pauperes evangelizantur.* Matth. XI,
2-5.

» et fit pleurer l'auditoire. » Je le crois sans peine : on entendait l'éloge d'un martyr prononcé par la bouche d'un saint. Un prédicateur plus disert, plus érudit, eût excité plus d'admiration, eût obtenu plus d'applaudissements ; le bon Évêque de Digne laissait parler son cœur, et il faisait couler des larmes.

Ainsi, il allait toujours droit à son but, qui était la conversion des pécheurs, la sanctification et le salut des âmes. C'était là ce qu'il se proposait, soit dans les missions, soit dans tous les autres cas. Que lui importaient à lui les jugements et les louanges des hommes ? Il parlait à ses ouailles comme fait un bon père à ses enfants ; et sans se préoccuper de ce que penseraient les puristes et les rhéteurs, il voulait pouvoir dire avec l'Apôtre : « Si vous avez le mal-
» heur de vous perdre, ne m'en accusez pas ; je
» suis pur et innocent du sang de vous tous, car
» je ne me suis jamais défendu de vous annon-
» cer à tous les volontés de notre Dieu.[1] »

Le zèle apostolique du charitable Pasteur s'exer-
çait habituellement autour de lui dans sa ville épiscopale ; il se déployait de temps en temps

[1] *Mundus sum a sanguine omnium ; non enim subterfugi quominus annuntiarem omne consilium Dei vobis.* Act. xx, 26, 27.

dans les travaux des missions ; mais un champ plus vaste lui était ouvert dans les visites pastorales qu'il regardait avec raison comme un de ses principaux devoirs. Il ne suffit pas, en effet, que le premier Pasteur soit connu confusément de son troupeau ; il faut qu'il puisse dire, à l'exemple du modèle des Pasteurs : « Mes brebis me connaissent, et je connais mes brebis, *cognosco oves meas et cognoscunt me meœ.*[1] » Il faut que les brebis connaissent sa voix, qu'il sache lui-même, en quelque sorte, les appeler par leur nom, qu'il marche à leur tête et qu'elles suivent ses pas.[2] Quoiqu'il ne puisse se charger personnellement du soin de chaque portion du troupeau en particulier, il n'en répond pas moins devant Dieu de la manière dont chacune d'elles est gouvernée ; il a donc une vigilante inspection à exercer sur ceux qui en sont les gardiens ; il en est l'Évêque, c'est-à-dire, le surveillant, le visiteur[3] ; et c'est de Dieu qu'il a reçu ce pouvoir, afin d'applaudir aux travaux des uns, d'exciter le zèle des autres, de régler l'ardeur de ceux-ci, de relever les espérances de ceux-là, de donner à

---

[1] Joan. x, 14.

[2] *Et oves vocem ejus audiunt ; et proprias oves vocat nominatim, et educit eas ;*

Et quum proprias oves emiserit, ante eas vadit, et oves illum sequuntur, quia sciunt vocem ejus. Joan. x, 3, 4.

[3] C'est ce que signifie Ἐπίσκοπος, episcopus.

chacun, selon le besoin, tantôt des encourage-
ments, tantôt des avis salutaires. L'Évêque visite
encore ses ouailles pour leur dispenser les grâces
et les consolations qui sont le fruit et le privilège
de son sacré ministère. Il les visite afin que, les
paroisses d'un grand diocèse soient unies de foi
et de charité avec leur Évêque ; et que, celui-ci
professant à son tour la foi du Pontife de Rome,
commune à tous les Évêques de la catholicité,
l'Église, malgré son étendue, ne forme qu'un
vaste bercail, sous la garde d'un même pasteur.

Ces visites, commandées par la charge pastorale, furent toujours plus ou moins pénibles.
Elles le sont bien davantage depuis que les
diocèses, au lieu d'être circonscrits comme jadis,
sont devenus presque aussi vastes que des provinces. Pendant plus de vingt années, le diocèse de Digne renferma seul autant de pays
que sept diocèses anciens. Nos Évêques durent
dès lors porter tout le fardeau que partageaient
entre eux autrefois six Évêques et un Archevêque ; et plus de cinq cents paroisses, pendant
ce long espace de temps, réclamèrent leur vigilance et leurs soins. Or, à part les quatre premières années, ce fut Mgr. Miollis qui eut à
soutenir le poids accablant de cette immense
sollicitude. A la vue d'un diocèse si vaste, et
surtout après une époque si féconde en désas-
tres, en débordements, en ruines, une âme moins

courageuse se fût peut-être rebutée; notre charitable et pieux prélat ne se laissa point abattre. Chaque année après la saison des frimas, dès que les glaces et les neiges cessaient d'obstruer les chemins, il se mettait en voyage. Persuadé qu'il se devait à tous, aux pauvres comme aux riches, aux habitants des campagnes comme à ceux des villes, il voulait se montrer à tous, leur donner des preuves sensibles de son affection, ranimer leur foi, et leur inspirer à tous le respect et l'amour de Notre-Seigneur Jésus-Christ. Dans ce dessein, il entreprenait de grand cœur les courses les plus longues et les plus difficiles; n'ayant égard ni aux répugnances des sens, ni aux timides conseils dictés par la prudence au nom de la santé; bravant et surmontant tous les obstacles que la nature semblait ne multiplier sous ses pas que pour donner plus d'exercice et plus d'éclat à son zèle.

Malgré les soins éclairés de nos magistrats, dans ces derniers temps, pour établir des communications moins dangereuses et moins incommodes entre les divers points de nos montueuses contrées, le voyageur ne voit souvent devant lui que des sentiers étroits, suspendus sur des penchants rapides où il n'ose s'engager qu'en tremblant; que devait-ce donc être avant que l'administration eût travaillé à faciliter les rapports entre les communes? Alors un grand nombre de paroisses étaient presque inaccessibles ; et il n'y avait qu'une nécessité pressante ou un intérêt très-grave qui pût y conduire un étranger. Alors tout Évêque que n'eût pas enflammé un zèle ardent pour le salut des âmes, eût pu se croire dispensé d'aller chercher, avec tant de péril, de pauvres montagnards séparés du reste des hommes; d'autant plus, qu'après avoir gravi des pentes escarpées, traversé des torrents enflés par les pluies, longé d'affreux précipices, on ne voyait au terme que l'humble toit de la chaumière ; et qu'on ne pouvait se promettre ni délassement, ni soins délicats dans les demeures de l'indigence. Mais il fallait prouver à un siècle impie et prévenu contre le sacerdoce, que, malgré les défections et les scandales, il y avait encore dans le sanctuaire du zèle pur, du dévouement apostolique, des hommes capables de renoncer à leur repos et à leurs aises pour ne chercher que le salut des âmes et l'intérêt de Jésus-Christ ; et c'est ce que l'Évêque de Digne prouvait dans son diocèse ; et les peuples le comprenaient bien. Aussi ces peuples, qu'on s'était efforcé d'égarer et de pervertir, rendaient hommage à son zèle ; et les hommes les moins religieux ne pouvaient tenir contre les touchantes démonstrations de sa piété.

Avec quelle édification on voyait ce saint Prélat, après une marche fatigante, arriver dans la modeste église du village, se prosterner devant le Sauveur et l'adorer ; s'oublier lui-même pour rendre, avant tout, ses devoirs à Dieu, et lui recommander le bon peuple qu'il venait visiter ! Avec quel silence, avec quelle avidité et quelle joie étaient ensuite reçues ses paroles ! Comme on se plaisait à voir que sa sollicitude s'étendait à tout, que personne n'échappait à sa tendresse, qu'il s'adressait aux hommes en place et aux simples particuliers, aux habitants du village et à ceux des champs, aux laboureurs et aux bergers, aux vieillards et à ceux qui étaient dans la vigueur de l'âge, aux hommes et aux femmes, aux parents et à leurs enfants, aux adolescents et aux jeunes vierges, aux riches, s'il y en avait, et aux pauvres, aux heureux et aux malheureux ; exhortant les uns, consolant les autres, leur rappelant à tous leurs devoirs, relevant leur courage, ou augmentant leur ardeur par le désir et l'espoir des biens à venir ! Comme on aimait à l'entendre quand il parlait aux enfants ! Au milieu de ces âmes innocentes, de ces cœurs purs que n'avait pas encore flétris le souffle empesté du vice, son cœur se dilatait, son visage était plus serein, sa voix devenait plus caressante, sa parole, toujours si douce, prenait un nouveau caractère de bonté. Ce n'était plus seulement le bon pasteur traversant les ravins et les halliers du désert pour retrouver la brebis égarée et la rapporter au bercail [1] ; c'était une image vivante du Sauveur des hommes, ne voulant pas qu'on empêchât les enfants de l'approcher, mais les accueillant avec tendresse, les serrant entre ses bras, leur imposant les mains et les bénissant.[2] On ne savait qui des parents ou des enfants était plus touché, lorsque, avec l'accent de la foi la plus vive et l'effusion de la tendresse la plus paternelle, il exhortait les jeunes garçons et les jeunes filles : à se rendre dignes des dons que le ciel allait verser sur eux ; à ouvrir leurs cœurs au St.-Esprit, à l'esprit de sagesse et d'intelligence, à l'esprit de conseil et de force, à l'esprit de science et de piété, à l'esprit de la crainte du Seigneur[3]; et qu'ensuite il les conjurait de bien fermer la porte de ces cœurs, sanctifiés par tant de grâces ; d'y garder avec soin les trésors qu'ils avaient reçus ; de ne jamais souffrir qu'on les leur ravît ; de ne pas y préférer des biens méprisables,

[1] *Vadit ad illam quæ perierat |donec inveniat eam , et quum invenerit eam imponit in humeros suos gaudens.* Luc. xv, 4, 5.

[2] *Et offerebant illi parvulos ut tangeret illos ; discipuli autem comminabantur offerentibus.*

Quos quum videret Jesus indigne tulit, et ait illis : Sinite parvulos venire ad me, et ne prohibueritis eos......

Et complexans eos et imponens manus super illos benedicebat eos. Marc. x, 13, 14, 16.

[3] *Spiritus sapientiæ et intellectus, spiritus consilii et fortitudinis , spiritus scientiæ et pietatis..... spiritus timoris Domini.* Isai, xi, 2, 3.

des satisfactions grossières. Et tous alors, parents et enfants, se sentaient attirés à Jésus-Christ, et ils prenaient la résolution de lui être désormais plus fidèles. On ne pouvait se lasser de voir, d'entendre l'homme de Dieu. Les uns disaient : « Où » trouver plus de bonté? » d'autres : « Nous som- » mes plus heureux que nos pères ; ils n'avaient » jamais vu leur Évêque dans ce pays.» Et chacun voulait recevoir encore une fois sa bénédiction ; et les mères lui présentaient leurs petits enfants, afin qu'il daignât les regarder et les bénir ; puis, quand elles avaient obtenu cette faveur, elles s'en retournaient contentes, rendant grâces au ciel et faisant des vœux pour le charitable Prélat. Et lui, inondé de consolations spirituelles, en voyant la joie innocente et les saintes dispositions de ces bons peuples, remerciait le ciel des grâces qui leur arrivaient par son ministère; et, oubliant toutes les fatigues passées, il allait avec un nouvel empressement voir celles de ses ouailles qu'il n'avait pas encore visitées, ou revoir celles qu'il connaissait déjà.

Il ne serait pas aisé de se faire une juste idée des incommodités et des privations auxquelles le saint Évêque, arrivé à l'âge des infirmités, était condamné par ses courses journalières dans la visite de son diocèse ; mais sans parler d'autre chose, était-ce peu de voyager, tantôt par un soleil ardent, entre des rochers; tantôt par une pluie froide et pénétrante? d'être, un jour, battu par l'ouragan; un autre, inquiété par la grêle ou la neige? Sans doute, de telles contrariétés étaient fâcheuses; mais Mgr. l'Évêque de Digne avait toujours devant les yeux le bon Pasteur qui a donné sa vie pour le salut de ses brebis[1], et ce souvenir lui rendait toutes les fatigues supportables et même légères; et ce n'était pas simplement de la patience qu'on remarquait en lui, mais quelquefois un courage et une élévation sublimes. Un jour, au milieu des plus hautes montagnes, il est tout à coup assailli par un violent orage : la foudre gronde sur sa tête, le vent siffle autour de lui, l'eau coule par torrents à ses pieds; au milieu de cet horrible fracas, celui qui l'accompagnait en ce moment s'écrie : « Ah! » Monseigneur, nous sommes perdus! » Mais lui, sans s'émouvoir, élevant son âme et ses pensées vers Dieu, se contente de répéter les paroles des trois Hébreux dans la fournaise : « Louez le Sei- » gneur, pluies et rosées; tonnerre et nuages, » louez le Seigneur; que toute la terre le loue, » qu'elle le chante et l'exalte à jamais.[2] »

[1] *Bonus pastor animam suam dat pro ovibus suis.*
Ego sum pastor bonus.... et animam meam pono pro ovibus. Joan. x, 11, 14, 15.
[2] *Benedicite, omnis imber et ros, Domino;*
Benedicite, fulgura et nubes, Domino.
Benedicat terra Dominum; laudet et superexaltet eum in secula. Dan. iii, 64, 73, 74.

Pour apprécier convenablement son zèle, son courage, ses travaux, il faudrait parcourir soi-même tous les lieux qu'il a visités, et partout interroger ceux qui ont eu le bonheur de le voir et de l'entendre, car partout on découvrirait sans peine des preuves nouvelles du zèle infatigable, de la charité pastorale qui l'animait. Après avoir recueilli tout ce que diraient à sa louange les paroisses du diocèse actuel de Digne, il faudrait remonter vers les sources de la Durance et jusqu'au sommet des Alpes, car là aussi on parle de lui. On parle de ses courses apostoliques dans ces champs dépouillés, où ne croît ni le sapin des forêts, ni le peuplier des vallons, et où l'homme ne se réchauffe qu'au souffle de ses troupeaux; on en parle dans ces cantons qu'avoisinent des glaciers éternels; les pères racontent son zèle à leurs enfants dans la contrée populeuse où coule le Drac; on le bénit et on le bénira longtemps encore, depuis la froide vallée où fut le camp de Catinat, jusqu'au-delà des rochers de Farau, dans cette haute région que les montagnes ceignent comme un rempart.

Qui pourrait ensuite oublier ce que lui doivent les pays entre les nôtres et la mer, depuis le Var jusqu'au bord du Rhône? Les nombreuses populations qui les occupent furent, pendant neuf ans, privées d'Évêque, par suite des attentats inouis commis contre le chef du monde chrétien.

Leurs regards se tournèrent alors vers les montagnes d'où elles espéraient de la consolation, et leur attente ne fut point vaine. Quelque vaste que fût le diocèse de Digne, son charitable Pasteur n'y borna point sa sollicitude. Ses entrailles s'émurent au premier cri de son pays. A peine l'eut-il entendu qu'on le vit accourir, et qu'il entra plein de joie dans ce nouveau champ ouvert à son zèle. Pendant ces temps difficiles, il fut l'Évêque de toute la Provence; ce fut lui que la Providence réserva pour consoler, de leur triste et longue viduité, tant d'Églises antiques, jadis florissantes. Il les parcourut en Apôtre, confirmant dans la foi une jeunesse nombreuse, distribuant le sacrement de l'Eucharistie à de pieux fidèles, ordonnant de fervents ministres pour le service des autels, prêchant partout la parole sainte, prodiguant son amour et ses soins au pays où il avait pris naissance, et où son zèle sacerdotal avait porté ses premiers fruits. Aussi sa mémoire y sera toujours en bénédiction; et les honneurs que sa patrie a rendus à ses restes prouvent quelle opinion il y a laissée, dans toutes les classes, et quelle reconnaissance ses services ont inspirée à tous les cœurs.

Je m'aperçois que ce discours est déjà trop long, et cependant je ne vous ai parlé, mes Frères, ni du zèle qu'eut le saint Prêtre pour sauver et racheter la pudeur, victime infortunée du besoin et de la passion; ni de la charité qui, pendant son épiscopat, le conduisait presque tous les mois auprès des infirmes, pour leur porter des paroles de consolation et d'encouragement; ni de cette gravité douce et noble qui s'alliait si bien avec la majesté des offices pontificaux; ni de cette piété tendre qui l'accompagnait à l'autel; ni de cette foi qui, en présence du Dieu invisible, ne pouvait se contenir, et disait tout bas et avec admiration: *Le voilà!*

Que n'aurais-je point à dire encore de son zèle pour le culte divin, pour l'ornement ou le rétablissement des lieux destinés à l'exercice de ce culte? J'en trouverais la preuve dans ces journées employées tout entières à consacrer plusieurs centaines de pierres d'autel, sur lesquelles, à la fin, son doigt dépouillé d'épiderme laissait des marques de sang. J'en trouverais la preuve dans le sanctuaire de cette cathédrale et dans d'autres lieux du diocèse; je la trouverais dans ces longues et nombreuses consécrations d'églises; je la trouverais dans ce religieux monument, construit à ses frais sur les ruines de l'antique chapelle de la *Mère de Dieu*, et confié à la pieuse confrérie des Pénitents; je la trouve-

rais.......... mais je m'arrête ; c'est assez parlé
des vertus qui distinguèrent le pieux et zélé ministre de Jésus-Christ. D'ailleurs ici, tout est
plein de lui, tout vous le rappelle. Vous le voyez
encore, par la pensée, à cet autel, dans cette
chaire, sur ce trône, dans votre ville ; et partout
il vous apparaît avec ces qualités sacerdotales qui
firent de lui le modèle de ses prêtres ; partout
vous le voyez avec ce cortége de vertus qui l'ont
rendu si cher aux fidèles et au Clergé du diocèse
de Digne.

Mais dans le cours d'une longue administration ne fit-il pas des mécontents ? Des mécontents ! Il y en eut toujours sous quelque gouvernement que ce fût ; et il y en aura partout, sous
quelque régime que ce puisse être. Le gouvernement le plus sage est assuré d'avance d'encourir
le blâme de plusieurs ; pourquoi ? Parce que les
vues des chefs doivent être générales et non particulières, comme celles de chaque individu ;
parce que les supérieurs ont à répondre de la
communauté, et non pas uniquement d'un seul ;
parce que l'intérêt général qu'ils se proposent,
et qu'ils doivent se proposer, peut être contraire
à quelques intérêts particuliers ; parce qu'enfin
ils sont hommes ; et que, placés quelquefois entre des conseils contradictoires, ils ne peuvent se

promettre, même avec les intentions les plus droites, de choisir toujours le meilleur. Il ne faut donc point se récrier si Mgr. Miollis ne fut pas exempt de la loi commune, ni s'étonner si ceux qui le chérissent et l'honorent sincèrement ne prétendent point qu'il ne se soit jamais trompé.

Mais, poursuit la critique, n'eut-il pas aussi ses défauts? — Pourquoi le nierai-je? Tout le monde l'éprouve et le sait, la perfection absolue n'est pas l'apanage de notre pauvre nature sur la terre. L'Église même honore des saints qui ont fait de grandes fautes, mais des fautes qu'ils ont ensuite réparées en saints. Qu'on attribue donc au vénérable Évêque tel et tel défaut, on aura peut-être raison, mais qu'importe? Ce que j'ai dit à sa louange n'en est pas moins vrai, je n'ai pas à le rétracter. Les imperfections qu'on peut lui reprocher ne sont que des incorrections dans un beau tableau; ce sont des vapeurs légères qui se perdent dans un ciel pur; ce sont tout au plus ces nuages qui interceptent parfois la lumière du soleil, mais d'où cet astre sort plus brillant et plus radieux.

Au reste, dirai-je aux esprits difficiles, vous qui êtes si clairvoyants pour découvrir des dé-fauts autour de vous, croyez-vous donc qu'il n'y en ait pas en vous? Jetez les yeux sur vous-mêmes, et peut-être vous serez étonnés, vous rougirez, en voyant ce que vous êtes. Vous trouverez peut-être en vous plus de défauts, et de plus grands défauts, sans y trouver aucune des vertus dont notre saint Évêque nous a offert le modèle.

Laissons donc les accusateurs, s'il en est, prions-les de ne pas outrer leurs reproches ; et nous, imitons les vertus sacerdotales de notre vénérable Pasteur. Soyons, comme lui, détachés du monde, des honneurs, des richesses. Soyons, comme lui, dévorés de zèle pour notre sainte foi et pour le salut des âmes. Ensuite reprochons-nous à nous-mêmes nos moindres fautes avec la même douleur et la même humilité que lui.

Il avait toujours senti la pesanteur de l'Épiscopat. Depuis longtemps dans des entretiens particuliers, et surtout à la fin de chaque retraite pastorale, il exprimait d'une manière touchante, et ses craintes et le désir d'un saint repos. Enfin le moment, après lequel il avait tant soupiré et qu'il avait fait si souvent pressentir, arriva. Averti par son grand âge, accablé par des soins et des embarras sans cesse renaissants, effrayé plus que jamais de la responsabilité de sa charge, il prit la résolution généreuse de s'en démettre ; ajoutant ce grand exemple d'humilité à tous ceux qu'il avait déjà donnés à son peuple, et nous apprenant avec quelle sévérité nous devons nous juger nous-mêmes avant de paraître devant le juge de tous les humains. C'était alors qu'il ne pouvait comprendre comment il avait accepté l'évêché. C'était alors que dans un épanchement intime, il disait à quelqu'un : « Je vous » veux trop de bien pour vous souhaiter trois » heures seulement d'Épiscopat. C'est un fardeau » accablant que celui qui est imposé à un Évê- » que, il était trop lourd pour moi. » Et là-dessus il s'accusait inexorablement ; et après une vie si pleine de bonnes œuvres, son humilité tremblait, elle craignait de n'avoir fait que des fautes ; et après une vie toute consacrée à la gloire de Dieu il s'écriait, dans l'amertume de son âme : « Fasse » du moins le Ciel que je vive encore assez pour » m'humilier et pour dire : *Mea culpa, mea* » *culpa,* » et en parlant ainsi, le saint vieillard frappait sa poitrine.

Dieu l'a exaucé; et lui, de son côté, il a su tenir parole. Quoi de plus humble, de plus mortifié, de plus édifiant, que la vie qu'il a menée depuis? Tandis que la vieillesse et les infirmités ne servent souvent qu'à aigrir le caractère et à faire ressortir les défauts, la vieillesse et les infirmités de Mgr. Miollis n'ont servi qu'à rendre sa vie plus admirable.

Arrivé à Aix, il put encore, pendant plus d'une année, offrir le saint sacrifice. Après, il fut réduit à entendre la messe qu'un prêtre respectable, autrefois ordonné par lui, venait dire dans son appartement, les dimanches et les fêtes; il y assistait et y communiait avec une grande dévotion. « Je suis un Évêque mort, disait-il, à ce » propos; Dieu m'a jugé indigne du sacerdoce; » que sa sainte volonté soit faite. »

Ne pouvant plus aller à l'église, il y envoyait chaque jour celui qui lui avait voué son attachement et ses soins, et il lui disait : « O que vous

» êtes heureux de pouvoir aller auprès du bon
» Jésus, à la source des bénédictions ! Puisez-y
» abondamment pour vous et pour celui qui fut
» votre Évêque ; car pour moi, ajoutait-il avec
» une humilité à peine croyable, Dieu m'a déposé
» de l'épiscopat ; et comme je ne suis pas devenu
» meilleur, il m'a privé de l'exercice du sacer—
» doce ; et parce que je ne me suis pas suffi-
» samment amendé, il m'exclut maintenant des
» assemblées des fidèles. »

Pénétré de sa petitesse, ou, comme il aurait
dit lui-même, de sa bassesse et de son néant, il
parlait à tous avec douceur et respect ; et si, par
hasard, il élevait un peu la voix, il s'en accusait
aussitôt de peur que quelqu'un n'en fût mal
édifié.

Le mépris qu'il faisait de lui-même paraît trop
bien dans un article de ses dernières dispositions
pour que je ne le rapporte pas ici. « Que mes
» funérailles, y est-il dit, soient sans appareil ;
» qu'il n'y ait ni tentures, ni écussons, ni ar-
» moiries. Je veux que mon corps soit porté
» dans le sanctuaire de la cathédrale de Digne
» et déposé par terre entre six cierges à droite
» et autant à gauche ; qu'une simple pierre sé-
» pulcrale couvre le lieu de ma sépulture ; et
» qu'il n'y ait d'épitaphe que ces mots : *Orate*
» *pro eo* (priez pour lui). Je compte qu'il ne sera
» pas question de moi dans la chaire de vérité. »

Et là-dessus, il s'écrie : « Hélas! hélas! hélas!
» Je compte aussi, ajoute-t-il, sur les suffrages
» des bonnes âmes, afin que Dieu me fasse part
» de ses infinies miséricordes; » et par un triple
Amen, il exprime trois fois son désir qu'il en soit
ainsi.

La mortification dont il avait contracté l'habitude, il voulut la pratiquer jusqu'à la fin. Pendant le premier hiver il ne fut pas possible de le résoudre à laisser faire du feu dans sa chambre, ni même à permettre qu'on plaçât une simple chaufferette sous ses pieds. On insista cependant, et on lui représenta souvent la rigueur de la saison ; mais on vit assez qu'on ne gagnerait rien, lorsqu'il eut répondu résolument qu'un vieux Évêque tel que lui avait besoin de faire pénitence.

Cet esprit de mortification annonce une grande frugalité ; la sienne alla peut-être alors au-delà de ce qu'on s'imagine. Il était arrivé à un tel degré d'indifférence qu'il ne mangeait plus que pour obéir à Dieu, sans rien demander, sans rien refuser, sans s'apercevoir presque de ce qu'il mangeait ; et l'interroger sur le goût ou l'apprêt des aliments, c'eût été le moyen de le contrarier, je dirais même de le fâcher.

Souffrir sans murmurer, c'est le propre d'une vertu solide ; mais souffrir avec joie, c'est l'effet d'une vertu consommée, c'est la perfection.

Mgr. l'ancien Évêque de Digne, atteint d'une infirmité grave, endura souvent des douleurs cruelles, sans qu'il y eût moyen de le soulager. Dans le plus fort du mal on le voyait calme, content et presque riant; et quand la douleur était passée, il désirait encore de souffrir.

L'ennui, cet ennemi mortel de ceux qui ne savent que faire, et qui croient n'avoir aucune obligation à remplir, lui fut toujours inconnu. Chaque moment de sa journée était consacré d'avance à l'accomplissement de quelque devoir; et, fidèle à la règle qu'il s'était une fois prescrite, il ne s'en écartait que dans les cas d'une évidente nécessité. Le temps qu'il n'était plus obligé de donner aux affaires, il le mettait à profit en s'occupant plus à loisir de Dieu et de l'éternité. Sa vie n'était donc plus, pour ainsi dire, qu'une prière, qu'une méditation continuelle; sa modestie et son recueillement n'étaient pas de quelques moments, de quelques heures, mais de tous les instants du jour.

Qu'aux heures de la prière ou dans l'administration des sacrements on soit recueilli, cela doit être; car enfin serait-il raisonnable d'aller dans le lieu de la prière pour ne pas prier? de se présenter devant Dieu pour ne pas s'occuper de Dieu ou pour l'outrager? de lui dire sans douleur qu'on se repent de l'avoir offensé? d'administrer sans attention les sacrements qui donnent

la grâce? d'offrir sans respect le sacrifice de
notre rachat? de scandaliser par une légèreté
déplacée ceux qu'on est obligé d'édifier? Ce
serait violation des convenances, étourderie,
déraison; quand même ce ne serait pas irrévé-
rence, irreligion, impiété. Mais hors des fonctions saintes, lorsque les circonstances semblent
permettre moins de réserve et de sérieux, lorsque
la nature même semble réclamer avec raison
quelque relâche, si la modestie et le recueillement des sens continuent, ce n'est plus une piété
commune; c'est l'indice d'une âme qui est toujours en la présence de Dieu, toujours étroitement
unie à Dieu. Or, l'habitude du recueillement était
devenue si naturelle et comme si nécessaire à
Mgr. Miollis, qu'on ne le surprenait jamais dans
l'acte de la plus innocente légèreté. Il était arrivé
que tel qui allait le voir s'était arrêté quelque
temps à la porte pour s'édifier de cet extérieur
doux et grave, de ce maintien respectueux, de
cet air de piété qui annonçait et inspirait le recueillement. Quelquefois on eût dit qu'il dormait;
mais alors il priait; alors il se comparait aux
Saints et aux Apôtres, pour se confondre.

Il y avait des prières qu'il se plaisait à répéter
et à méditer : c'étaient des passages des Psaumes
et surtout ce verset si touchant, *Erravi sicut ovis
quæ periit ; quære servum tuum, quia mandata
tua non sum oblitus ;* Je me suis égaré, ô mon

Dieu, comme une brebis perdue ; cherchez votre
serviteur car je n'ai point oublié votre loi.[1] Dans
les jours de pénitence, il gémissait avec David
repentant ; il disait avec lui : « Ayez pitié de moi,
» Seigneur, selon votre grande miséricorde.[2] »
Mais dans le temps de Pâques et aux jours de fête
qui permettaient une sainte joie, il bénissait le
Seigneur, avec Zacharie, de ce qu'il daignait visiter son peuple et lui prodiguer les secours de la
rédemption[3] ; ou bien, avec l'auguste Marie, il
exaltait la miséricorde de son Dieu et de son Sauveur, cette miséricorde qui s'étend de génération
en génération sur ceux qui le craignent ; il exaltait ce bras puissant qui abat les superbes et qui
glorifie les humbles, cette bonté qui se souvient
d'Israël, comme elle l'a promis à Abraham et à
sa race.[4] D'autres fois, s'unissant aux actions de
grâces de l'Église, il s'écriait : « Nous vous louons,
» grand Dieu ; Seigneur, nous confessons votre
» gloire[5] ; » et il redisait surtout avec dévotion la
fin du cantique. Dans tous les temps il aimait à
répéter les paroles du vieillard Siméon, et à

[1] Ps. cxviii, 176.
[2] *Miserere mei, Deus, secundum magnam misericordiam tuam.* Ps. L, 3.
[3] *Benedictus Dominus, Deus Israël, quia visitavit et fecit redemptionem plebis suæ* Luc. I, 68.
[4] *Magnificat anima mea Dominum, etc.* Luc. I, 46—55.
[5] *Te Deum laudamus, te Dominum confitemur.* Offic. Eccles.

témoigner, comme lui, qu'il ne tenait plus à la vie après tant de grâces reçues.[1] Pendant la nuit ou le matin, si le Prélat voulait éveiller le pieux compagnon de sa solitude, il disait, d'une voix haute : *Adjutorium nostrum, in nomine Domini*, Notre appui est dans le nom de l'Éternel.[2] Quand au contraire son fidèle serviteur l'éveillait, ou qu'il entrait pendant le jour dans sa chambre, le salut ordinaire était, Bénissons le Seigneur, et la réponse, Rendons grâces à Dieu.

Ainsi toujours pensait-il à Dieu, toujours parlait-il de Dieu. Et lorsque, pour interrompre cette attention continuelle, on lui conseillait une légère distraction, il obéissait. Mais savez-vous ce qu'il faisait alors? Apprenez-le, mes Frères, vous en serez touchés. Il se transportait en esprit dans son ancien diocèse, dans ce diocèse qui lui était toujours si cher. Il se transportait dans ces communautés religieuses dont la piété charmait son souvenir, parmi ces clercs et ces prêtres dont il connaissait la ferveur, dans ces paroisses où il avait vu Dieu généralement servi et adoré; il se transportait parmi vous, mes Frères, auprès de chacun de ceux dont il appréciait les vertus; et voilà quel était son délassement, délassement

---

[1] *Nunc dimittis servum tuum, Domine, secundum verbum tuum in pace.* Luc. II, 29.

[2] Ps. CXXIII, 8.

bien digne d'un bon pasteur, d'un tendre père!

Le soir, il dictait souvent des lettres où se reproduisaient les pensées et les affections du jour. Il écrivait aux communautés religieuses, aux supérieurs des communautés ecclésiastiques, à des curés, à de pieux laïques; et à tous, avec des sentiments et des expressions qui montraient clairement qu'il était toujours avec Dieu, toujours auprès de Jésus avec les Saints et les Anges, toujours occupé de la grande pensée de l'Éternité.

Quand ses lectures spirituelles et ses dévotions étaient terminées, quand tous ses devoirs étaient remplis, il se permettait un peu de relâche, et c'étaient quelques moments de conversation avec des parents qui jouissaient de son estime, et qui, de leur côté, le vénéraient.

Voilà comme l'homme de Dieu, après nous avoir appris à bien vivre, nous apprenait à nous disposer à la mort. Mais ne perdons aucun moment de cette vie édifiante; les derniers n'en sont pas les moins précieux; ils nous apprendront à bien mourir.

Enfin les forces du vieillard, entré dans sa quatre-vingt-onzième année, baissèrent, l'instant suprême n'était plus éloigné. Ce fut alors qu'on le vit, plus que jamais, sans volonté propre, s'humiliant, obéissant, souffrant sans se plaindre. Alors il croyait ne pouvoir assez témoigner sa reconnaissance à son fidèle serviteur; tantôt il l'appelait son frère, tantôt il lui donnait un nom plus doux et plus respectueux encore ; et si on lui demandait de quoi il avait besoin : « D'être immolé, répondait-il, parce que je suis » pécheur. »

Ce fut alors aussi que sa prière devint plus fervente. La dernière fois que la messe fut célébrée devant lui, bien qu'il fût déjà dans un état d'anéantissement qui annonçait une fin prochaine, de pieux élans, de saintes aspirations ne cessaient de s'élever de son cœur vers l'objet constant de son amour : *In pace in idipsum,* répétait-il souvent, *dormiam et requiescam ;* Je m'endormirai plein d'espoir en vous, ô mon Dieu! et je reposerai en paix.[1] Et puis, voulant parler sans doute de la céleste Jérusalem, il ajoutait : « O qu'elle est belle, ô qu'elle est resplendissante » à mes yeux ! »

Le même jour, comme il empirait, il reçut les derniers sacrements. Le saint viatique lui fut porté par l'ancien Évêque de Dijon accompagné du chapitre de l'Église métropolitaine. Le malade s'unit à toutes les prières, récita seul et

[1] Ps. iv, 9.

distinctement le Symbole, et reçut l'auguste sacrement avec la foi et la dévotion qu'on pouvait attendre d'un saint dans cette circonstance solennelle.

Depuis ce moment le pieux Évêque tint les yeux fermés, afin d'être dans un recueillement plus profond; et il ne cessa de prier à haute voix, disant souvent : *In pace, in idipsum dormiam et requiescam ; Sit nomen Domini benedictum*[1] *; Amen, Alleluia.*

Quelquefois un de ses neveux lui rappelait que le médecin de l'âme, tout comme celui du corps, lui avait recommandé de ne pas se fatiguer en priant de cette manière. Alors il s'arrêtait pendant quelques minutes, mais bientôt sa ferveur l'entraînait encore. Il pria ainsi nuit et jour durant vingt-huit heures, c'est-à-dire, jusqu'au lendemain à sept heures du soir. Après un si grand effort, accablé sans doute de lassitude, il tomba dans un sommeil profond et léthargique, qui dura douze heures. Au réveil on le trouva plus mal. Alors les prières des derniers moments furent dites; et sa famille, à genoux autour de son lit et dans la chambre qu'elle remplissait, lui demanda sa bénédiction. Cette fois il ne se fit pas prier comme il faisait toujours depuis qu'il avait cessé les fonctions épiscopales; il

[1] Ps. cxii, 2.

leva, avec le secours d'un des assistants, sa main défaillante, prononça d'un ton pénétré et affectueux la bénédiction qu'on lui récitait ; puis, comme pour l'appliquer à chacun de ceux qui étaient présents, il répéta avec force et avec ardeur, pendant quelques instants, *Amen, amen.*

Monsieur le Curé de l'Église métropole, étant arrivé, lui suggérait de pieux sentiments, tels que ceux-ci : *In te, Domine, speravi, non confundar in æternum*[1]*; Veni, Domine Jesu*[2]*; Deus meus ne tardaveris*[3]*;* Oh ! combien je désire le sort de vos élus !........ Et le malade répétait tout cela avec ferveur ; et il disait et redisait avec force : « Oh ! combien je désire le sort de vos » élus ! »

M. le Curé l'engageait ensuite à invoquer celle que l'Église appelle, *Secours des chrétiens, Reine des Apôtres ;* mais comme, en paraphrasant ces derniers mots, il rappelait le zèle et les travaux apostoliques du saint Évêque, celui-ci ne le suivait plus ; et il l'interrompait même en disant : *Après, après.* C'est qu'il ne voulait que s'humilier et demander pardon. Aussi lorsque le Curé, pour seconder ce désir, ajoutait : *Propitius esto*

[1] Ps. xxx, 2.
[2] Apoc. xxii, 20.
[3] Ps. xxxix, 18.

mihi peccatori[1]*; Miserere mei Deus, Amplius lava me, etc.*[2], l'Évêque redoublait d'attention, et il répétait avec goût chacune de ces paroles.

Quand M. le Doyen de la faculté de théologie arriva, il le trouva si oppressé qu'il crut impossible de s'en faire entendre. Cependant s'étant approché, et lui ayant adressé quelques mots d'édification, il vit avec surprise que non-seulement ils étaient compris, mais que le malade paraissait heureux d'entendre parler de Dieu. Le Doyen aussitôt lui suggéra quelques paroles de l'Écriture et de courtes oraisons que l'Évêque répétait distinctement et avec piété. Ensuite, après lui avoir fait produire un acte de charité, il ajouta les paroles de St. François, *Deus meus et omnia*, Mon Dieu et mon tout! Et le Prélat répéta jusqu'à trois fois *Omnia*. Alors, le voyant près de s'éteindre, le Doyen se hâta de dire: *In manus tuas, commendo spiritum meum.*[3] Seigneur, je remets mon âme entre vos mains. Le mourant put balbutier encore ces paroles, et à peine les eut-il achevées qu'il expira; et on ne s'aperçut qu'il avait cessé de vivre que lorsqu'il eut cessé de prier.

Tel fut le trépas du vénérable Évêque de Di-

[1] Luc. xviii, 13.
[2] Ps. l, 3, 4.
[3] Ps. xxx, 6.

gne ; il fut édifiant comme sa vie, consolant comme celui des justes, saint comme celui des saints. Aussi, un des hommes respectables qui y furent présents n'hésite pas à dire, que de toutes les morts dont il a été témoin, celle-ci lui a paru la plus belle.

Rendons grâces à Dieu, mes Frères, de nous avoir donné ce digne Pasteur pour modèle pendant sa vie et à sa mort. Rendons grâces à Dieu d'avoir couronné, par une fin si sainte, une vie toute pleine de bonnes œuvres, une vie si riche en vertus. Mais n'oublions pas que de tous les témoignages d'honneur et d'affection que nous pouvons rendre à la mémoire de notre Évêque, aucun ne nous sera plus utile, aucun ne sera plus applaudi de Dieu, que l'imitation des vertus dont nous avons eu le modèle dans la personne de notre saint Pasteur.

Quant à moi, au moment où j'achève ma tâche, je me félicite de n'avoir été, pour ainsi dire, que l'écho de la voix publique dans ce que je vous ai dit de la sainteté de Mgr. de Miollis. Ce n'est pas aujourd'hui, en effet, qu'elle commence d'être proclamée. Elle le fut à Aix par la vénération et le respect religieux du peuple ; par le pieux empressement et les hommages de tout le clergé ; elle le fut sur la route par le concours et les bénédictions des fidèles, et surtout par cette paroisse dont le peuple fut sur pied une nuit entière pour attendre les précieuses dépouilles de son Évêque; elle le fut sous vos yeux par ce grand nombre de Prêtres qui accoururent ici de toutes les parties du diocèse, et qui, en leur nom et au nom de ceux qui n'avaient pu les suivre, donnèrent tant de marques de leur amour constant et de leur vénération profonde pour le saint Prélat; elle le fut dans plusieurs lettres écrites ou publiées par des Évêques, et surtout dans cette Lettre circulaire où son très-digne successeur, encourageant et dépassant d'avance tous nos éloges, parla, en termes si touchants et si vrais, de tout ce qu'il y avait en lui d'édifiant et d'aimable, nous invitant non seulement à l'admirer comme un modèle presque inimitable des vertus chrétiennes et sacerdotales, mais encore à le révérer comme un saint.

Mais n'avez-vous pas vous-mêmes, mes Frères, proclamé hautement ses vertus? Oui vous lui fîtes la plus belle des oraisons funèbres, le jour où ses restes vénérables arrivèrent dans vos murs. Le beau triomphe que celui qui fut décerné par votre piété reconnaissante dans ce mémorable jour! Qu'il fut glorieux cet hommage unanime et spontané d'une ville entière, cet élan de toutes les conditions, de tous les âges, pour honorer le saint Prélat! Fut-ce une pompe funèbre que cette marche solennelle sous des festons, des arcs de triomphe, des couronnes suspendues? Annonçaient-ils le deuil ces chemins parsemés de fleurs, ces blanches tentures, ces costumes brillants, cet appareil des jours de fête? Une douce tristesse, une mélancolie religieuse mêlée à ces démonstrations les rendait plus graves, plus imposantes; mais les symboles de la mort et de la douleur étaient dominés et comme effacés par ceux de la joie, de cette joie calme et pure qui est fondée sur l'espérance, de cette joie qu'on n'éprouve qu'à la mort des saints. Non, ce ne fut point une pompe funèbre; ce fut, je le répète, un magnifique triomphe!

Ce jour fut honorable pour le saint Évêque; mais (il m'est doux et je me sens pressé de vous le dire) il fut honorable pour vous; j'en fus touché, j'en fus attendri; je sentis redoubler en moi l'affection que je vous portais. Si votre Évêque fut digne de vous, je dois le dire à votre louange vous fûtes en ce jour dignes de lui! Oui, ce zèle, qui n'était que l'effet de votre conviction intime, et qui n'attendait qu'une occasion pour éclater, fut admirable. Honneur donc, honneur à vous, bon Peuple de Digne, qui savez si bien rendre justice aux vertus chrétiennes, à la véritable piété. Honneur à tous ces dignes dépositaires de l'autorité, qui s'empressèrent de rendre hommage au père commun, et de relever l'éclat de la fête

par leur présence. Honneur à ces braves, accourus aux obsèques pacifiques d'un Évêque, dont le nom leur rappelait que la vaillance et la sainteté peuvent germer dans le même sang, et qu'ainsi, il ne tient pas à Dieu qu'elles ne germent toujours ensemble dans des cœurs qu'il a faits pour l'une comme pour l'autre.

Et maintenant, pardonnez, saint Évêque, pardonnez-moi, si, contre le vœu de votre humilité, j'ai osé bégayer vos louanges. Il convenait sans doute à votre modestie de croire qu'il n'y avait rien en vous ni dans vos actions dont on pût être édifié ; mais puisque tout le monde en a jugé autrement, n'était-il pas permis de ne pas garder le silence ? J'eusse été téméraire, il est vrai, de me présenter de moi-même pour parler de vous ; mais lorsque celui qui a succédé à votre puissance et à votre amour m'en imposait la charge, que pouvais-je faire ? Devais-je la refuser ? Je le pouvais d'autant moins, que connaissant vos vertus et partageant à cet égard l'opinion publique, je sentais de plus que la reconnaissance enchaînait ma liberté.

Que ne vous dois-je pas en effet, ô mon Évêque, ô mon père ! A peine faisais-je le premier pas pour sortir du siècle, tout couvert encore de la poussière du monde je fus conduit devant vous, et vous me tendîtes affectueusement les bras ; et moi, dans ma petitesse et dans mon indignité, je me sentis pressé sur votre sein paternel. Je ne l'ai point oublié, je ne l'oublierai jamais, ce jour où je vous vis pour la première fois. Depuis, formé sous vos yeux, élevé aux ordres par vos mains, honoré de votre estime, j'ai compris combien ma dette s'était accrue; et je sais de plus que ni le temps ni la distance n'avaient pu m'effacer de votre souvenir.

Vous aviez aussi votre place dans son souvenir, Vous qu'il aimait à nommer ses enfants et ses coopérateurs. Il avait imposé plusieurs fois sur vous ses mains sacrées; il savait les noms de chacun de vous; il vous portait dans son cœur, il n'avait cessé de prier pour vous dans sa retraite. Il priait aussi pour Vous, qui êtes l'héritier de sa tendre sollicitude auprès de son cher troupeau; il demandait au ciel de prolonger vos jours et de bénir votre zèle et vos travaux. Le tribut de reconnaissance et d'admiration que lui paya votre sensibilité au moment où ses restes passaient devant le palais qu'il habita, il le méritait. Il priait aussi pour son bon peuple de Digne et pour tout son diocèse; il priait pour vous, mes Frères; il conservait dans sa mémoire les noms d'un grand nombre d'entre vous; il connaissait vos familles, il prenait part à vos peines et à vos joies.

Vous n'oublierez donc jamais ce bon père, Habitants de Digne, Habitants des Alpes; vous ne l'oublierez pas non plus, Vous, ses fils bien-aimés dans le sacerdoce ; non, jamais nous ne l'oublierons. Nous bénirons le Seigneur de nous l'avoir donné pour modèle et pour guide ; nous nous efforcerons d'imiter ses vertus. Il vivra dans notre mémoire, il vivra dans nos cœurs. Qu'il vive éternellement dans le ciel!

NOTES.

—

**Page 7. Charles-François-Melchior-Bienvenu,
etc.**

Tel est l'ordre des prénoms de M. l'abbé de Miollis dans ses
lettres de nomination à la cure de Brignoles, dans ses bulles de
l'évêché de Digne, et ensuite dans ses mandements, ses lettres
circulaires et toutes ses lettres particulières. Mais dans les actes
de naissance et de décès, ainsi que dans divers actes notariés,
et dans ses lettres de Vicaire général de l'Évêque de Senez,
ses prénoms sont dans cet ordre-ci, François-Melchior-Charles-
Bienvenu; il naquit à Aix, le 19 juin 1753.

Son bisaïeul César Miollis, originaire de Villecrose, se maria,
le 12 décembre 1675, avec demoiselle de Séguiran à Aix, et fut
procureur au parlement.

Jean-Baptiste Miollis, fils du précédent, épousa demoiselle
Anne-Marie de Blanc. Il fut greffier en chef au parlement de
Provence et père de Joseph-Laurent Miollis.

Joseph-Laurent Miollis, nommé lieutenant général criminel
à la sénéchaussée d'Aix, le 5 septembre 1738, et conseiller à la

cour des comptes, le 5 novembre 1771, fut assesseur d'Aix et procureur du pays en 1759 et 1760, et anobli par lettres patentes de 1769. Le 13 juin 1741, il épousa demoiselle Thérèse-Delphine Boyer de Fonscolombe, fille d'Honoré Boyer de Fonscolombe, secrétaire du Roi à Aix. De ce mariage naquirent seize enfants dont sept moururent prématurément. Parmi les autres, il y eut un conseiller à la cour des comptes, un adjudant général, un évêque (celui de Digne), un préfet, un lieutenant général, et quatre filles qui furent alliées à des familles honorables.

Joseph-Laurent fut un magistrat zélé, laborieux et surtout d'une piété exemplaire. Il avait la louable habitude de faire tous les soirs la prière en commun avec sa famille. De ses seize enfants il existait encore la vertueuse dame veuve de Ribbe, la dernière suivant l'ordre des naissances; mais elle est morte, modèle de patience et de piété, le 27 octobre de la présente année 1843, quatre mois après l'Évêque, son frère.

Trois garçons du nom de Miollis et fils du Préfet, sont établis, l'un à Bordeaux, et les deux autres dans le département du Finistère.

Page 13. Pendant dix-neuf ans, etc.

Depuis 1806 jusqu'au 30 septembre de l'année 1825, Mgr. Miollis logea dans la maison de M. Paul, rue du Jeu de Paume, n° 13. Or cette maison était bien différente alors de ce qu'elle est devenue entre les mains de M. Julien, qui l'a refaite à neuf et l'a haussée d'un étage. Cependant, Mgr. l'évêque ne l'occupait pas en entier, car outre que jusqu'en 1815, il permit à M. le chanoine Trenqualye et à son domestique d'y demeurer, on y vit constamment une boutique ouverte en face de la rue, au bout de laquelle était anciennement la Porte de l'*Ubac*.[1]

[1] En parlant d'une montagne ou d'un lieu élevé, les Provençaux donnent le nom d'*Ubac* au côté qui regarde le nord.

Provinciales nempe Ubacum quasi Opacum nominant prospectum seu montis, seu loci alioquin editioris boreum, Notitia Ecclesiæ Diniensis, C. II.

Page 13. S'il demanda la restauration et l'agrandissement de l'ancien évêché, ce fut, etc.

Après avoir reçu une ampliation d'une circulaire ministérielle du 12 septembre 1820, à MM. les préfets, relativement aux constructions, reconstructions, etc. des édifices diocésains, Mgr. l'Évêque écrivait le 30 du même mois à M. le préfet :

« ..... Puisque son Excellence exige qu'on ait égard aux convenances autant qu'il est possible, vous approuverez sans doute que je revienne sur mes pas relativement à la reconstruction du palais épiscopal, et que je demande qu'il y ait un jardin ou au moins une terrasse pour y prendre l'air ; afin qu'un pontife du Seigneur, qui doit peu sortir de sa demeure et peu se produire en public, ne se voie pas dans son habitation comme un prisonnier d'État.....

» En faisant l'acquisition de la maison Tartonne, on obvie à ce qu'il y a de désagréable dans le plan tel qu'il est.

» J'ai écrit à son Excellence..... qu'en ne faisant que les réparations nécessaires à l'ancien palais, on pourra y joindre la maison dont je demande l'acquisition, ainsi que la petite maison qui fait le coin à droite.

» ..... J'aime mieux continuer d'avoir un logement précaire que de donner mon assentiment à la construction d'un palais épiscopal tel que celui qui est projeté. Je pense que mes successeurs m'en sauront gré, s'il n'est point possible de faire les acquisitions que je demande. Qu'on ne fasse dans le palais rien qui ait seulement l'apparence du luxe, que tout y soit d'une simplicité apostolique ; et, avec les sommes déjà allouées et celles à allouer encore, on pourvoira au nécessaire..... »

Le 23 juin 1821, il écrivait au même :

« ..... Comme individu et simple citoyen, peut-être ai-je un logement et trop commode et trop bien conditionné ; mais, comme évêque d'un vaste diocèse, je me vois privé de l'avantage des réunions un peu nombreuses, et de celles même auxquelles le public aurait une sorte de droit de s'attendre. Mais je ne puis satisfaire mon propre désir ni condescendre à ceux des autres, ne sachant trop comment on se tournerait chez moi.

*

» Étant d'un âge déjà avancé, je ne puis me promettre un long avenir. Aussi je ne vous écris la présente que pour ne pas donner lieu à celui qui sera mon successeur, de regretter que je n'aie fait aucune démarche. Quant à moi, je ne veux plus que me dire, comme un personnage célèbre dont parlent les livres saints : *Solum mihi superest sepulcrum.* »

Page 13. Il n'accepta que par force un mobilier, trop somptueux, à son avis, etc.

Nous apprenons par deux lettres du 29 octobre 1825, l'une, de Mgr. d'Hermopolis, ministre des affaires ecclésiastiques, à M. le Préfet; l'autre, de M. l'abbé de la Chapelle, directeur des affaires ecclésiastiques, à Mgr. l'Évêque : qu'en transmettant au Ministre un état, dressé par Mgr. de Miollis, des objets à acheter pour l'ameublement du palais épiscopal, M. le Préfet avait témoigné la crainte que le Prélat n'eût un peu trop suivi ses *goûts simples* dans cette circonstance, et qu'il n'en résultât des réclamations de la part de son successeur, contre un mobilier qu'il faudrait alors peut-être refaire à neuf, pour le rendre digne de sa destination.

Cependant plusieurs des objets achetés parurent à Mgr. l'Évêque, les uns trop précieux, les autres inutiles; il les fit donc serrer dans des armoires; et c'était là qu'on allait les reconnaître, lorsqu'on faisait le récolement de l'inventaire selon l'usage. Les glaces restèrent où on les avait placées; mais elles furent couvertes.

Plus tard Mgr. l'Évêque, étant invité à faire renouveler le mobilier, s'y refusa, disant que ces *vieux meubles étaient assez bons pour lui.*

Page 14. Ces antiquités chrétiennes de la Provence, etc.

Il nous souvient d'y avoir remarqué la représentation de quelques tombeaux chrétiens trouvés à Arles.

Page 14. Ces courageux missionnaires, etc.

Tels que : le savant P. Parennin, qui avait traduit en langue
tartare, pour l'empereur de la Chine, ce qu'il y avait de plus nouveau en Géométrie, en Astronomie, en Anatomie, etc., dans les
ouvrages de l'Académie des Sciences de Paris et dans les auteurs
modernes; les Jésuites portugais Alvarez, d'Abreu, da Cunha
et le P. Cratz, allemand, martyrisés le 12 janvier 1737, dans
le Tong-King. Voyez Lettres édifiantes, tom. xvi, p. 140, 141.

Il y avait aussi le célèbre P. Verjus, qui avait été procureur des
missions du Levant, et qui avait envoyé un si grand nombre de
missionnaires de sa Compagnie jusqu'aux extrémités de la terre.

Page 18. Vous entendiez les litanies solennelles, etc.

Le 25 avril, fête de S. Marc, et le mercredi des Rogations, on va
processionnellement à Saint-Pierre du Vatican, où est la station.

Ibid. Le pont et le Mausolée d'Adrien.

L'empereur Ælius Adrien avait le goût des grands monuments.
Il fit construire, à Rome, un pont appelé anciennement *Pons
Ælius*, aujourd'hui Pont Saint-Ange, et un magnifique Mausolée qui, peu à peu, a été transformé en une forteresse connue
sous le nom de Château Saint-Ange. On croit que c'est cet empereur qui a fait élever le Pont du Gard et les Arènes de Nîmes.

Ibid. Au milieu de ces colonnes antiques, etc.

La basilique de Saint-Paul était divisée en cinq nefs par quatre-
vingts colonnes. Des quarante qui formaient la nef du milieu,
vingt-quatre, tirées du Mausolée d'Adrien, étaient du plus beau
marbre violet, cannelées, d'ordre corinthien, de 36 pieds de
hauteur et de 11 de circonférence ; les autres étaient de marbre
de Paros. Nous avions vu et admiré cette imposante basilique
en 1821 ; mais hélas! dans la nuit du 15 au 16 juillet 1823, elle
devint la proie des flammes; et dans cinq heures, ce temple

qu'avaient fondé ou agrandi et restauré les Constantin, les Théo-
dose, les Honorius, les Eudoxie, fut en grande partie réduit en
cendres. Depuis, les Papes ont fait beaucoup d'efforts pour relever ce vénérable édifice de ses ruines ; mais les Papes auraient
besoin d'être secourus.

Page 24. A deux époques différentes..... il fut grièvement malade.

Ce fut, la première fois, en 1816, dans la maison de M. Paul ;
et la seconde fois, en 1826, peu après son entrée dans le nouveau
palais épiscopal.

Pendant sa première maladie, comprenant, un jour, au bruit
qu'il entendait, qu'on allait exécuter un condamné, il inter-
rompit l'ecclésiastique qui lui récitait l'office et lui dit : « Prions
» pour le malheureux qu'on va mettre à mort ; c'est aussi un
» de mes enfants. »

Page 25. Les deux hommes honorables qui le traitèrent, etc.

Ce sont MM. Frison, maître en chirurgie, et Honnorat, docteur médecin. Ils pouvaient rendre témoignage l'un et l'autre, le
12 septembre, lorsque ce discours a été prononcé ; mais le vénérable M. Frison est mort le 29 octobre d'après, dans sa 94e année.

Ibid. Le rapport que l'un d'eux a bien voulu me communiquer.

Cette communication nous a été faite par l'officieux et savant
docteur M. Honnorat.

Page 29. Chaque mois nous recevions, par ses soins, le pain qui nous manquait, etc.

Cette distribution en pain, dans la ville de Digne, dont la

population est de 4,572 âmes, pouvait s'élever à 600 ou 700 francs par an.

Ibid. Vous qu'il soulagea dans une année de disette, etc.

Pendant l'hiver de 1811, la disette fut telle que des infortunés furent réduits à s'alimenter d'herbes insipides destinées à être la pâture des animaux.

« Dans un des départements du midi de la France, dit M. l'abbé Trenqualye, une mère allait voler du trèfle qu'elle faisait bouillir et qu'elle distribuait ensuite à sa famille. Le maître du champ où elle s'approvisionnait de cette substance si peu nutritive, l'y ayant surprise, la fournit de pain. Mais deux de ses enfants en mangèrent avec une voracité qui leur donna la mort dès le premier repas. »

(*La Providence*, etc. Paris, 1816, c. II, p. 19).

Ibid. Tous les ans il nous donnait des vêtements honnêtes, etc.

C'était surtout après la Toussaint, avant les grands froids, qu'il avait soin de vêtir les nécessiteux. Il dépensait annuellement pour cet objet de 1,200 à 1,500 francs.

Page 30. Vous qui lui fûtes présentés couverts de haillons, etc.

C'étaient deux malheureux tout déguenillés, et qui se jugeaient eux-mêmes indignes des bontés de leur premier pasteur ; mais une personne qui connaissait sa charité les lui ayant amenés, il les accueillit avec douceur, et leur fit donner amplement, à chacun, de l'étoffe pour un habillement complet, et en outre l'argent nécessaire pour le faire confectionner.

Ibid. Une effrayante épidémie de petite vérole, etc.

Cette épidémie de variole et de varioloïde, qui affligea la ville
de Digne depuis le mois de janvier jusqu'au mois d'août de
l'année 1828, atteignit 664 individus, dont 97, savoir, 96 non
vaccinés, et un seul vacciné, perdirent la vie.

Ce fut vers le 15 mai que l'épidémie prit un développement
effrayant. M. le docteur Honnorat fut alors désigné par M. le
comte de Lantivy, préfet du département, pour donner les
secours de son art à la classe indigente, et faire connaître à
l'autorité les progrès de la maladie et les besoins des malheureux. M. le curé fut prié de lire au prône une lettre portant
que : M. le préfet, convaincu que la mortalité devait être attri-
buée particulièrement à la négligence que l'on avait mise à faire
vacciner, au manque de secours et au régime meurtrier suivi
par plusieurs, avait désigné un médecin pour visiter les indigents,
un pharmacien pour leur distribuer les médicaments nécessaires, un boucher pour leur fournir de la viande, le tout
gratuitement, d'après des bons délivrés par M. Honnorat et
M. Frison neveu, son collègue.

Dès le lendemain, M. Honnorat eut, à lui seul, plus de
soixante malades à visiter.

Dans le rapport qu'il a publié sur cette épidémie, il avoue
que les expressions lui manquent pour peindre l'affreuse position où il vit une grande partie de ces malheureux. « Des malades qui, pressés par la misère, demandaient la mort ; des
pères qui la souhaitaient à leurs enfants qu'ils ne pouvaient plus
secourir ; le découragement qui commençait à régner ; la mal-
propreté, compagne ordinaire de la misère ; le danger des communications, qui privait des secours mutuels ; l'entassement de
deux, trois et quatre malades dans un lit où déjà il en était mort
d'autres ; l'odeur insupportable qui s'exhalait de ces lieux in-
fectés : tout, dit-il, était déchirant, tout faisait craindre un
avenir funeste. » (*Rapport à M. le comte de Lantivy, etc.* Digne,
1828, pag. 46-47).

Aussitôt on fit une quête pour avoir du linge et tirer une

partie des pauvres malades de la pourriture où ils étaient plongés. M. le curé (Gariel) et M. le maire (J. Duchaffaut) montrèrent dans cette pénible circonstance une activité et un dévouement au-dessus de tout éloge. Leur zèle fut puissamment secondé par la charité publique. Mgr. l'évêque, quoique épuisé par ses aumônes ordinaires, donna cependant 300 francs. On distribua du pain, de la viande, des médicaments et du linge à ceux qui en avaient besoin; beaucoup de personnes furent vaccinées; et la maladie décrut dès ce moment avec rapidité.

Il y eut dans le séminaire, à cette époque, 30 cas de variole ou de varioloïde et 2 décès.

Ibid. Et lorsqu'un horrible incendie, etc.

Dans la nuit du 15 au 16 décembre 1833, éclata, dans la petite ville d'Allos, un incendie qu'on ne put arrêter, et qui dévora toutes les maisons, à l'exception de trois, savoir : celle de M. Jaubert, maire; celle de M. Gariel, ancien conseiller à la cour royale de Grenoble, et celle de M. Pellissier, juge de paix. Une souscription fut ouverte pour secourir les incendiés. Mgr. de Miollis, sans vouloir figurer sur la liste des souscripteurs, donna une somme de 300 francs.

Page 31. On se demande comment son revenu, quoique plus fort que celui des Évêques d'à présent, pouvait suffire, etc.

On sait que, pendant quinze ans, c'est-à-dire, depuis 1817 jusqu'en 1832, le traitement des Évêques fut de 15,000 fr.; tandis qu'à compter du 1er mai 1832, il a été fixé à 10,000.

M. de Miollis eut en outre, pendant les treize ou quatorze dernières années, au moins, de son épiscopat, un revenu personnel de 5,300 fr., valeur moyenne.

Ses grandes libéralités ont néammoins de quoi surprendre, et ne s'expliquent que par le système d'économie sévère dont il s'était fait une loi pour lui-même en toutes choses.

« Sa monture, dit la *Gazette du Midi*, était celle des paysans ; et la frugalité de sa table aurait fait honte au plus modeste de ses curés. » (N⁰ du 1ᵉʳ juillet 1843).

Pendant longues années, une humble carriole, attelée d'un cheval, a conduit l'évêque de Digne dans ses courses pastorales ; mais, dans les pays très-montagneux, on le voyait ordinairement sur un cheval fort commun et très-simplement harnaché, lorsque la difficulté des lieux ne le contraignait pas d'aller à pied, ou de se contenter de la monture des pauvres.

Page 32. Sa charité devenait d'autant plus méritoire qu'elle lui imposait de plus grandes privations.

Mais il ne voulait pas pratiquer la charité au dehors, en excitant le mécontentement et le murmure de ceux qui étaient chez lui. Il était pour eux plein d'égards ; et, quelle que fut son économie, pour ce qui le concernait personnellement, il entendait que rien ne manquât à ses gens, et que leur table fut toujours convenablement servie. Ils l'ont remarqué eux-mêmes et ils en ont été touchés.

Page 35. Entré dans le sanctuaire, etc.

Après avoir terminé ses études ecclésiastiques dans le séminaire d'Aix, M. l'abbé de Miollis, entré dans sa vingt-cinquième année, fut ordonné prêtre le 20 septembre 1777, dans la chapelle du palais épiscopal de Carpentras, par M. Joseph de Beni, Évêque de cette ville ; et il fut envoyé, en qualité de Vicaire, à Brignoles. Quelques années après, il fut nommé Capiscol de la collégiale de Barjols ; mais cette nomination donna lieu à un procès dont l'issue ne lui fut pas favorable, et qui coûta à son père un millier d'écus.

M. l'abbé de Miollis n'eut pas beaucoup de peine à se consoler de la perte d'un canonicat. Il aimait à raconter, à ce propos, qu'après le procès, il dit à son père : « Eh bien, mon père, n'en par-

» lons plus ; » et que celui-ci, un peu mortifié, se contenta de
lui répondre : « C'est un parti fort commode, lorsqu'on peut le
» prendre à aussi bon marché que vous, mon cher Abbé. »

Page 36. Desservir la chapelle des Ursulines, etc.

Le couvent des Ursulines de la rue Saint-Sébastien, à Aix,
fut fondé en 1594, pour l'éducation des jeunes filles.

Il y eut une autre maison du même ordre à la rue Cardinale,
et les religieuses en furent appelées *Andrètes*, parce que leur
chapelle était dédiée à Saint-André.

M. l'abbé de Miollis exerça pendant quelque temps les fonctions du saint ministère dans la chapelle de Saint-Sébastien,
appartenant au premier de ces couvents. Ce fut, selon toute
apparence, pendant ou après le procès auquel avait donné lieu
sa nomination à la dignité de capiscol.

Ibid. Des œuvres....... qu'avait encouragées l'illustre Mgr. de Brancas.

Jean-Baptiste-Antoine de Brancas, né à Pernes dans le diocèse de Carpentras, nommé aumônier du roi et abbé de Saint-
Pierre de Melun en 1717, agent général du clergé en 1720, Évêque de la Rochelle en 1725, Archevêque d'Aix en Provence et
abbé de Montmorel en 1729, mourut en 1770, particulièrement
regretté des pauvres et des ecclésiastiques. Ce digne prélat, que
Bouche appelle avec raison, l'ami du peuple, de la religion et
de l'humanité, enrichit la ville d'Aix, dans l'espace de plus de
40 ans qu'il en fut Archevêque, d'un grand nombre d'établissements utiles. Il fit construire et dota le petit séminaire ; il fit
agrandir et dota plus amplement le grand séminaire ; il fonda
la retraite annuelle pour les Prêtres ; il assura une pension
viagère aux Curés qui quittaient leurs bénéfices, ainsi qu'aux
autres Prêtres, après un certain temps de service ; il protégea et
affermit l'œuvre du catéchisme des enfants de la campagne ; il

fonda plusieurs lits dans l'hôpital des incurables ; en 1753 il fit ajouter à l'hôpital général une aile entière pour les convalescents. Aix lui dut aussi des Frères de l'école chrétienne, des écoles gratuites de latin et diverses fondations pour les orphelines, pour les enfants abandonnés, pour les pauvres servantes en attendant qu'elles pussent entrer en condition, etc.

Il fit des dispositions testamentaires en faveur du séminaire d'Aix. On sait que son cœur est déposé dans cette maison avec celui du Cardinal Grimaldi, un de ses prédécesseurs.

Voyez Moréri, *Grand Dictionnaire historique* ; Papon tom. 1. p. 203 ; Bouche, *Essai sur l'histoire de Provence*, tom. 2, p. 500 ; Mouan, *Notice historique sur Jacq. Laroque, fondateur de l'hôpital St.-Jacques d'Aix.*

Mgr. de Miollis ne parlait qu'avec admiration du vénérable Mgr. de Brancas. Il aimait à le prendre pour modèle ; et l'on peut dire qu'il a marché sur ses traces autant qu'il l'a pu, eu égard à sa position et à la modicité de ses moyens.

Ibid. De pieux laïques parcourant les campagnes, etc.

Le catéchisme de la campagne commença la seconde fête de Noël de l'année 1726, dans un endroit du territoire d'Aix, nommé *Repentance.* Ce fut un saint prêtre, nommé Bègue, et un pieux laïque, M. Esprit Cuiret, qui les premiers eurent l'idée de catéchiser sur les lieux, les pauvres enfants de la campagne.

Mgr. de Brancas, Archevêque d'Aix, voulant que le catéchisme fût indépendant des paroisses, assura des fonds pour subvenir aux besoins temporels des enfants indigents qui venaient se faire instruire, et obtint, pour l'existence légale de cette œuvre, des lettres patentes du roi Louis XV, de l'année 1763.

Jusques là ce n'avait été qu'en plein air ou dans quelques granges qu'on leur prêtait, que les cathéchistes avaient rassemblé les enfants ; mais bientôt, par les soins généreux de Mgr. de Brancas et d'autres personnes charitables, des chapelles furent construites à cet usage.

Mgr. l'Archevêque chargea le supérieur de son grand séminaire de la direction du catéchisme de la campagne.

Outre les deux catéchistes laïques de semaine, qui se rendaient sur les lieux, quelque temps qu'il fît (et il en est encore de même aujourd'hui), on y envoyait deux ecclésiastiques du grand séminaire pour faire les explications des leçons.

Avant la révolution plusieurs des prêtres de la ville, qui n'étaient pas employés au service des paroisses, s'étaient joints aux catéchistes laïques; et, entièrement dévoués à cette œuvre, ils étaient les directeurs et souvent les bienfaiteurs des enfants.

Ce catéchisme, interrompu pendant la révolution, et rétabli dès que les temps avaient été moins mauvais, fut repris avec une nouvelle ardeur et une sorte d'éclat, après l'arrivée de Mgr. de Cicé, qui protégea et combla de bienveillance les catéchistes qu'on lui présenta. M. l'abbé de Miollis en fut longtemps le supérieur au défaut de celui du grand séminaire. Que de courses ne fit-il pas alors dans les campagnes pour aller instruire, confesser et communier les enfants? Son zèle pour ce catéchisme ne se démentit jamais, et il a toujours eu une place distinguée dans son cœur. Depuis sa promotion à l'épiscopat, se trouvant à Aix un jour de première communion, il dit la messe aux enfants, leur fit l'instruction d'usage, en provençal, avant de leur donner le pain eucharistique, et ensuite les confirma. Au moment de leur repas, il bénit la table; et il rappelait avec un doux plaisir, en conversant avec les anciens catéchistes, le temps où ils faisaient leurs courses ensemble.

Voyez la *Notice* qui se trouve au commencement du *Catéchisme de la campagne d'Aix, abrégé et traduit en langue provençale du catéchisme de Mgr. de Brancas. Aix, chez A. Pontier,* 1825.

Page 37. L'un était M. l'abbé de Bonneval, etc.

Jean-Baptiste-Marie-Scipion de Roux de Bonneval, né à Aix, en Provence, le 22 janvier de l'année 1747, d'abord Chanoine de l'église métropolitaine de Saint-Sauveur de la même ville, fut sacré Évêque de Senez, le 8 février de l'année 1789.

Dans cette nouvelle dignité, il conserva toute l'estime qu'il avait conçue à Aix pour M. l'abbé de Miollis; et afin de lui en donner un témoignage, il lui fit expédier des lettres de grand vicaire, en date du 11 juillet 1789.

Son zèle eut bientôt à se déployer contre l'erreur et le schisme; il fit, en bon évêque, tout ce qui était possible dans ces circonstances pour l'affermissement des fidèles et l'encouragement des pasteurs. Mais contraint de céder à l'orage, il fut arrêté par des hommes sans foi, au moment où il allait passer en Piémont. Traduit alors, comme un criminel, au chef-lieu du département; détenu pendant cinquante jours dans le fort de Seyne; condamné ensuite à l'exil par le tribunal de Castellane, comme convaincu d'avoir exercé ses fonctions et rempli ses devoirs d'Évêque; il montra partout une résignation calme et courageuse, et soutint avec noblesse sa dignité. Retiré enfin à Viterbe avec M. l'abbé Espagnet, son ancien secrétaire, il y a vécu longtemps encore, et y est mort le 13 mars 1837.

On reconnaît sa fermeté, dans la réponse qu'il fit à ses juges, avant de partir pour l'exil:

« Tant que j'aurai libres ma langue et mon bras droit, leur dit-il, je ne me servirai de l'une que pour évangéliser mon peuple, et de l'autre que pour le bénir. »

On reconnaît son zèle et sa charité pastorale dans une déclaration où, s'adressant aux Maires et Officiers municipaux de son diocèse, il disait:

« Non jamais je ne renoncerai au contrat spirituel qui me lie à mon Église, et aux obligations qu'il m'impose, non plus qu'aux promesses de mon baptême. Ma langue s'attachera plutôt à mon palais, j'oublierai plutôt ma main droite, que de cesser d'être à mon troupeau, à la vie et à la mort. »

Après cinq ans d'exil il écrivait de Rome, avec une tendre sollicitude, aux fidèles et au Clergé de son diocèse, pour les prémunir contre le schisme.

« O mes très-chers, mes bien-aimés! leur disait-il, écoutez la voix de votre unique et vénérable Pasteur. C'est autant son cœur qui dicte que sa main qui écrit. Cinq années d'exil et de souffrances continuelles, n'ont pu effacer un titre gravé dans son âme en caractères de feu. Au nom de cette charité vive qui l'embrase pour votre salut, écoutez-le, quand il veut écarter de vous le poison qui tue, et vous mettre en défiance à l'égard des faux pasteurs, qui ne peuvent, dans une église usurpée, que causer les mêmes ravages que le loup dans la bergerie. »

L'amour qu'il avait voué à son cher troupeau ne cessa d'animer son cœur jusqu'à la fin. Sous la restauration on lui offrit l'archevêché d'Avignon ; mais fidèle à sa première Église, il ne put jamais consentir à en accepter une autre ; il ne voulait rentrer en France que pour reprendre le gouvernement de sa chère église de Senez.

« Oh ! si elle redevenait, s'écriait-il, ce qu'elle fut dans ses anciens jours, comme je courrais vers elle ! comme je l'embrasserais ! Elle est petite, elle est pauvre ; elle est perdue dans les montagnes ; mais c'est l'épouse de ma jeunesse, c'est mon unique. Je suis et je serai à elle, à elle seule, à la vie et à la mort. »

La tendresse de son amitié se peint admirablement dans une lettre écrite de Nice, le 18 juin 1792. Après y avoir raconté la mort cruelle du vénérable supérieur du séminaire de Senez, Martin Reynard, précipité par des furieux dans le Var, en haine de la Religion, il ajoute : »

« Pour moi, toujours plus accablé, je m'éloigne toujours davantage d'une terre qui dévore ses habitants ; et je vais dans la solitude, pleurer mon vertueux ami, jusqu'à ce qu'il plaise au Seigneur de rendre la paix à son Église, et la liberté à notre patrie. Je vous fais ce triste récit au sortir d'un service, auquel j'ai officié pontificalement et ont assisté tous les Évêques, Curés et Prêtres français réfugiés à Nice. Ah ! mon ami, combien vous eussiez été touché de ce spectacle de religion dans un oratoire champêtre ! La fleur du sacerdoce, la tendre piété, en faisaient tout l'ornement ; et toute la campagne a retenti des chants de notre douleur. J'aurais jeté quelques fleurs sur la tombe du saint Prêtre, si mes sanglots n'eussent étouffé ma voix, et si je n'avais craint qu'une peinture trop fidèle de nos malheurs, ne deplût à un gouvernement qui nous protége et

que nous respectons tous. Puissent nos prières et nos gémissements, bien moins profiter à notre martyr, qui n'en a pas besoin, qu'à nous-mêmes ; fléchir un Dieu souverainement bon,
lors-même qu'il nous frappe ; et faire descendre ses miséricordes
sur nos ennemis et sur tous ceux qui nous persécutent ! En
s'acharnant à notre perte, ils avancent notre salut, j'en ai la
ferme confiance. Que vous êtes heureux de n'avoir pas connu ce
vertueux Prêtre : non plus que moi, vous ne pourriez vous consoler de sa mort, etc. » Voyez son *Éloge funèbre* prononcé par
M. l'Abbé Allemand, dans l'église de Senez, le 19 avril 1837.

Nous avons eu le bonheur, à diverses époques, de voir ce digne
Prélat à Viterbe ; il avait la première fois 70 ans et la dernière
74 ; mais il était toujours également affectueux et aimable ; les
années n'avaient vieilli ni son esprit ni son cœur.

Page 37. Je le sais par le témoignage de celui
qui en était alors le catéchiste, etc.

Le témoin de ce qui est dit dans cet endroit est M. l'abbé Raspaud, aujourd'hui curé de Cucuron.

Page 38. Il se vit avec joie placé, en qualité
de simple vicaire, dans l'Église métropolitaine,
etc.

Après le concordat du 15 juillet 1801, ratifié au mois d'avril
1802, M. l'abbé de Miollis fut nommé vicaire de la paroisse de
Saint-Sauveur, à Aix. Il s'appliqua alors avec une nouvelle
ardeur à l'œuvre des catéchismes de la campagne, et en fut le
supérieur.

Ibid. La cure de Brignoles, etc.

Il fut nommé curé de Brignoles par M. de Cicé, archevêque
d'Aix, le 13 juillet 1804.

Page 38. Beaucoup moins chercha-t-il l'épis-
piscopat, auquel il fut élevé bientôt après.

Sa nomination à l'Évêché de Digne est datée du camp impérial
près Boulogne, le 10 fructidor an xiii (28 août 1805).

Ses bulles d'institution sont sous la date du 10 des calendes de
janvier (23 décembre) 1805.

Il fut sacré à Paris, dans l'Église des Missions Étrangères, le
13 avril 1806, par le cardinal J. B. Caprara, assisté de MM. J.-B.
Chabot et Claude André, anciens évêques.

Son installation eut lieu le 1er juin de la même année.

Page 39. L'Évêque de Digne ne fit aucune
démarche auprès de la chancellerie pour retirer
ses lettres.

Le 15 août 1810, le grand chancelier lui annonça que l'Empereur venait de le nommer chevalier de la Légion d'honneur ;
le 31 octobre, la décoration lui en fut envoyée ; mais les lettres
de baron ne lui ont pas été expédiées.

Page 42. Ne fut-il pas détaché des richesses,
celui qui, voyant un jour la fortune, etc.

Le comte Sextius-Alexandre-François de Miollis, lieutenant
général, né à Aix en Provence, le 18 septembre 1759, est mort
le 18 juin 1828. Sa succession, estimée à 1,848,000 francs, s'est
réduite, déduction faite des pertes, des non-valeurs, des frais
d'inventaires, de mutation, de gestion, d'actes, d'arrange-
ment, etc., à 1,417,000 francs environ. Il pouvait revenir à
Mgr. l'Évêque, héritier pour un septième, environ 202,000 fr.
Mais le 28 novembre 1829, il céda à son neveu, de Miollis,
capitaine du Corps de l'état-major, de 190,000 à 200,000 francs,
croyant en cela entrer dans les vues du défunt, et ne se réservant
qu'une pension viagère de 3,000 francs.

Nous devons ajouter que le général Miollis ne fut pas un de ces hommes qui veulent s'enrichir rapidement, n'importe par quels moyens. Il eut, à cet égard, de la délicatesse et une probité sévère. C'est le témoignage unanime de tous ceux qui l'ont connu. Sa fortune n'a été que le fruit de ses économies, et d'un système de vie simple et sans luxe. S'il a laissé 1,848,000 francs en mourant, il est certain qu'il aurait pu laisser bien davantage, pour peu qu'il eût voulu *profiter*, comme on dit, *de sa position;* mais il y répugnait, et avec raison.

Page 44. Ils essayèrent de la séparer du centre de l'unité catholique, etc.

La *Constitution civile du clergé*, titre I, article 4, portait :

« Il est défendu à toute église ou paroisse de France, et à tout citoyen français, de reconnaître en aucun cas, et sous quelque prétexte que ce soit, l'autorité d'un Évêque ordinaire ou métropolitain dont le siége serait établi sous la domination d'une puissance étrangère, ni celle de ses délégués résidant en France ou ailleurs. »

Il est vrai qu'elle ajoutait :

« Le tout sans préjudice de l'unité de foi, et de la communion qui sera entretenue avec le chef visible de l'Église universelle, ainsi qu'il est dit ci-après. »

Or voici ce qu'elle disait, titre II, article 19 :

« Le nouvel Évêque ne pourra s'adresser au Pape pour en obtenir aucune confirmation; mais il lui écrira comme au chef visible de l'Église universelle, en témoignage de l'unité de foi et de la communion qu'il doit entretenir avec lui. »

C'était évidemment réduire à un vain titre et à un pur fantôme de prééminence la primauté de juridiction que le Pape, vicaire de Jésus-Christ sur la terre et pasteur des pasteurs, a de droit divin dans toute l'Église; c'était renier la foi de l'antiquité et la doctrine constante de l'Église Gallicane en particulier.

« Après avoir dit à Pierre, éternel prédicateur de la foi: *Tu es Pierre et sur cette pierre je bâtirai Mon Église,* » Jésus-Christ

ajoute, « *et je te donnerai les clefs du royaume des cieux*. Toi
qui as la prérogative de la prédication de la foi, tu auras aussi
les clefs qui désignent l'autorité du gouvernement : *Ce que tu*
lieras sur la terre sera lié dans le ciel, et ce que tu délieras sur
la terre sera délié dans le ciel. Tout est soumis à ces clefs : tout,
mes frères, rois et peuples, pasteurs et troupeaux. Nous le
publions avec joie ; car nous aimons l'unité, et nous tenons à
gloire notre obéissance. C'est à Pierre qu'il est ordonné premièrement, *d'aimer plus que tous les autres* apôtres et ensuite
de *paître* et gouverner tout, *et les agneaux et les brebis*, et les
petits et les mères, et les pasteurs mêmes : pasteurs à l'égard
des peuples, et brebis à l'égard de Pierre, ils honorent en lui
Jésus-Christ..... »

.... « Le même qui a dit à Saint Pierre *tout ce que tu*
lieras sera lié, tout ce que tu délieras sera délié, a dit la même
chose à tous les Apôtres, et leur a dit encore : *Tous ceux dont*
vous remettrez les péchés ils leur seront remis, et tous ceux
dont vous retiendrez les péchés ils leur seront retenus. Qu'est-ce
que lier, sinon retenir ; et qu'est-ce que délier, sinon remettre ?
Et le même qui donne à Pierre cette puissance, la donne aussi
de sa propre bouche à tous les Apôtres. *Comme mon père m'a*
envoyé, ainsi, dit-il, *je vous envoie.* On ne peut voir ni une
puissance mieux établie, ni une mission plus immédiate. Aussi
souffle-t-il également sur tous ; il répand sur tous le même esprit
avec ce souffle, en leur disant : *Recevez le Saint-Esprit* ; *ceux*
dont vous remettrez les péchés ils leur seront remis, et le reste
que nous avons récité. C'était donc manifestement le dessein de
Jésus-Christ de mettre premièrement dans un seul ce que dans
la suite il voulait mettre dans plusieurs. Mais la suite ne ren-
verse pas le commencement, et le premier ne perd pas sa place.
Cette première parole, *tout ce que tu lieras*, dite à un seul,
a déjà rangé sous sa puissance chacun de ceux à qui on dira :
Tout ce que vous remettrez ; car les promesses de Jésus-Christ
aussi bien que ses dons sont sans repentance, et ce qui est une
fois donné indéfiniment et universellement est irrévocable :
outre que la puissance donnée à plusieurs, porte sa restriction
dans son partage ; au lieu que la puissance donnée à un seul,

et sur tous, et sans exception, emporte la plénitude; et n'ayant à se partager avec aucun autre, elle n'a de bornes que celles que donne la règle. C'est pourquoi nos anciens Docteurs de Paris...... ont tous reconnu d'une même voix, dans la chaire de Saint Pierre, la plénitude de la puissance apostolique: c'est un point décidé et résolu; mais ils demandent seulement qu'elle soit réglée dans son exercice par les Canons, c'est-à-dire, par les lois communes de toute l'Église........... Tous reçoivent la même puissance, et tous de la même source; mais non pas tous en même degré ni avec la même étendue; car Jésus-Christ se communique en telle manière qu'il lui plaît, et toujours de la manière la plus convenable à établir l'unité de son Église. C'est pourquoi il commence par le premier; et dans ce premier il forme le tout : et lui-même il développe avec ordre ce qu'il a mis dans un seul : *et Pierre,* dit Saint Augustin, *qui dans l'honneur de sa primauté représentait toute l'Église, reçoit aussi* le premier *et le seul* d'abord *les clefs, qui dans* la suite *devaient être communiquées à tous les autres*; afin que nous apprenions, selon la doctrine d'un saint Évêque de l'Église Gallicane, que l'autorité ecclésiastique, premièrement établie en la personne d'un seul, ne s'est répandue qu'à condition d'être toujours ramenée au principe de son unité, et que tous ceux qui auront à l'exercer se doivent tenir inséparablement unis à la même chaire. »

« C'est cette Chaire Romaine tant célébrée par les Pères qui ont exalté comme à l'envi *la principauté de la chaire apostolique, la principauté principale, la source de l'unité, et dans la place de Pierre l'éminent degré de la chaire sacerdotale, l'Église mère qui tient en ses mains la conduite de toutes les autres Églises; le chef de l'Épiscopat, d'où part le rayon du gouvernement; la chaire principale, la chaire unique, en laquelle seule tous gardent l'unité.* Vous entendez dans ces mots Saint Optat, Saint Augustin, Saint Cyprien, Saint Irenée, Saint Prosper, Saint Avite, Saint Théodoret, le concile de Chalcédoine et les autres; l'Afrique, les Gaules, la Grèce, l'Asie, l'Orient et l'Occident unis ensemble : et voilà (sans préjudice des lumières divines, extraordinaires et surabondantes, et de la puissance proportionnée à de si grandes lumières qui était pour les premiers temps dans les Apôtres, premiers fondateurs de toutes les églises chrétiennes) voilà, dis-je, ce qui doit rester selon la parole de Jésus-Christ et la constante tradition de nos Pères dans l'ordre commun de l'Église. »

(Bossuet, *Sermon sur l'unité de l'Église*, premier point.)

Page 45. Sa foi s'accrut encore par l'étude qu'il fit des monuments de Rome chrétienne.

Pendant son émigration, M. l'abbé de Miollis trouva un honnête asyle chez les Pères hiéronymites du couvent de Saint-Onuphre. Il profita du loisir qu'il avait alors pour faire une étude approfondie de Rome ancienne et de Rome moderne.

Ses laborieuses recherches remplissent onze volumes manuscrits, dont voici l'état accompagné d'une évaluation en volumes in-8° ordinaires, c'est-à-dire, de 15 syllabes par ligne, et de 28 lignes par page.

1° Un manuscrit sur *Rome Payenne,* en deux volumes pouvant former ensemble un volume in-8° de 650 pages d'impression, se divise en deux parties dont la première traite : des Temples, des Statues, des Sacrifices, des Pontifes, des Augures, des Aruspices, des Vestales, des Sibylles, des Apothéoses, des Spectacles, du Calendrier, des Mariages et des Funérailles; et la seconde : du Sénat, des Chevaliers, des Assemblées du peuple, des Magistrats, de l'Armée, des Droits des citoyens, des Sciences et des Arts, de l'Étendue de Rome, de sa Population et des Aqueducs.

2° Un manuscrit, pouvant former un volume in-8° de 340 pages d'impression, traite de *Rome Chrétienne* et se divise en deux parties, dont la première contient les articles : Pape, Élection du Pape, Revenus des Papes et de l'Église Romaine, Clergé de l'Église Romaine, Communautés religieuses; et la seconde, les articles : Costume du Pape, Costume des Ministres des SS. Autels, Vases sacrés, Messe Pontificale, le *Diarium Pontificale,* Fonctions Pontificales, etc.

3° Un manuscrit, en deux volumes pouvant former ensemble un volume in-8° de 650 pages d'impression, traite de *Rome Mo-*

derne, et se divise également en deux parties ; les principaux articles de la première sont : Pape, Conclave, Élection du Pape et ses Fonctions, Cardinaux, Prélats, Gouvernement spirituel, Gouvernement civil ; ceux de la seconde partie sont : Caractère et mœurs des habitants, Moyens d'existence, Mendiants, Amusements, Théâtres, Sciences et Arts, Académies, Improvisateurs, Sculpture, Gravure, Mosaïque, Manufactures et Agriculture.

4° Un manuscrit, pouvant former un volume in-8° de 420 pages d'impression, contient : 1° la *Description* de l'ancienne Basilique Constantinienne de saint Pierre du Vatican ; 2° la *Description* de la nouvelle Basilique qui l'a remplacée. On y trouve l'histoire de la fondation de ce magnifique édifice, la description exacte des chapelles, des autels, des statues, des peintures, des tombeaux, etc. qu'il renferme, ainsi que des détails biographiques sur les artistes célèbres qni y ont travaillé et sur les Papes dont on y voit les tombeaux.

5° Un manuscrit, pouvant former un volume in-8° de 400 pages d'impression, contient la *Description* des Basiliques de Saint-Paul, de Saint-Jean de Latran, de Saint-Laurent, de Sainte-Marie Majeure, de Saint-Martin, de Saint-Pierre-aux-Liens, etc.

6° Un manuscrit en deux volumes, pouvant former en totalité un volume in-8° de 470 pages d'impression, contient la *Description* d'autres Églises, de Palais, de Places, etc.

7° Un manuscrit, pouvant former un volume in-8° de 450 pages d'impression, contient la *Description* du Colisée, des Cirques, Églises, Palais, Villa, situés au mont Aventin, au mont Capitolin, au mont Quirinal, au mont Pincius, ainsi que la *Description* des anciens Temples de la Paix et de Jupiter, des Thermes de Dioclétien, du Musée du Capitole, etc.

8° Un manuscrit, pouvant former un volume in-8° de 300 pages d'impression, contient la *Description* des Églises, des Villa, etc. du quartier dit *Trastevere* (au-delà du Tibre) et la *Description* du *Borgo san spirito*, du Château Saint-Ange, du *Borgo nuovo*, enfin du Palais, de la Bibliothèque et du Musée du Vatican, etc.

Tous ces manuscrits de Mgr. de Miollis sont entre les mains de son neveu, M. de Ribbe, à Aix.

On rencontre dans ce grand travail quelques expressions impropres et quelques incorrections qu'une main exercée pourrait faire disparaître. Du reste, M. le Président de Saint-Vincens, qui l'avait examiné, et qui était certainement l'homme le plus capable d'en juger, l'avait trouvé intéressant.

Page 46. Des succès trop constants ont enflé son cœur..... l'appui de la providence le rend ingrat.

Au mois d'octobre 1805, moins d'un an après que Pie VII était venu de Rome à Paris pour sacrer Napoléon, les troupes françaises s'emparèrent à l'improviste d'Ancône, et en occupèrent le port et la forteresse. Le Pape ayant écrit le 13 novembre à Buonaparte pour se plaindre de cet acte d'hostilité, demander l'évacuation d'Ancône et représenter qu'en cas de refus il ne pourrait plus avoir de rapports avec le ministre français à Rome ; Napoléon, vainqueur à Austerlitz, le 2 décembre, répondit au Pape, le 7 janvier 1806 :

« Votre sainteté est parfaitement maîtresse de garder mon ministre à Rome ou de le renvoyer..... Je me suis considéré comme le protecteur du Saint-Siège, et à ce titre j'ai occupé Ancône. Je me suis considéré, ainsi que mes prédécesseurs de la deuxième et de la troisième race, comme fils aîné de l'Église, comme ayant seul l'épée pour la protéger et la mettre à l'abri d'être souillée par les Grecs et les Musulmans..... Je le répète : si votre Sainteté veut renvoyer mon ministre, elle est libre d'accueillir de préférence et les Anglais et le calife de Constantinople, etc. »

Dans le courant de la même année, il s'empara des principautés de Bénevent et de Ponte-Corvo, sous le prétexte ridicule qu'elles étaient un sujet de dispute entre la cour de Rome et celle de Naples.

En 1807 le général français Lemarrois se déclara gouverneur des provinces d'Ancône, de Macerata, de Fermo et d'Urbin.

Le 2 février 1808, Rome fut occupée par les troupes françaises.

Le 2 avril suivant, les provinces d'Urbin, d'Ancône, de

Macerata, de Camerino furent réunies au royrume d'Italie ;
et dès-lors, Pie VII, sans troupes et sans États, réduit au titre
dérisoire de *Souverain de Rome*, se vit captif dans son palais et
sans autorité dans sa propre capitale.

C'était ainsi que Buonaparte reconnaissait l'extrême condes-
cendance de ce Pontife et tous les sacrifices qu'il avait faits.

Page 46. Il ne cesse de dire aux Pontifes :
N'oubliez pas que le royaume de J.-C. n'est pas
de ce monde.

Avec cette maxime, qu'il entendait à sa manière, il croyait
pouvoir braver le Pape. C'est pourquoi, en 1810, il rendit
l'enseignement des quatre Articles de 1682 obligatoire dans
tout l'Empire. Il fit même décréter par le sénat, qu'à l'avenir
les Papes, au moment de leur exaltation, jureraient de ne jamais rien faire contre ces quatre Articles. Malgré ses préten-
tions et ses décrets, il est clair que la maxime dont il faisait son
cheval de bataille ne l'autorisait pas plus à déposséder Pie VII
de ses États, qu'à faire descendre les autres souverains de leurs
trônes.

Ibid. Il prétend réformer la discipline de
l'Église comme il réforme celle des camps.

Dans le nord de l'Italie, malgré le Concordat du 16 septembre
1803, on s'emparait des biens ecclésiastiques pour les mettre en
vente ; on supprimait on unissait des monastères ; on prétendait décider de tout dans des Églises particulièrement dépen-
dantes du Saint-Siége ; et les plaintes, adressées par le Pape à
Buonaparte en 1805, contre ces abus, étaient inutiles.

Dans la partie des États pontificaux envahie par le décret du
2 avril 1808, on demandait aux Évêques et aux Curés un serment dont le refus les exposait à des peines rigoureuses ; on
chassait les religieux et les religieuses de leurs monastères ; on
publiait des lois contre lesquelles le Pape avait constamment

réclamé ; on prétendait appliquer à ces pays les usages et les décrets de l'Église de France , etc.

Buonaparte aurait voulu aussi que les affaires de l'Église se traitassent , pour ainsi dire , militairement.

« Votre Sainteté , écrivait-il au Pape , le 13 février 1806, est souveraine de Rome , mais j'en suis l'Empereur. Tous mes ennemis doivent être les siens..... Je suis comptable envers Dieu qui a bien voulu se servir de mon bras pour rétablir la religion. Et comment puis-je , sans gémir, la voir compromise par les lenteurs de la cour de Rome , où l'on ne finit rien , où , pour des intérêts mondains , de vaines prérogatives de la tiare , on laisse périr des âmes , le vrai fondement de la religion ? Ils en répondront devant Dieu , ceux qui laissent l'Allemagne dans l'anarchie..... Ils en répondront devant Dieu , ceux qui retardent l'expédition des bulles de mes Évêques et qui livrent mes diocèses à l'anarchie. Il faut six mois pour que les Évêques puissent entrer en exercice, et cela peut être fait en huit jours..... Si à Rome on passe les journées à ne rien faire et dans une coupable inertie, puisque Dieu m'a commis après de si grands bouleversements pour veiller au maintien de la religion , je ne puis devenir ni rester indifférent à tout ce qui peut nuire au bien et au salut de mes peuples. Très-Saint Père, je sais que Votre Sainteté veut le bien ; mais elle est environnée d'hommes qui ne le veulent pas..... Si Votre Sainteté voulait se souvenir de ce que je lui ai dit à Paris, la religion de l'Allemagne serait organisée..... Mais je ne puis laisser languir un an ce qui doit être fait dans quinze jours. Ce n'est pas en dormant que j'ai porté si haut l'état du clergé, la publicité du culte, et réorganisé la religion en France de telle sorte qu'il n'est pas de pays où elle fasse tant de bien , où elle soit plus respectée..... Ceux qui parlent à Votre Sainteté un autre langage la trompent et sont ses ennemis ; ils attireront des malheurs qui finiront par leur être funestes. »

Page 46. Le despote..... s'indigne qu'un prêtre ose contredire ses volontés.

Il s'indignait surtout à la pensée que Pie VII, pour maintenir son indépendance comme souverain et comme Pape, voulût faire usage des moyens temporels et spirituels qu'il avait en main. Ce qu'il écrivait de Dresde, le 22 juillet 1807, à Eugène Beauharnais, vice-roi d'Italie, donne une idée de sa colère et des étranges projets qu'elle lui suggérait :

« Ils veulent, disent-ils, publier tout le mal que j'ai fait à la religion, les insensés! Ils ne savent pas qu'il n'y a pas un coin du monde en Allemagne, en Italie, en Pologne, où je n'aie fait encore plus de bien à la religion que le Pape n'y fait de mal, non par de mauvaises intentions, mais par les conseils irascibles de quelques hommes bornés qui l'entourent. Ils veulent me dénoncer à la chrétienté ; cette ridicule pensée ne peut appartenir qu'à une profonde ignorance du siècle où nous sommes : il y a une erreur de mille ans de date. Le Pape qui se porterait à une telle démarche cesserait d'être Pape à mes yeux ; je ne le considèrerais que comme l'Antechrist envoyé pour bouleverser le monde et faire du mal aux hommes, et je remercierais Dieu de son impuissance. Si cela était ainsi, je séparerais mes peuples de toute communion avec Rome, et j'établirais une telle police qu'on ne verrait plus circuler ces pièces mystérieuses, ni provoquer ces réunions souterraines qui ont affligé quelques parties de l'Italie, et qui n'avaient été imaginées que pour alarmer les ames timorées..... Que veut faire Pie VII en me dénonçant à la chrétienté? Mettre mon trône en interdit, m'excommunier? Pense-t-il alors que les armes tomberont des mains de mes soldats? Pense-t-il mettre le poignard aux mains de mes peuples pour m'égorger? Il ne lui resterait plus alors qu'à essayer de me faire couper les cheveux et de m'enfermer dans un monastère..... Le Pape actuel s'est donné la peine de venir à mon couronnement à Paris. J'ai reconnu à cette démarche un saint prélat : mais il voulait que je lui cédasse les Légations; je n'ai pu ni voulu le faire. Le pape actuel est trop puissant; les prêtres ne sont point faits pour gouverner..... Pourquoi le Pape ne veut-il pas rendre à César ce qui est à César, et est-il sur la terre plus que Jésus-Christ? Peut-être le temps n'est pas loin, si l'on veut continuer à troubler les affaires de mes États, où je ne reconnaîtrai le Pape que comme Évêque de Rome, comme égal et au même rang que les Évêques de mes États. Je ne craindrai pas de réunir les Eglises gallicane, italienne, allemande, polonaise, dans un concile, pour faire mes affaires sans Pape..... Dans le fait, ce qui peut sauver dans un pays peut sauver dans un autre : les droits de la tiare ne sont au fonds que des devoirs, s'humilier et prier. Je tiens ma couronne de Dieu et de mes peuples; je n'en suis responsable qu'à Dieu et à mes peuples. Je serai toujours Charlemagne pour la cour de Rome et jamais Louis-le-Débonnaire..... Jésus-Christ n'a pas institué un pélérinage à Rome, comme Mahomet à la Mecque. Tels sont mes sentiments, mon fils; j'ai jugé important de vous les faire connaître. Je n'autorise plus qu'une seule lettre de vous à Sa Sainteté, pour lui faire connaître que je ne puis consentir à ce que les Évêques italiens aillent chercher leur institution à Rome. »

Page 46. Rome est réunie par un décret au nouvel empire.

Le 17 mai 1809, Napoléon rendit, dans son camp impérial de Vienne, un décret qui réunissait tous les États du Pape à l'Empire français. La ville de Rome était déclarée ville impériale et libre.

Le 10 juin, ce décret fut publié dans Rome, et le pavillon français fut arboré, au bruit de l'artillerie, sur le château Saint-Ange.

Le même jour fut lancée la bulle d'excommunication contre les auteurs, fauteurs et exécuteurs des violences exercées contre le Pape et le Saint-Siége.[1]

Ibid. Et le Pape, traîné presque mourant endeçà des Alpes, etc.

Le 6 juillet 1809, le Pape fut enlevé de Rome; et pendant que

[1] Mémoires pour servir à l'histoire de l'Église pendant le xviii⁰ siècle, tom. III, p. 511-513.

le vicaire de Jésus-Christ était traîné en France avec une brutalité presque barbare, Napoléon, enflé par la victoire de Wagram, adressait aux Évêques de son empire cette étrange circulaire, datée de Znaïm en Moravie :

« Monsieur l'Évêque de N. , les victoires d'Enzersdorf et de Wagram, où le Dieu des armées a si visiblement protégé les armes françaises, doivent exciter la plus vive reconnaissance dans le cœur de nos peuples. Notre intention est donc, qu'au reçu de la présente, vous vous concertiez avec qui de droit, pour réunir nos peuples dans les Églises, et adresser au Ciel des actions de grâces et des prières conformes aux sentiments qui nous animent. »

« Notre Seigneur Jésus-Christ, quoique issu du sang de David, ne voulut aucun règne temporel ; il voulut au contraire qu'on obéît à César dans le règlement des affaires de la terre ; il ne fut animé que du grand objet de la rédemption et du salut des âmes. Héritier du pouvoir de César, nous sommes résolu à maintenir l'indépendance de notre trône et l'intégrité de nos droits ; nous persévérerons dans le grand œuvre du rétablissement de la religion ; nous environnerons ses ministres de la considération que nous seuls pouvons leur donner ; nous écouterons leur voix dans tout ce qui a rapport au spirituel et au règlement des consciences. »

« Au milieu des soins des camps, des alarmes et des sollicitudes de la guerre, nous avons été bien aise de vous donner connaissance de ces sentiments, afin de faire tomber dans le mépris ces œuvres de l'ignorance et de la faiblesse, de la méchanceté ou de la démence, par lesquels on voudrait semer le trouble et le désordre dans nos provinces. On ne nous détournera pas du grand but vers lequel nous tendons, et que nous avons déjà en partie heureusement atteint, le rétablissement des autels de notre religion, en nous portant à croire que ses principes sont incompatibles, comme l'ont prétendu les Grecs, les Anglais, les Protestants et les Calvinistes, avec l'indépendance des trônes et des nations. Dieu nous a assez éclairé pour que nous soyons loin de partager de pareilles erreurs. Notre cœur et ceux de nos sujets n'éprouvent point de semblables craintes ; nous savons que ceux qui voudraient faire dépendre de l'intérêt d'un temporel périssable, l'intérêt éternel des consciences et des affaires spirituelles, sont hors de la charité, de l'esprit et de la religion de celui qui a dit : *Mon empire n'est pas de ce monde.* Cette lettre n'étant à d'autre fin, je prie Dieu, M. l'Évêque de N., qu'il vous ait en sa sainte garde. »

« Donnée en notre camp impérial de Znaïm, en Moravie, le 13 juillet 1809. »

« Signé NAPOLÉON. »

Page 46. Privé de toute communication avec ceux dont on ne pouvait, sans une odieuse tyrannie, lui refuser les conseils et l'appui.

Le 6 juillet 1809, en partant de Rome, il ne fut permis à Pie VII d'emmener avec lui que le cardinal Pacca, qu'on lui enleva quelques jours après.

Arrivé à Savone, il fut gardé par une compagnie de gendarmes, et on ne pouvait lui parler sans témoins. L'Évêque de Savone même n'avait pas cette liberté. Les cardinaux Doria, qui passaient en se rendant à Paris, ne purent être admis à saluer le chef de l'Église.[1] Il n'avait auprès de lui que quelques personnes attachées à son service, et absolument étrangères aux affaires civiles et ecclésiastiques.

« Qu'on ne nous laisse pas seul, disait le Pape à l'agent autrichien que Metternich obtint de Napoléon d'envoyer à Savone. Nous sommes tellement seul que nous avons dû ériger en secrétaire un domestique dont le *caractère* était lisible. Qu'on ne nous empêche pas de remplir notre ministère spirituel faute de secours et de communication avec les fidèles. Nous avons fait tout ce qui dépendait de nous, ayant expédié tout seul au-delà de cinq cents dispenses..... Mais outre que les forces physiques

[1] Mémoires pour servir à l'Histoire ecclésiastique pendant le XVIII\u1d49 siècle, tome III, p. 518.

nous manquent, il y a des matières qui ont besoin d'être exami-
nées, discutées, etc.[1]

Le 7 janvier 1811, à l'occasion des brefs écrits en novembre
et en décembre 1810, au cardinal Maury, à l'archidiacre de
Florence et à M. l'abbé Dastros, pour leur donner des instructions conformes aux lois de l'Église, on fit une perquisition
rigoureuse dans l'appartement du Pape; on s'empara de ses
papiers, et on lui enleva jusqu'à ses bréviaires.

Le 14, le Préfet du département reçut ordre de la part de
*Sa Majesté impériale et royale, Napoléon, empereur des Fran-
çais, etc., de notifier au Pape Pie VII, que défense lui était
faite de communiquer avec aucune Église de l'empire ni aucun
sujet de l'Empereur, sous peine de désobéissance de sa part et
de la leur. Qu'il cessait d'être l'organe de l'Église catholique,
celui qui prêchait la rébellion, et dont l'âme était toute de fiel;
que puisque rien ne pouvait le rendre* SAGE, *il verrait que Sa
Majesté était assez puissante pour faire ce qu'avaient fait ses
prédécesseurs, et déposer un Pape.*

Enfin, on enleva au saint Pontife plumes, encre et papier;
et on ne lui laissa que quelques domestiques auxquels on assi-
gna, pour leur dépense, environ 40 sous par jour.[2]

Page 47. L'Empereur veut faire décréter par les Évêques, ce qu'il ne peut obtenir assez promptement de la prudence et du courage de Pie VII.

Depuis 1805, le Pape, voyant que ses réclamations contre les
abus commis par l'autorité civile, au mépris du concordat de
1803, n'étaient pas écoutées, avait cessé de donner des bulles
pour les Évêchés d'Italie.

Depuis sa captivité, privé de communication avec le dehors,

[1] Histoire de l'Église, par Henrion, tom. III, p. 424, 425.
[2] Mémoires pour servir à l'Histoire ecclésiastique pendant le XVIIIe siècle,
tom. III, p. 550, 551.

sans cardinaux, sans prélats, sans secrétaire, ne pouvant plus s'occuper des affaires générales de l'Église, il refusait également de donner des bulles d'institution pour les Évêchés de France ; et, en outre, il déclarait nuls les pouvoirs conférés par les chapitres aux Évêques récemment nommés par l'Empereur. [1]

Celui-ci, pour suppléer aux bulles pontificales, résolut donc de faire statuer par les Évêques : que le Pape ne pourrait pas différer au-delà de six mois, de donner l'institution canonique aux sujets nommés à des Évêchés ; et que, les six mois expirés, le droit de le donner serait dévolu aux métropolitains. [2]

Pie VII, dans la plus étroite captivité, ignorant complètement ce qui se passait en France et en Europe ; assailli tout d'un coup, le 10 mai 1811, par quatre prélats députés vers lui ; fatigué, opprimé, harassé par leurs instances pendant neuf jours, n'ayant ni conseils ni secrétaire, effrayé à la vue de l'avenir funeste qu'on lui représentait, avait enfin, disait-on, promis en substance ce qu'on voulait faire statuer par le concile.

Mais le Pape s'était réservé expressément le droit de refuser l'institution pour cause d'indignité personnelle des sujets.

Mais, d'après les espérances qu'on lui avait données, il ne regardait ces concessions que comme un acheminement vers des arrangements qui rétabliraient l'ordre et la paix de l'Église, et rendraient au Saint-Siége la liberté, l'indépendance et la dignité qui lui conviennent.

Enfin il n'avait rien voulu signer ; et, rendu à lui-même, il s'était reproché amèrement ces concessions comme une faiblesse. [3]

Faire ériger en décret par les Évêques des concessions extorquées au Pape, et vouloir *être supplié par le concile de permettre à une députation d'Évêques de se rendre auprès du Pape, pour le remercier d'avoir, par ces concessions, mis un terme*

---

[1] Mémoires pour servir à l'Histoire ecclésiastique pendant le xviiie siècle, tom. iii, p. 542, 544, 549.

[2] *Ibid.*, p. 569, 570.

[3] *Ibid.*, p. 555, 556 ; Histoire de l'Église, par Henrion, tom. iii, p. 455-458.

aux maux de l'Église[1], ce n'était donc qu'une dérision et une nouvelle insulte.

Aussi les Évêques, bien que gênés par l'exigence du despote, furent d'avis qu'*avant d'avoir force de loi*, le décret qui leur avait été présenté *devait être soumis à l'approbation de Sa Sainteté, attendu que la concession* sur laquelle on se fondait *n'était pas dans les formes*. Le Pape en effet ne l'avait pas signée; la note qu'on disait avoir rédigée sous ses yeux, ne portait aucun caractère d'authenticité; elle ne pouvait être un titre suffisant pour légitimer un changement de discipline aussi grave que celui dont il s'agissait, et pour motiver l'assentiment d'une grande Église; on avait droit, dès lors, de la regarder comme énonçant tout au plus un projet.[2]

Page 47. Les Évêques de France et d'Italie sont donc convoqués à Paris.

La lettre de convocation, adressée aux évêques, est datée du palais impérial de Saint-Cloud, le 25 avril 1811. On la trouve dans les Mémoires du cardinal Pacca, dans la Continuation de l'Histoire de l'Église, par Henrion, etc.

Il s'est glissé, dans cette Histoire, une faute dont il est bon qu'on soit averti. On y lit, tom. III, p. 453 (Paris, 1836): « Les chapitres ont *accepté* des brefs contraires à leurs droits et aux saints canons; » il faut lire : « Les chapitres ont rejeté, etc. »

Le 17 mai 1811, le Ministre des cultes, M. Bigot de Préameneu, écrivit à M. l'Évêque de Digne la lettre qui suit :

« Monsieur l'Évêque, le 27 du mois dernier, je vous ai transmis une expédition de la lettre, par laquelle Sa Majesté vous fait connaître son intention que vous vous rendiez à Paris, pour assister au concile qui s'assemblera le 9 juin prochain, et qui sera composé des Évêques de l'Empire et du Royaume d'Italie. »

---

[1] Mémoires pour servir à l'Histoire ecclésiastique pendant le XVIIIe siècle, tom. III, p. 570.

[2] *Ibid.*, p. 571, 557.

« Je vous invitais à m'accuser réception de cette lettre. Tous les Évêques en deçà des Alpes ont eu le temps de me faire réponse. J'attends la vôtre. »

« Agréez, Monsieur l'Évêque, l'assurance de ma considération distinguée. »

Le Ministre des Cultes,

Comte BIGOT DE PRÉAMENEU.

Page 48. Se recommandant..... à nos prières, et surtout à celles des trois vénérables prêtres, etc.

Voyez la note sur les pages 52 et 53.

Ibid. Le 9 juin de l'année 1811, quatre-vingt-quinze prélats, réunis de tous les points de la France et de quelques endroits de l'Italie, etc.

Quoique le concile eût été indiqué au 9 juin, l'ouverture en fut remise au 17. Peu d'Évêques d'Italie s'y trouvèrent. Les autres n'y avaient pas été convoqués, soit qu'ils eussent encouru l'indignation de Napoléon, soit qu'ils lui fussent suspects.

Page 49. Mgr. Dessolles, qui avait passé du siége de Digne sur celui de Chambéry, etc.

M. Irénée Yves Dessolles, né en 1744, fut nommé Évêque de Digne en 1802, et transféré à l'Évêché de Chambéry en 1805.

Page 49. Ferme et inébranlable dans sa foi, etc.

« Les Évêques furent mandés par des lettres particulières chez le Ministre des cultes, qui était chargé de leur faire la leçon, les uns après les autres. Il usa de tout ce qu'il pouvait avoir d'éloquence, d'adresse et de théologie ; tâcha de séduire ceux-ci, d'intimider ceux-là, et de les persuader tous des pieuses intentions de l'Empereur, et les pressa d'adhérer au décret en six articles que la commission avait rejeté. Les réponses durent être assez divergentes ; et on obtint, dit-on, un assez grand nombre de signatures, les unes absolues, les autres avec diverses modifications. Plusieurs refusèrent toute espèce d'assentiment. On cite dans ce nombre l'Archevêque de Bordeaux et les Évêques de Vannes, de Saint-Brieux, de Soissons, d'Amiens, d'Angers, de Limoges, d'Agen, de Mende, de Namur et de Digne.[1] »

Page 50. Alors même que le courage et la fidélité avaient pour prix l'exil ou le donjon de Vincennes.

Sans parler des violences commises, dès l'occupation de Rome en 1808, contre des sujets fidèles à leur souverain : d'un grand nombre de cardinaux exilés ; du colonel Bracci incarcéré, puis envoyé en exil ; des nobles de la garde du saint Père emprisonnés ; de Cavalchini, gouverneur de Rome, enlevé et conduit à Fénestrelle ; du prélat Arezzo, qui l'avait remplacé, déporté en Toscane ; de l'Évêque d'Anagni, enlevé de son diocèse et conduit au château Saint-Ange, etc.[2] ; en 1810, les cardinaux Mattéi, Pignatelli, la Somaglia, Scotti, Saluzzo, Galeffi, Brancadoro, Consalvi, Louis Ruffo, Litta, di Pietro, Oppizzoni et Gabrielli furent exilés de Paris, pour ne s'être pas trouvés, le 2 avril, à la cérémonie religieuse du mariage contracté par

---

[1] Mémoires pour servir à l'Histoire ecclésiastique pendant le xviiie siècle, tom. iii, p. 574, 575.

Ces prélats courageux sont : MM. Daviau, de Bausset, Caffarelli, Le Blanc-Beaulieu, Demandolx, Montault, Dubourg, Jacoupy, Morel de Mons, Pisani de la Gaude et de Miollis. Voy. *l'Ami de la Religion*, tom. ix, p. 356, 357 ; et tom. iv, p. 45.

[2] Mémoires pour servir à l'Hist. ecclés., etc., tom. iii, p. 483-485, 499-501.

Napoléon avec l'archiduchesse, Marie-Louise, du vivant de sa première femme Joséphine ; en 1811, M. l'abbé Dastros, vicaire général de Paris, fut arrêté ; et, sur son refus de donner sa démission et de nommer la personne qui lui avait communiqué le bref du 5 novembre au cardinal Maury, il fut enfermé à Vincennes.

Plusieurs ecclésiastiques, soupçonnés d'avoir connu ou fait connaître le bref, furent emprisonnés.

Les cardinaux Gabrielli, di Pietro et Oppizoni, déjà exilés à Semur, furent envoyés au donjon de Vincennes, ainsi que M. de Gregorio, prélat romain, et le père Fontana, général des Barnabites. D'autres prélats eurent également les honneurs de la prison.[1]

Pendant le concile, dans la nuit du 12 juillet, M. Hirn, Évêque de Tournay ; M. de Broglie, Évêque de Gand, et M. de Boulogne, Évêque de Troyes, que Buonaparte jugea avoir été le plus contraires à ses projets dans la congrégation tenue le 10, furent arrêtés et conduits à Vincennes, où on les mit au secret le plus rigoureux, sans plumes, encre, livres ni papier.[2]

Le vénérable M. Daviau, archevêque de Bordeaux, non moins coupable que ces trois prélats aux yeux de Napoléon, fut menacé du même sort ; mais on n'en vint pas à l'exécution, parce qu'appparemment on crut avoir assez répandu la terreur parmi les Évêques, par l'enlèvement de trois de leurs collègues.

On n'avait pas attendu jusqu'alors pour s'assurer du cardinal Pacca. Dès le 1er août 1809, il avait été conduit à Fenestrelle ; et ce fut là que, par trois ans et demi de captivité, on lui fit expier son dévouement aux intérêts de l'infortuné Pie VII.

Page 50. Et lorsque des ministres courtisans, etc.

Dans une conversation où l'Évêque de Digne faisait quelque

---

[1] Mémoires pour servir à l'Histoire ecclésiastique pendant le xviiie siècle, tom. iii, p. 543.

[2] *Ibid.*, p. 571-572.

[3] *Ibid.*, p. 517.

difficulté de se rendre à ce que demandait le Ministre des cultes, Bigot de Préameneu, celui-ci alla jusqu'à lui dire : « Comment ! plusieurs Évêques et Archevêques, distingués par leur mérite et leurs lumières, m'ont donné leur adhésion, et vous..... » Il n'osa achever, et s'arrêta, les yeux fixés sur l'Évêque. Mais celui-ci, sans perdre contenance, répliqua : « Je vous entends, M. le Ministre ; et c'est précisément parce que la Providence m'a départi moins de facultés qu'à d'autres, que je me crois d'autant plus obligé d'en faire le meilleur usage possible. »

Page 50. Ce qu'il devait au Pontife dont il avait juré de respecter et de défendre les droits.

Le serment que font les Évêques le jour de leur sacre porte : *Jura, honores, privilegia et auctoritatem sanctæ Romanæ Ecclesiæ, Domini nostri Papæ et successorum prædictorum, conservare, defendere..... promovere curabo. Neque ero in consilio vel facto seu tractatu in quibus contra ipsum Dominum nostrum, vel eandem Romanam Ecclesiam aliqua sinistra vel præjudicialia personarum juris, honoris, status et potestatis eorum machinentur.*

(Pontificale roman. De consecratione electi in episcopum; Forma juramenti).

Ibid. Et lorsque le conquérant lui demandait d'un ton ironique, etc.

« Napoléon voulut, avant l'ouverture de cette assemblée (du concile de 1811), entretenir en particulier quelques-uns des prélats qui devaient la composer. La simplicité évangélique de Mgr. de Miollis faisait espérer à l'ambitieux dictateur qu'il lui serait facile de lui faire illusion sur ses dangereux projets ; il l'entretint longuement, et s'efforça de colorer de motifs spécieux sa révolte contre le chef de l'Église. — Sire, dit le prélat qui l'avait écouté fort attentivement, je suis dans l'habitude de ne prendre aucune décision importante sans avoir consulté le

Saint-Esprit ; je vous demande un peu de temps. — Eh bien! faites, dit Napoléon, et vous me direz demain ce que vous aurez résolu. Le lendemain, l'Empereur aborda de nouveau Mgr. de Miollis. — Eh bien! M. l'Évêque, que vous a dit le Saint-Esprit? — Sire, pas un mot de ce que Votre Majesté a bien voulu me dire hier. » (*Gazette du Midi,* numéro du 1er juillet 1843).

M. de Magnan, neveu de Mgr. de Miollis, et conseiller à la cour royale d'Aix, assure avoir lu quelque part, il y a déjà fort longtemps, un récit conforme à celui-ci.

Page 50. Oh! que de vexations, d'amertumes et de regrets eussent été épargnés au chef de l'Église, etc.

Nous nous bornons à indiquer les tristes concessions arrachées au malheureux Pontife, le 20 septembre 1811, à Savone, et le 25 janvier 1813, à Fontainebleau. Elles sont tout entières à la honte de ceux qui, par des moyens iniques, triomphèrent d'un vieillard abattu par les chagrins, épuisé et flétri par la maladie et les souffrances. Pour lui, quand on se transporte à ces jours lamentables, il n'inspire que de la commisération. On sait d'ailleurs qu'aussitôt qu'une voix amie et libre put se faire entendre, il reprit courage; et que le 24 mars il révoqua et annula les humiliants articles du 25 janvier.

Page 51. D'abord dans un vieux couvent, etc.

Vers la fin de 1806, le vénérable M. Augier se rendit à Embrun, et ouvrit, dans le couvent de la Visitation, transformé alors en collége, un cours de théologie auquel allaient assister quatre ou cinq élèves logés en ville.

L'année suivante (du 15 octobre 1807 au 29 juin 1808), le cours fut fait par M. Augier conjointement avec M. Audibert, de Vallouise, littérateur, théologien et prédicateur distingué, qui, rentré en France après l'anarchie, avait été ensuite pourvu de la cure de Saint-Paul, dans la vallée de Barcelonnette; celle seconde année, les élèves, plus nombreux que l'année précédente, purent être logés dans le collége, à la faveur de la part qu'ils eurent aux bourses créées par le décret du 30 septembre 1807.

Cependant une portion de l'ancien Archevêché d'Embrun avait été mise à la disposition de Mgr. l'Évêque de Digne. Ainsi la troisième année (1808-1809), les étudiants en théologie furent placés dans ce bâtiment, déjà occupé en grande partie par la gendarmerie et le tribunal. Ils continuèrent de recevoir les solides et pieuses leçons de M. Augier, et ils eurent pour supérieur M. Blein, de Largentière, homme versé dans la métaphysique, la théologie et les mathématiques, élève des savants PP. Monnoye, Rossignol et Chapin [1], principal du collége d'Embrun à l'époque de la révolution, et, après son retour de l'émigration et la conclusion du nouveau concordat, nommé curé de la Grave.

M. Audibert rentra alors dans sa cure de Saint-Paul, où il est mort en 1823.

Page 51. Bientôt après, une réunion un peu plus nombreuse s'était formée à Digne, etc.

L'ouverture du séminaire actuel de Digne eut lieu au mois d'octobre de l'année 1809.

Page 52. Une partie des jeunes clercs était restée à Embrun, etc.

Il y eut encore à Embrun, pendant deux ans, c'est-à-dire

[1] Ces trois jésuites ne sont nommés qu'avec respect à Embrun, et partout où il y a encore de leurs élèves. Le père Rossignol, né à Vallouise, fut admiré pour la profondeur et la variété de ses connaissances, à Marseille, à Turin, à Milan, en Allemagne, à Varsovie et jusqu'à Wilna. Le collége qu'avait autrefois à Embrun la compagnie de Jésus est maintenant une maison de détention.

depuis le 15 octobre 1809 jusqu'au 29 juin 1811, un cours de
théologie qui fut fait par M. l'abbé Garnier, curé de Largentière,
M. Blein étant mort vers la fin de l'été de 1809. Tous les séminaristes furent ensuite réunis à Digne; et M. Garnier, après
avoir été transféré de la cure de Largentière à celle de Briançon
le 28 février 1815, fut, en 1821, nommé chanoine théologal à
Digne, où il a fini ses jours en 1831.

Page 52. Grâce aux sacrifices qu'il sut s'imposer, un bâtiment spacieux s'éleva, etc.

A la fin de 1812, Mgr. de Miollis avait déjà dépensé près de
30,000 francs pour l'agrandissement du séminaire.

Ibid. Du terrain fut acquis pour arrondir l'enclos, etc.

Ce terrain, au nord du séminaire, fut vendu à Mgr. de
Miollis par M. Joseph, au prix de 1,392 francs. L'acte d'acquisition, passé par Mᵉ Itard, est du 5 avril 1815.

Pages 52 *et* 53. Il mit à la tête de la nouvelle
communauté trois hommes qui avaient fait leurs
preuves, etc.

Ces trois Prêtres vénérables étaient MM. Courbon, Augier,
et Arbaud, hommes d'une foi vive, d'une vie parfaitement
sacerdotale, dignes, par leurs lumières, leur expérience et
leurs vertus, d'être donnés pour maîtres et pour modèles aux
jeunes clercs.
M. Joseph Courbon, né à Oraison, le 17 juin 1754, et ordonné
prêtre le 19 septembre 1778, était déjà supérieur du séminaire
de Riez, lorsque la révolution l'obligea d'aller chercher un

refuge en Italie. Nommé à la cure de Senez après son retour de l'émigration, il sut, tout en accomplissant exactement ses devoirs, se ménager des moments de loisir qu'il consacrait à l'instruction de quelques aspirants à l'état ecclésiastique. En 1808, il fut nommé chanoine par Mgr. de Miollis; et bientôt après, supérieur du nouveau séminaire, qu'il gouverna pendant quatorze ans avec beaucoup de prudence et de sagesse; il fut aussi honoré, par Mgr. l'Évêque de Digne, du titre de vicaire général.

Les instructions qu'il adressait aux séminaristes étaient solides et pleines d'onction. Il y avait en lui un mélange de gravité et de douceur, d'indulgence et de fermeté, qui convenait très-bien à sa charge, et qui lui assurait la confiance de tous les ecclésiastiques et lui gagnait leur affection. Il est mort dans le séminaire, le 29 juin 1823.

M. Maurice Augier, son cousin, né à Riez, le 17 juillet 1754, et ordonné prêtre le 19 septembre 1778, fut d'abord professeur au séminaire, puis bénéficier de la cathédrale de Riez. Forcé en 1792 de s'expatrier, pour échapper aux violences exercées contre les prêtres fidèles qui refusaient de participer au schisme, il se rendit à Nice, où un grand nombre de Prêtres de la Provence, parmi lesquels était M. l'abbé de Miollis, se trouvèrent bientôt réunis. Ils y restèrent jusqu'à l'arrivée des troupes françaises, commandées par le général Anselme, c'est-à-dire jusqu'au 28 septembre de cette même année 1792. Alors M. Augier, contraint de s'enfuir précipitamment avec ses compagnons d'exil, s'avança jusques dans l'Ombrie, et se fixa dans la ville épiscopale d'Amélia, avec d'autres prêtres français auxquels le gouvernement pontifical avait également assigné cette résidence. Après son retour dans sa patrie, il fut nommé à la cure du Lauzet, d'où il passa à Embrun, comme il a été dit ci-dessus; et de là, il vint à Digne, en 1809, pour être adjoint à M. Courbon, et professer la théologie morale dans le séminaire.

M. l'abbé Augier fut un prêtre fort intérieur, très-versé dans la spiritualité, et d'une fidélité constante à marcher dans les voies de la vie parfaite. La mortification et l'oraison faisaient ses délices. Il jeûnait à peu près toute l'année et accordait à peine cinq heures par jour au sommeil ; mais en revanche il ne donnait pas moins de sept à huit heures à l'oraison. Religieux observateur des règles jusques dans les plus petites choses, il veillait attentivement au maintien de la régularité dans le séminaire. Cependant quoique sévère jusqu'à la dureté envers lui-même, il était doux et très-compatissant envers les autres. Toujours en la présence de Dieu, il savait néanmoins, dans les temps de récréation, prendre le ton et les manières d'une aimable et innocente gaieté. Les instructions qu'il donnait aux jeunes ecclésiastiques roulaient souvent sur la médisance et l'oraison : sur la première, afin d'en inspirer de la haine et d'en faire éviter jusqu'à l'apparence ; sur la seconde, pour en enseigner et en recommander la pratique, parce qu'il la regardait, avec les saints, comme l'arme la plus puissante des prêtres, leur refuge dans leurs besoins et la sauve-garde de leurs vertus. Pendant les vacances il parcourait à pied diverses parties du diocèse, et allait ainsi jusqu'aux extrémités du Briançonnais, du Valgodemard, ou même jusques dans la vallée d'Oysans et dans le Trièvé, hors du diocèse, donnant de sages avis aux âmes pieuses qui le consultaient, prêchant des mois presque entiers, évangélisant les bons peuples de la campagne avec le zèle d'un missionnaire. Absolument mort au monde, il ne s'entretenait qu'à regret des choses et des affaires du monde ; il ne vivait que pour Dieu, ne parlait que de Dieu, ne soupirait qu'après Dieu ; aussi jouissait-il constamment de cette joie calme et céleste qui est le fruit de la pureté de l'âme et de son union intime avec Dieu. Il fut nommé chanoine par Mgr. de Miollis, le 1er juillet 1817 ; mais il vécut peu de temps encore, et s'endormit du sommeil des justes, le 24 octobre de la même année, entre les mains de ses élèves qui le révéraient comme un saint.

M. François-Antoine Arbaud, né à Manosque le 12 juin 1768, n'avait pas encore été élevé au sacerdoce lorsque la révolution éclata. Ce fut à Nice, en 1792, qu'il alla recevoir la prêtrise. Il crut alors pouvoir retourner dans le sein de sa famille ; mais il ne tarda pas à prendre aussi le chemin de l'Italie, pour y chercher un asile. Il passa trois ans dans les Légations et deux ans à Rome, où il habita le couvent de Saint-Alexis, situé sur le mont

Aventin. Ces cinq années ne furent pas perdues pour lui : il en profita pour étendre ses connaissances et se livrer à l'étude du grec et de l'hébreu. Rentré en France en 1799, il fut, après le concordat, chargé de la paroisse de Villeneuve, jusqu'en 1809, où il fut appelé à Digne pour professer la théologie dogmatique dans le séminaire. Mais moins de deux ans après, Mgr. de Miollis jeta les yeux sur lui pour d'autres fonctions. Une place de grand vicaire étant devenue vacante, le 1er novembre 1810, par la mort de M. d'Agoult, M. Arbaud fut choisi pour la remplir, et fut reconnu vicaire-général le 15 septembre 1811. Il ne quitta pas cependant le séminaire, et ne se déchargea de la classe qu'à la fin de juin 1812. A cela près, il continua d'y faire avec zèle les principales fonctions de directeur, et ne cessa de les exercer que lorsqu'il fut choisi par la Providence pour occuper le nouveau siége épiscopal de Gap. Nommé Évêque le 13 janvier 1823, il fut sacré le 6 juillet de la même année, et administra dignement son diocèse près de treize ans, c'est-à-dire, jusqu'à sa mort, arrivée le 27 mars 1836.

M. Arbaud fut un homme très-actif, d'une humeur agréable, d'un jugement droit, d'un esprit subtil et pénétrant. Il maniait avec adresse le syllogisme, découvrait sans peine un sophisme et le réfutait avec clarté, discutait méthodiquement un point de théologie, saisissait sur le champ une objection, était prompt à la rétorquer ou à la résoudre, s'exprimait avec aisance et correctement en latin. Ses prédications étaient fort goûtées ; c'était un enchaînement d'autorités et de principes puisés dans l'Ecriture sainte, dans les Pères, dans la doctrine de l'Église, disposés avec ordre, développés avec chaleur, suivis de toutes leurs conséquences.

Des connaissances solides et variées, l'habitude du travail, l'amour de la retraite et de la prière, l'exercice de l'administration pendant plus de onze ans à Digne, un zèle prudent, une foi pure, etc., ont fait de M. Arbaud un des meilleurs Évêques de notre temps.

Pour le mieux apprécier, on peut consulter le *Recueil de ses Circulaires, Mandements,* etc, publié par M. l'abbé Aucel, Gap, 1838.

Page 53. Il fit de nouvelles économies dont il assura la propriété au séminaire.

Le montant de ces économies fut placé sur l'état, et produit maintenant au séminaire une rente annuelle de 3,700 francs environ.

Page 54. Celle de Forcalquier fut, de bonne heure, confiée, etc.

Le petit séminaire établi dans un ancien couvent de la Visitation, à Forcalquier, fut dirigé pendant un an (de 1815 à 1816), par M. l'abbé Borel, depuis professeur aux séminaires de Digne et de Gap, et maintenant grand vicaire de Mgr. Rossat, à Gap.

Dès le mois de septembre 1816, cet établissement fut confié par Mgr. de Miollis à des prêtres respectables soumis au même régime intérieur, au même institut que ces savants religieux qui, avant l'arrêt définitif de 1762[1], et l'édit de 1764[2], initiaient la jeunesse à la science et à la religion, dans toute l'étendue du royaume très-chrétien. Mais après l'ordonnance du 16 juin 1828[3],

---

[1] Le 1er avril 1762, le parlement de Paris avait fait fermer les colléges tenus par les Pères de la Compagnie de Jésus. Le 6 août de la même année, l'institut des jésuites, approuvé par les Papes, reconnu *pieux* par un concile général, honoré du suffrage de tout l'épiscopat catholique; cet institut, qui était l'œuvre d'un saint, qui avait donné à l'Église plusieurs saints honorés d'un culte public, des milliers de missionnaires, des centaines de martyrs, de profonds théologiens, d'éloquents prédicateurs, des savants du premier ordre; cet institut, qu'il était facile de juger par tout le bien qu'il avait produit dans quatre-vingt-quatre colléges de France, fut déclaré, par arrêt définitif du parlement, contraire au droit naturel, attentatoire à l'autorité *spirituelle* et temporelle, etc., au moment où tout le corps épiscopal réclamait avec force et témoignait le contraire.

[2] Énervé depuis longtemps par d'humiliantes passions, enchaîné par sa pusillanimité, n'ayant plus la force de se prononcer pour la vérité connue, Louis XV, dans cet édit, déclarait la Société de Jésus éteinte pour ses États.

[3] C'est l'ordonnance contre-signée Portalis.

rendue contre l'opinion de la majorité de la commission chargée
de présenter un rapport sur les écoles ecclésiastiques, ces pieux
et habiles maîtres furent contraints de se retirer.

Quelque temps après les ordonnances du 16 juin, deux inspecteurs, envoyés de Paris, vinrent visiter le petit séminaire de
Forcalquier. A leur passage à Digne, ils s'empressèrent de se
présenter à Mgr. de Miollis. Ils auraient vivement désiré de
n'avoir que des choses flatteuses à lui dire au sujet de l'établissement qu'ils venaient d'inspecter ; « Mais, ajoutèrent-ils,
notre mission étant de faire observer les ordonnances, nous ne
pourrions sans trahir notre devoir, dissimuler une contraven-
tion dont nous avons été les témoins. — Qu'est-ce donc, Messieurs ? je vous prie. — Vous savez, Monseigneur, qu'aux termes
de l'article iv de l'ordonnance du 16 juin 1828, contre-signée Feu-
trier, *après l'âge de quatorze ans, tous les élèves admis depuis
deux ans dans les écoles* dites petits séminaires, *sont tenus de
porter un habit ecclésiastique.* Or, c'est un point auquel on se
conforme très-peu dans la maison de Forcalquier ; nous espérons, Monseigneur, que vous voudrez bien prendre des mesures
pour faire cesser cet abus. — J'y consens volontiers, Messieurs ;
mais à une condition, s'il vous plaît ; — Laquelle ? Monseigneur.
— C'est que vous me secondiez dans l'exécution. — Oh ! pour
cela, Monseigneur, vous pouvez compter sur notre concours ;
veuillez bien nous faire connaître toute votre pensée. — La
voici : Je vous demande une seule chose, Messieurs. Quand vous
serez de retour à la capitale, vous autres qui avez du crédit,
ayez la bonté d'aller chez son Excellence le Ministre, et déter-
minez-le à m'envoyer quelques pièces de drap noir ; je vous
promets qu'aussitôt que je les aurai reçues, je ferai prendre le
costume ecclésiastique à tous les élèves de Forcalquier. Mais ne
trouvez pas mauvais que la réforme soit ajournée jusque-là. Je
nourris déjà une partie de ces jeunes gens ; faut-il encore que
je les habille ? »

Les mêmes inspecteurs se plaignaient aussi de ce que les pro-
fesseurs ecclésiastiques d'un certain collége changeaient trop
souvent. « Que voulez-vous qu'ils fassent ? leur répondit Mgr.
l'Évêque. On ne leur donne que deux cents francs d'honoraires ;

de bonne foi, Messieurs, resteriez-vous dans une pareille place, vous autres, à ce prix? Ces Messieurs, qui n'étaient guères disposés à faire une réponse affirmative, et qui comprenaient d'ailleurs qu'ils ne gagneraient rien auprès d'un homme qui le prenait sur ce ton, le saluèrent bien vite et se retirèrent. Ils descendirent l'escalier en riant, et on les entendit qui se disaient l'un à l'autre : « Décidément il n'y a pas moyen d'entamer cet Évêque-là. »

Page 54. Forcalquier connut encore les efforts de son zèle pour étendre le bienfait d'une instruction chrétienne, etc.

Les frères de l'école chrétienne, arrivés à Forcalquier en 1822, y ont occupé successivement deux maisons. La première, attenante au petit séminaire du côté du levant, fut achetée par Mgr. de Miollis le 7 mai 1818, au prix de 4,715 francs; mais la dépense totale, en comptant les réparations et les frais de premier établissement, s'est élevée à 17,000 francs. La seconde maison, séparée de l'enclos du petit séminaire par le chemin de Saint-Marc, fut acquise en 1826 au prix de 5,500 francs, fournis par le même prélat.

Depuis 1828, les secours accordés auparavant par le conseil municipal ayant été refusés, et l'école n'étant soutenue que par des souscriptions volontaires, Mgr. de Miollis souscrivait chaque année pour une somme de 150 francs.

Ibid. Digne les a moins connus, parce que la charité ardente de celui qui régit la paroisse a pris les devants.

Digne a vu s'élever par le zèle de son curé, M. l'abbé Gariel, deux établissements précieux pour l'éducation de la jeunesse : la maison des Frères des écoles chrétiennes, et celle de Saint-Martin [1] pour les jeunes orphelins et orphelines. Le zèle du digne

[1] Cette dénomination, fondée sur ce que la chapelle de la maison, confor-

curé a été puissamment secondé dans ces œuvres par les personnes charitables de la ville et du diocèse, surtout par M. et Mme Dupaty, et par Mme et Mlle Gelinsky.

M. et Mme Dupaty du Clam, arrivés à Digne en 1832, et retenus dans cette ville près de dix ans, à cause d'une infirmité qui ne permettait plus à madame de supporter les fatigues du voyage, pour retourner à Poitiers, ont fait saintement diversion à leurs ennuis, en se livrant de concert à la pratique des bonnes œuvres, et en particulier de celles qui sont d'une utilité publique et durable. Après avoir dressé le plan de la maison des Frères, M. Dupaty a dressé aussi celui de la belle maison des orphelins; et il a dirigé lui-même les travaux de l'une et de l'autre avec une infatigable activité. La noble et généreuse libéralité de ces vertueux époux a contribué de 10,000 francs à la construction de la maison des orphelins.

Mme Gelinsky, après la mort de son mari, Frédéric-Charles Gelinsky, noble polonais, originaire de Wilna, chef du cadastre dans les Basses-Alpes, et décédé à Digne le 19 octobre 1837, s'est dévouée avec Mlle sa fille à l'œuvre des orphelins. Dix mille francs fournis par elle ont été employés à la construction du bâtiment. Maintenant Mlle Gelinsky remplit les fonctions de supérieure dans la maison; et sa pieuse mère met son bonheur à pratiquer à côté d'elle toutes les vertus religieuses, et à donner les plus tendres soins à de jeunes enfants qu'elle regarde comme siens.

L'école chrétienne fut ouverte en 1836; et les Frères y furent installés solennellement, par Mgr. de Miollis, le 1er octobre. Le généreux prélat se chargea de l'entretien d'un Frère; et, à cet effet, il paya annuellement 600 francs jusqu'à son départ de Digne.

Quant à la maison des orphelins, Mgr. l'Évêque applaudit au projet de M. le Curé, et l'encouragea dès qu'il le connut; mais

mément au désir de Mme Dupaty, a été dédiée à Saint Martin de Tours, doit être d'autant plus chère aux gens de Digne, que le nouvel établissement remplace avec avantage la chapelle Saint-Martin, qui se trouvait autrefois dans le lieu où est la campagne de M. Sauve.

les travaux ne purent être commencés qu'en 1837, et terminés qu'en 1841.

Il y a présentement dans cette maison seize orphelins, dont douze sont élevés aux frais des dames de l'établissement ; les quatre autres sont entretenus : l'un par S. M. la Reine des Français, deux par Mgr. Sibour et M. de Vidaillan, préfet des Basses-Alpes, et un par un bienfaiteur qui ne veut pas être nommé.

Cette intéressante communauté, est affiliée aux Sœurs hospitalières de Saint Thomas de Villeneuve, dont la maison principale est à Aix.

Page 54. N'est-ce pas lui, presque seul, dont l'immense libéralité l'a dotée de cette..... retraite où les pieuses dames de Sainte Ursule, etc.

Dès l'an 1642, sous l'épiscopat de M. Raphaël de Bollogne, il y avait eu des religieuses Ursulines à Digne. Elles y étaient venues de Montélimart ; et, en 1653, elles avaient commencé d'habiter, dans le faubourg de *Soleille-Bœuf,* le couvent où les a trouvées la révolution.

En 1790, cette sainte communauté eut le sort de toutes les congrégations et de tous les Ordres contre lesquels fut lancé le décret de suppression du 13 février. Après la dispersion des religieuses, on vit d'abord dans leur maison, les bureaux du district ; ensuite on y enferma les détenus ; enfin, depuis 1818, c'est l'hôtel de la Préfecture. Tout, on le pense bien, y a changé de face comme de destination : l'ancienne chapelle, située à l'extrémité orientale du bâtiment, a été remplacée par un billard et un salon de réception ; le chœur des religieuses est devenu la salle à manger, et ainsi du reste.

Les nouvelles Ursulines sont venues de Clermont en 1829, conduites par M. l'abbé de Bollogne, de la famille des anciens Évêques de ce nom, et grand vicaire de Mgr. de Miollis.[1] Elles

---

[1] M. l'abbé Jean-Joseph Capissuchi de Bollogne, né au Sauze, près de Barcelonnette, le 6 février 1762, a été un des derniers rejetons de l'illustre

sont arrivées à Digne le 8 octobre 1829, et ont été installées dans leur maison le 11 du même mois.

Cette maison, située dans le même faubourg, mais plus vers l'orient que l'ancienne, est entièrement l'œuvre de Mgr. l'Evêque, à cela près que les 6,000 francs qu'a coûté le sol, par achat du 19 mai 1826, ont été fournis par Mlle Marianne Arbaud, sœur de Mgr. l'Évêque de Gap [1], et que les fondements de la partie de la maison qu'habitent les religieuses ont été jetés par les soins de M. le Curé de Digne.

Mgr. de Miollis a fait travailler à l'achèvement de cette partie, de 1826 à 1829; à la construction en entier de l'autre partie à l'est, pour les élèves, de 1832 à 1834; à la construction de la chapelle, et à divers ouvrages pour la consolider, de 1835 à 1840.

On voit, d'après cette dernière date, qu'il a continué son œuvre même après sa démission de l'épiscopat.

Il a dépensé en totalité 100,000 francs pour les bâtiments, et 15,000 francs au moins pour les meubles et accessoires.

Page 54. N'est-ce pas lui encore qui l'a dotée de cette maison..... où s'exercent de modestes filles? etc.

Le noviciat des institutrices avait dû sa naissance au zèle de M. l'abbé Proal [2], chanoine et supérieur du séminaire de Digne,

famille des Capissuchi, dans nos contrées. De la cure de Valensole, où il avait été nommé le 15 avril 1818, il passa à Digne, où il fut supérieur du séminaire depuis la fin de décembre 1824 jusqu'au milieu de 1828, et grand vicaire depuis le 27 avril 1825 jusqu'à sa mort, qui arriva le 16 janvier 1834. Déjà, le 2 mai 1833, était mort son neveu, laissant deux fils, qui ont été enlevés à l'âge de dix-huit ans, l'un, le 5 septembre 1833, et l'autre, le 6 février 1835. Ainsi s'est éteinte la ligne masculine des Capissuchi, dans la vallée de Barcelonnette.

[1] Mlle Marianne Arbaud, admise à la profession dans le couvent des Ursulines, le 28 juin 1831, y est décédée le 15 juillet de la même année. Elle a légué 4,000 francs à cette maison.

[2] M. Jean-Joseph Proal, né à Faucon, près de Barcelonnette, le 5 mai 1788, commença ses études théologiques à Embrun, dans l'automne de 1808,

secondé par l'activité de M. l'abbé Fouque, vicaire de Saint-Sauveur, à Manosque, et par la libéralité de Mlle Eyssautier. Il avait commencé le 29 septembre 1836, à Manosque; mais le 2 février 1838, il fut transféré par Mgr. de Miollis dans l'ancienne Prévôté de Digne, c'est-à-dire, dans la maison qu'habitaient autrefois les prévôts du Chapitre, à côté de la cathédrale de Notre-Dame du Bourg. Cette maison, qui appartenait à M. Julien, ancien capitaine de gendarmerie, a été acquise par acte du 19 novembre 1840, au prix de 10,000 francs, qu'a fournis Mgr. de Miollis. Le même prélat a fourni aussi 5,000 francs pour le mobilier.

Les pieuses institutrices auxquelles on avait donné d'abord le surnom de la *Sainte Enfance de Jésus*, existent maintenant sous le titre légal de *Sœurs de la Doctrine chrétienne*, et dépendent de la congrégation du même ordre établie à Nancy.

Page 55. Manosque aussi possède une communauté religieuse, etc.

C'est la communauté de la Présentation de Notre-Dame. Les premiers germes en avaient été préparés de loin par M. Courbon et M. Augier; mais c'est sous la sage direction de M. l'abbé Proal et par les soins constants de M. l'abbé Fouque, qu'elle s'est formée, accrue et développée. La maison où elle est établie a été acquise le 23 mars 1823; les sœurs y ont été installées par M. Pascalis, curé de Manosque, le 21 novembre de la même année; et le 7 juin 1826 a été rendue l'ordonnance royale qui autorise la nouvelle congrégation.

et vint les continuer à Digne l'année suivante. Après avoir été pendant onze ans vicaire de Saint-Sauveur, à Manosque, il fut supérieur du séminaire de Digne, depuis le mois de juillet 1823 jusqu'au 10 décembre 1824, et depuis le milieu de 1828 jusqu'à sa mort (5 novembre 1857). Il avait été nommé chanoine le 29 juillet 1823. Dès le temps de ses études ecclésiastiques, M. l'abbé Proal s'était distingué par cette gravité, cette prudence, cette solide et profonde piété qui l'ont rendu si recommandable et qu'on a remarquées en lui jusqu'à ses derniers moments.

Les secours fournis en divers temps à cette maison par Mgr. de Miollis s'élèvent à la somme d'environ 23,000 francs.

Page 57. Embrun, Saint-Bonnet, Riez, etc.

Il y eut, en 1808 : une mission à Sisteron, avant le carême ; et une autre, dans les mois d'octobre et de novembre, à Embrun. Mgr. de Miollis avait pour collaborateurs : dans la première, M. Pons, ancien supérieur du séminaire d'Embrun et curé de la Bâtie-Neuve ; M. Tardieu, curé de Peyruis, homme d'une éloquence entraînante ; M. Jean Amiel, etc. ; dans la seconde, le même M. Pons, et MM. Pascalis, chanoine de Digne ; Turpin, curé de Digne ; Garnier, curé de Largentière ; Sibourd, ancien capucin, aumônier de l'hôpital ; et Crécy, qui a été dans la suite curé de Gap.

Au commencement de 1810, la mission eut lieu à Riez. Mgr. l'Évêque y préchait avec MM. Pascalis, Turpin, Courbon, supérieur du séminaire, et Mistral.

Vers la fin de 1817, il y eut une mission à Oraison, où Mgr. de Miollis avait pour auxiliaires : M. Jean Amiel, curé de Valensole ; M. Gaudemar, vicaire à Digne ; MM. Silve, nommés plus tard curés de Forcalquier et de Gréoux, et M. Gariel, alors vicaire à Riez.

Au commencement de 1819, il y eut une autre mission à Manosque, où prêchèrent MM. Turpin, Amiel, alors chanoine de Digne ; Sardou, Raspaud et Gariel.

Page 61. Il y a eu des missions à Digne, etc.

La principale est celle qui fut faite pendant le carême de 1821, par les pères Thomas, Caillat, Roubi et Ballandré, appartenant à la même société que les pères du petit séminaire de Forcalquier.

Une autre mission eut lieu au mois de novembre 1826, à l'occasion du jubilé. Mgr. de Miollis y fut secondé par les missionnaires de Provence, MM. Mie, Jancard et Guibert. Ce dernier est Évêque de Viviers depuis 1842.

Page 63. Installait-il de charitables religieuses dans un hospice?

Le 4 novembre 1832, nous avons assisté à l'installation solennelle des Religieuses Trinitaires de Valence, dans la chapelle de
l'hospice de Digne.

Page 64. Mettait-il en possession de leur pénible emploi des Frères des écoles chrétiennes?
etc.

Ceux de Digne furent installés en 1836, comme il a été dit
ci-dessus, page 146.

Page 66. Un jour, disait-il, je parlai de Mgr. Dulau, etc. »

Jean-Marie Dulau, né en 1738 au château de la Côte, diocèse
de Périgueux, avait mérité l'amour et la vénération du peuple
d'Arles par sa science, sa piété, et par le zèle avec lequel il
avait gouverné son diocèse depuis 1775. Son attachement inviolable aux principes catholiques lui valut d'être arrêté après le
10 août, et renfermé dans le couvent des Carmes de la rue de
Vaugirard. Le 2 septembre 1792, des assassins furieux étant
entrés aux Carmes en demandant à grands cris l'Archevêque
d'Arles, le saint prélat, après avoir béni ses compagnons d'in-
fortune, présenta son corps aux bourreaux, et tomba sous leurs
coups sans proférer une seule plainte.

Page 69. Pendant plus de vingt années, le
diocèse de Digne renferma seul autant de pays
que sept diocèses anciens.

Depuis le concordat de 1801 jusqu'au rétablissement de l'Évêché de Gap, en 1823, l'Évêché de Digne, outre les paroisses

qui le composaient autrefois, a compris l'Archevêché d'Embrun, les Évêchés de Gap, de Sisteron et de Seuez, en entier; l'Évêché de Glandèves, en grande partie; l'Évêché de Riez, à l'exception de la partie du midi située au-delà du Verdon, entre Saint-Julien le Montagnier et Trigance, et s'étendant jusqu'à Varages, Tavernes, Moissac et Vérignon; enfin plusieurs paroisses des anciens diocèses d'Aix et d'Apt.

Page 76. On parle de ses courses apostoliques dans ces champs dépouillés, etc.

Mgr. de Miollis avait visité plusieurs fois tout le département des Hautes-Alpes. On indique ici plus particulièrement ses visites à la Grave, dans la vallée du Champsaur, dans le Queyraz et dans le Dévoluy.

Le célèbre Catinat, en 1692, occupa, dans le territoire d'Arvieux, le camp de Roux, appelé depuis camp de Catinat.

Ibid. Les nombreuses populations qui les occupent furent, pendant neuf ans, privées d'Évêque, etc.

Ce fut depuis la mort de M. de Cicé, en 1810, jusqu'à l'arrivée de M. de Bausset, qui, bien que nommé dès 1817, ne prit possession qu'en 1819. Déjà, avant cette longue vacance, Mgr. l'Évêque de Digne était allé plus d'une fois suppléer l'Archevêque qui, à cause de son grand âge et de ses infirmités, ne pouvait plus s'acquitter de toutes les fonctions de l'épiscopat. Mais Mgr. de Digne fut déchargé du diocèse d'Aix pendant les deux ans environ que M. Jauffret, Évêque de Metz, y passa en qualité d'administrateur capitulaire.

Page 78. Dans ces journées employées tout entières à consacrer des pierres d'autel.

C'était un bonheur pour Mgr. de Miollis de faire des ordina-

tions, des consécrations, et, en général, des fonctions épisco-
pales.

Il a consacré en grande quantité des pierres d'autel, en 1821,
en 1827, en 1834 et en 1838.

Ibid. J'en trouverais la preuve dans le sanctuaire de cette cathédrale et dans d'autres lieux,
etc.

En 1820, Mgr. de Miollis fit fermer par une balustrade de
fer le sanctuaire de l'Église de Saint-Jérôme, et le décora d'un
maître-autel de marbre ; il fit faire le carrelage, l'année d'après.

A Manosque, un maître-autel de marbre a été aussi donné
par lui à l'église de Saint-Sauveur.

Page 78. Longues et nombreuses consécrations d'églises, etc.

Mgr. de Miollis a consacré :

En 1807, L'église de Notre-Dame, à Manosque, le 10 octobre ;
        L'église de Reillane, le 24 octobre ;
En 1820, La chapelle du petit séminaire de Forcalquier, le
        13 mai ;
En 1821, La chapelle du séminaire de Digne, au mois de no-
        vembre ;
En 1824, L'église de la Javie, le 24 juin ;
En 1825, L'église de Valensole, le 15 mai ;
        La chapelle de l'Évêché de Digne, le 3 octobre ;
En 1828, L'église de Villemus, le 20 mai ;
En 1829, L'église de Céreste, le 19 mai ;
        L'église de Montfuron, le 22 mai ;
En 1830, L'église de Mezel, le 31 mai ;
        L'église d'Oraison, le 20 juin ;
En 1831, L'église de Pierrevert, le 9 mai ;
        L'église de Gréoux, le 26 juillet ;

La chapelle de la Mère de Dieu (des Pénitents), à
Digne, le 17 septembre ;

La chapelle de la Sainte Trinité (au collège de Digne),
le 20 novembre ;

En 1832, L'église de Clamensane, le 10 mai ;

L'église de Saumane, le 18 mai ;

L'église de Pierrerue, le 20 mai ;

L'église du Châtelard, le 3 juin ;

En 1833, L'église du Revest-des-Dames, le 9 mai ;

La chapelle du couvent de la Présentation, à Manosque, dans le même mois ;

L'église du Castellard, le 29 novembre ;

En 1835, L'église de Banon, le 18 mai ;

En 1837, La chapelle du couvent des Ursulines, à Digne, le
15 juillet.

A ces consécrations d'églises, on peut ajouter des consécrations d'autels, telles que :

Celle de l'autel de Saint-Charles [1], dans la chapelle du séminaire, le 3 février 1820 ;

Celle du maître-autel de l'église de Saint-Jérôme, le 29 octobre de la même année ;

Et d'autres hors de Digne.

Page 78. Ce religieux monument, construit à
ses frais sur les ruines de l'antique chapelle de la
Mère de Dieu, etc.

La chapelle de la *Mère de Dieu*, appelée aussi *Notre-Dame
de la Consolation*, et située dans le faubourg de *Soleille-Bœuf*,
était très-ancienne. Gassendi croit qu'elle faisait partie de l'hôpital où étaient reçus et soignés, pendant quelques jours, les
malades indigents qui venaient aux bains ou qui en retournaient ;
et il ajoute que cet hôpital occupait la descente qui, de son

[1] C'est l'autel latéral, du côté du couchant, élevé aux frais de Mgr. de
Miollis, et dédié par lui à Saint Charles, son patron.

temps, était devant l'entrée de la chapelle[1], et par où l'on passe maintenant de la rue de la Mère de Dieu au Cours du Tribunal.

Avant la révolution, cette chapelle était à l'usage de la confrérie des Pénitents bleus; et dans le plan de 1719 elle est désignée sous leur nom[2]; mais vers la fin de 1792, on y transféra le club; et ce fut là que Barras et Fréron le trouvèrent, lorsqu'après avoir voté la mort de Louis XVI, ils passèrent par Digne, portant la terreur et la désolation dans le midi. Ce fut là aussi qu'on solennisa les fêtes décadaires, et qu'on rendit un culte impie et absurde à la *Raison*.

Depuis le 10 vendémiaire an VII (1er octobre 1798), jusqu'au 10 messidor an VIII (29 juin 1800), on y célébra les mariages civils au chant des paroles fort à la mode alors :

Où peut-on être mieux
Qu'au sein de sa famille? etc.

et dans les Registres de cette époque, ce lieu fut désigné sous le nom de *Local destiné à la réunion des citoyens*.

Quelque temps après, la chapelle étant tombée de vétusté, il ne resta qu'un emplacement de 36 mètres environ de longueur (y compris une cour qui était vers le levant), et de 11 mètres et demi de largeur; et le 25 juin 1809, cet emplacement fut vendu par la mairie à Jacques Chabrier, maçon.

Bientôt s'élevèrent, à l'extrémité du couchant, les deux maisons n° 17 et n° 19.

Plus tard, Mgr. de Miollis eut la pieuse pensée de racheter une partie de ce sol pour la consacrer au culte divin; il en fit l'acquisition en 1830 au prix de 955 francs, et y fit construire à

[1] ..... *Sacellum quod extra portam Solarii boum, tendendoque ad Balnea..... tum pervetustum visitur, tum* Mater Dei *appellatur : Verum, cum id quoque* Nostra Domina de consolatione *vocetur, videtur dumtaxat fuisse conditum ut membrum quoddam Nosocomii sive Hospitalis peregrinorum pauperum, qui, et accessuri ad Balnea et ab iis reversi, illo pridem excipiebantur curabanturque ad aliquot dies..... Præterea autem locum præcipuum, quo infirmi excipiebantur, versum jam esse in exscensum plateamce illam declivem, quæ ante id sacellum est.* Notitia ecclesiæ Diniensis, cap. XI.

[2] On lit dans le plan : *Les Pénitents bleus, ancienne paroisse.*

ses frais la chapelle actuelle, dont il accorda la jouissance à l'édifiante confrérie des Pénitents, et dont il céda la propriété à l'église cathédrale, par acte du 7 août 1837.

Page 81. Averti par son grand âge..... effrayé plus que jamais de la responsabilité de sa charge, il prit la généreuse résolution de s'en démettre.

Au printemps de 1838, Mgr. de Miollis, entré dans sa quatre-vingt-sixième année, sentit enfin tout le poids de l'âge. La visite qu'il fit, à cette époque, dans les cantons de Barrême, de Saint-André et de Senez, le convainquit de l'épuisement de ses forces. Dès ce moment, il n'hésita plus ; il écrivit au souverain pontife, et le supplia d'agréer sa démission. Cependant avant de quitter son diocèse, il voulut procurer encore une fois le bienfait de la retraite pastorale à tout son clergé. A cet effet, il appela les pères Guillermet et Deplace, de la compagnie de Jésus, dont le premier prêcha la retraite qui s'ouvrit le 21 du mois d'août ; et l'autre, celle qui s'ouvrit le 4 septembre suivant.

Le 31 du mois d'août, la démission fut acceptée par le Pape.

Le 24 octobre, Mgr. de Miollis assembla MM. les Chanoines de la cathédrale, pour leur faire savoir : qu'attendu son grand âge et de très-graves infirmités, il s'était cru obligé d'offrir sa démission à S. S. Grégoire XVI ; et que, ce pontife l'ayant acceptée, le siége épiscopal de Digne était vacant ; et là-dessus, il s'exprima avec tant de foi et d'humilité que tous les assistants en furent vivement émus.

Quinze jours aprés, Mgr. de Miollis n'était déjà plus à Digne ; il avait pris la route d'Aix, le 8 novembre au matin.

Page 83. Arrivé à Aix, etc.

Mgr. de Miollis habita chez sa sœur, Mᵐᵉ de Ribbe, dont la maison est située rue Mazarine, nº 6, dans un des quartiers de la ville les plus solitaires.

Ibid. Après, il fut réduit à entendre la messe, etc.

Vers le commencement de 1840, Mgr. de Miollis essuya une maladie dont il ne releva qu'incomplètement ; car il se trouva depuis, dans l'impuissance de célébrer le saint sacrifice. Alors M. Thaneron, doyen de la faculté de théologie, saisissant l'occasion qui se présentait d'obliger le prélat infirme, lui offrit de venir dire la messe dans son appartement les dimanches et les fêtes, ce que Mgr. de Miollis accepta avec joie et reconnaissance.

Page 84. Dans un article de ses dernières dispositions, etc.

Il écrivait ces dispositions à Aix, le 11 novembre 1839.

Page 84. Que mon corps soit porté dans le sanctuaire de la cathédrale de Digne, etc.

Il s'agit de l'église de Saint-Jérôme. Le titre de *cathédrale* appartenait à Notre-Dame du Bourg, comme le prouvent les bulles adressées au chapitre de Digne par Alexandre III, en 1180, et Lucius III en 1184 [1], ainsi que la bulle de Sixte IV en 1479, où se trouve confirmée la tradition qui rapporte la fondation de Notre-Dame à Charlemagne.[2] Mais cette église et le Bourg ayant été pillés quatre fois par les Calvinistes, de 1562 à 1591, les chanoines, après cette dernière époque, se transportèrent, avec les reliques échappées à la fureur des hérétiques,

---

[1] Gassendi, *Notitia Ecclesiæ Diniensis*, cap. x.

[2] *Pro parte dilectorum filiorum Capituli Ecclesiæ Dignensis, nobis exposito, quod fructus, reditus et proventus Mensæ capitularis ejusdem Ecclesiæ, quæ a divæ memoriæ Carolo Magno Romanorum imperatore, intra duos monteis, extra muros civitatis Dignensis fundata et dotata existit, etc.* Ibid., cap. xi.

dans l'Église de Saint-Jérôme[1], à laquelle, néanmoins, dit
Gassendi, on ne donna jamais le titre de cathédrale.[2] Cependant
peu à peu on s'est accoutumé à l'appeler de ce nom.

Page 90. Il écrivait aux communautés religieuses, aux supérieurs des communautés ecclésiastiques..... à de pieux laïques, etc.

Nous avons pensé que les personnes qui ont connu Mgr. de
Miollis verraient ici avec plaisir des extraits de quelques-unes
des lettres que sa tendre piété lui dictait dans ses dernières
années.

IL ÉCRIVAIT AUX DAMES URSULINES DE DIGNE,

Le 11 décembre 1838 :
« Notre très-révérende Supérieure et nos Sœurs en Jésus-
Christ,
» Du lieu de mon refuge, ce m'est une vraie satisfaction de
vous entretenir quelques instants, n'étant plus à même de vous
voir ni de vous parler de vive voix, comme j'étais en usage
de le faire avant ma démission.
» Vous sachant habituellement dans le cœur de Jésus, je
vous prie de vous y souvenir de moi qui, nonobstant mes démérites, ai été destiné par la divine Providence à être comme le
fondateur, et surtout le principal bienfaiteur de votre monastère. Oh! quels sacrifices j'ai faits? mais je n'ai été en cela qu'un
serviteur peut-être bien inutile et peu digne de récompense,

[1] Gassendi, *Notitia Eccles. Din.*, cap. XVIII et XIX.
[2] *Duo quædam solum adnoto. Unum est, esse quidem semper Ecclesiam
B. Mariæ Burgi Cathedralem Ecclesiam, ac debere in ea tam Episcopatus et
Præposituræ quam Canonicatuum et Beneficiaturarum possessionis adeptionem
fieri; cum et nominari speciatim in Bullis provisoriis soleat; sed moris tamen
esse, ut etiam in hac S. Hieronymi ecclesia immissio possessionis fiat, licet ejus
mentio in Bullis sit nulla, ac inauditum plane sit ut Cathedralis appelletur.*
Ibid., cap. XIX.

ne sachant pas aimer Jésus, comme chacune de vous autres l'aime sans doute.

» Jésus est votre bien-aimé, et toutes certainement vous aspirez à être toujours plus à Jésus; et cela, tous les jours et toutes les heures. Afin d'en avoir plus d'assurance, mourez tous les jours à vous-mêmes; renoncez à vous-mêmes; oubliez-vous vous-mêmes; que Jésus soit tous les jours témoin de vos victoires sur vous-mêmes; devenez telles, en un mot, que Jésus soit le seul maître de vos cœurs.

» Oh! quel bonheur si chacune avait lieu de s'écrier, comme le grand Apôtre: *Non, ce n'est plus moi qui vis, mais Jésus qui vit en moi!*

» Si vous êtes assez heureuses pour tenir ce langage, Jésus souvent vous inondera de ses bénédictions et de ses consolations, surtout lorsque, lui étant bien fidèles, vous livrerez des combats à la chair et au sang, à l'esprit de ténèbres et à tous les ennemis de votre salut. Toutes ensemble doublez le pas dans le chemin étroit de l'humilité, de la pauvreté d'esprit et d'une vie austère; ce chemin étroit conduit au ciel sans aucun détour.

» A l'envi les unes des autres dites vous: Courage! ne nous dégoûtons point; nous arriverons aux portes du ciel, nous ne les trouverons point fermées. Les esprits célestes nous viendront au devant; et Jésus, notre unique bien-aimé, nous investira de sa gloire.

» Puissent vos élèves et toutes les diverses personnes qui sont dans le monastère, vous suivre toujours dans les voies saintes, et se rendre dignes d'entrer aussi dans la Jérusalem céleste, pour y être placées sur des trônes, parmi les âmes séraphiques qui contemplent à jamais Jésus, qu'elles ont eu le bonheur de beaucoup aimer sur la terre! Oh! quelle joie! »

» † Ch. F. M. B., Évêque. »

« Mes vieilles mains ne savent plus que tracer des lignes presque inlisibles.[1] »

---

[1] Cette lettre est écrite en entier de sa main.

Le 10 mai 1839 (le lendemain de l'Ascension) :

« Révérende supérieure, et vous toutes, mes chères Sœurs et mes chères filles,

» Que les saints Anges habitent au milieu de vous toutes ! Amantes de Jésus, vous êtes heureuses d'avoir fixé votre demeure dans son divin cœur, d'où vous ne sortez pas même un instant.....

» Depuis le jour de la Résurrection glorieuse du divin Sauveur, je pense que chacune s'est montrée à lui comme Marie sa sainte Mère, toute ravie de joie et d'admiration ; comme Marie Magdeleine, chacune lui a dit dans un vif transport d'allégresse, *O mon maître !* et chacune s'est entendu dire ce que Jésus dit aux pieuses femmes qui retournaient du sépulcre qu'elles avaient trouvé vide, *Avete,* je vous salue, leur permettant de baiser ses pieds qui avaient été cloués sur la croix.

» ....

» Chacune de vous n'a-t-elle pas dit : O Jésus ! ô mon bien-aimé ! j'ai tout abandonné pour vous suivre, même ma propre volonté. Oui, je vous ai conjuré d'en prendre possession pour jamais ; j'y ai renoncé, j'en ai de la joie. Oh ! que je serais heureuse si j'eusse cessé d'être une fille de notre premier père Adam ! Hélas ! je ne sais comment il arrive que ma volonté, bannie avec des cris de jubilation de mon cœur, ose y reparaître et vous déplaire. Mais, ô Jésus, mon bien-aimé ! quand vous voyez que je commence d'être infidèle, hâtez-vous d'éloigner la rébellion de mon cœur en me couvrant un peu de confusion ; et je vous en bénirai et rendrai des actions de grâces éternelles.

» O vous toutes mes filles, rendez-vous toujours plus dignes de tenir le langage d'un véritable séraphin du premier siècle : « Non ce n'est plus moi qui vis, qui respire, qui agis ; mais c'est » Jésus qui vit seul en moi, qui pense en moi, qui agit en moi, » qui dirige mon cœur, *Vivo ego, jam non ego ; vivit vero in* » *me Christus.....*[1]

[1] Galat., ii, 20.

» Cependant, mes chères Sœurs, je ne suis point encore devenu Séraphin, hélas! etc.....

» Aussi, mes chères Sœurs, je vous conjure toutes de pousser comme des cris vers Jésus montant au ciel, afin qu'il m'accorde quelque part à ses infinies miséricordes, dont je ne suis guère digne.

» Révérende Supérieure, je prends part à votre indisposition. Je pense que, levant les yeux au ciel, vous dites à Dieu : Je ne me plains point, j'en ai comme de la joie. »

« † Ch. F. M. B., Évêque.[1] »

———

Le 28 et le 30 juin 1839 :

« Très-révérende Supérieure et mes chères Sœurs.

» Par la présente, je me constitue un obit pour le jour anniversaire de mon décès (ou autre jour plus propice), sans aucun appareil : messe chantée ainsi que trois absoutes.

» Veille, office des défunts, matines et laudes.

» Le matin, communion générale des sœurs prétendantes, novices, converses, élèves, et des personnes de service.

» Plus douze messes dans l'année.

» Toute mon espérance est que Dieu veuille me faire part de ses miséricordes. Amen, amen, amen.

» Aix, 28 juin. »

« Ch. F. M. B., Évêque. »

« Une portion sera surajoutée au dîner.

» La présente sera mentionnée dans le tableau des fondations et enregistrée dans le registre de la communauté.

» Aix, 30 juin 1839. »

———

[1] Dans cette lettre, il n'y a de la main de Mgr. de Miollis que la signature et la note qui suit : *Copie de la lettre écrite de ma propre main.*

11

Le 30 juin 1839 :

« Mes chères sœurs.

» Dieu vous a visitées dans sa miséricorde, en vous faisant jouir du consolant spectacle du passage à une meilleure vie, d'une de vos sœurs, qui s'est montrée constamment une vraie amante et bien-aimée de Jésus.

» Vous toutes, comme la sainte Sœur défunte, êtes des bien-aimées de Jésus. Faites vos délices de vous faire un riche trésor dans le ciel, en marchant à l'envi les unes des autres, dans les voies de la perfection. Qu'aucune de vous ne se dise : Nous sommes avancées, modérons nos pas, arrêtons-nous et respirons..... Écoutez l'Esprit saint vous dire : Que celui qui a fait quelques pas dans les voies de la justice se sanctifie toujours plus, en parcourant le chemin étroit qui conduit au royaume du ciel.

» Tenez-vous toutes comme par la main ; et, conduites par l'Esprit saint, ne vous lassez point. Lorsqu'une de vous se détache, et se rend docile à une voix qui lui dit que la porte de l'éternité lui est présentement ouverte ; n'hésitez point, vous toutes, de dire : Nous voudrions bien vous suivre ; oh! quelle joie ! Puisse un des saints Anges qui vous accompagnent nous prendre par la main et nous joindre à vous !

» Priez, priez, priez ; et Jésus vous ouvrira les portes des saints Tabernacles éternels.

» Priez aussi pour moi, vieux débiteur de la justice divine, afin qu'il me fasse part de ses miséricordes éternelles. Amen, amen, amen. »

« Ch. F. M. B., Évêque.[1] »

———

Le 5 septembre 1839 :

« Ma T.-R. Mère supérieure, vous avez dû toucher les mille francs que je vous ai adressés[2] par la voie de M. Allibert. Souvenez-vous de ce que je vous ai écrit à ce sujet.

---

[1] Cette lettre et la précédente sont écrites en entier de sa main.

[2] Pour des travaux à faire à la chapelle.

» Souvenez-vous de moi dans votre retraite ; qu'il en soit de même de votre communauté. J'avance à grands pas dans la vieillesse ; mais, hélas ! bien peu dans les saintes voies de la perfection. Vous toutes y marchez souvent à pas comme précipités, toujours plus amantes bien-aimées de Jésus.

» Je pense que l'humilité, toujours plus maîtresse de vous-même, dirige toutes vos pensées et toutes vos affections ; et que le renoncement à vous-même, toujours plus victorieux, vous obtient successivement de nouvelles bénédictions.

» ....

» Mes chères Sœurs et mes chères filles, obtenez-moi une partie des faveurs que Dieu vous prodigue. Amen, amen, amen. »

« † Ch. F. M. B., Évêque.[1] »

——

Le 30 octobre 1839 :

« Notre révérende Supérieure, toutes nos Sœurs, nos Novices, nos Postulantes, et même nos jeunes Élèves et autres personnes du monastère..... je vous vois placées dans mon cœur mortel.

» Je bénis notre Sauveur de vous voir faire vos délices d'être dans son divin cœur ; d'apprendre de lui-même à être toujours plus humbles..... Jésus vous applaudissant ne vous dit-il pas : O mes chères créatures ! avancez-vous chaque jour dans le cœur de votre bien-aimé ; ne craignez point d'y trop pénétrer..... Oh ! ce ne sera jamais assez !

» Si quelquefois vous ralentissez un peu vos pas, hâtez-vous de vous rendre dignes que Dieu vous donne, comme à la colombe, des ailes qui puissent vous soutenir et vous porter plus rapidement, à l'envi les unes des autres, vers votre divin époux. Certainement c'est une grande joie pour les Séraphins, pour tous les bienheureux et surtout pour toutes les âmes des Sœurs de Sainte Ursule, qui jouissent déjà de la présence de Dieu,

[1] Cette lettre est toute de sa main.

autour de son trône, de vous voir jalouses de partager leur bonheur. »

» Je pense que tous les jours, et surtout celui de la grande solennité en l'honneur de toutes les heureuses créatures qui sont à jamais habitantes de la véritable Sion, vous direz à Jésus : O Jésus ! quand nous ouvrirez-vous les portes?.....

» Mais dans le cours de cette sainte octave, ne cessez de lever les mains au ciel vers le Très-Haut, en faveur des pauvres âmes qui sont ensevelies dans les flammes du Purgatoire : Vos gémissements pour elles et les supplications de toute l'Église obtiendront beaucoup du Père des miséricordes.

» Vous toutes, nos chères Sœurs, que je viens d'entretenir en la divine présence de votre bien-aimé, intéressez-vous pour moi auprès de Jésus, afin que je me prépare à mon passage dans l'éternité. Amen, amen, amen. »

« † Ch. F. M. B., Évêque.[1] »

———

Le 23 décembre 1839 :

« Notre très-révérende Mère supérieure[2],

» Dieu aurait-il exaucé nos vœux et ceux de nos chères Sœurs? La santé serait-elle revenue chez vous? Oh! quelles actions de grâces !

» Je ne doute nullement de la santé spirituelle. Jésus, votre bien-aimé est votre médecin intérieur. Je ne doute point qu'il ne vous prodigue tous ses soins.

» O nos chères Sœurs! ô Novices! ô Postulantes! ô jeunes Élèves! ô vous toutes habitantes de la sainte maison! n'ayant proprement qu'un cœur et qu'une âme, pénétrez toujours plus dans le cœur de Jésus; et parlez-lui beaucoup de la révérende Mère supérieure, oui d'elle, qui est véritablement toute à lui.

» Dans le cours de nos solennités, qu'il n'y ait aucune de

---

[1] Sous la signature, qui est de la main de Mgr. de Miollis, on lit cette note aussi de sa main : *Cet écrit a été dicté par moi.*

[2] C'était la sœur Sainte-Angèle.

vous toutes qui ne soit digne de se mettre à la suite des saints
Anges et des pieux Bergers, qui courent à l'étable de Bethléem
pour y contempler le Fils de Dieu fait homme et l'y adorer. Certainement, comme vos cœurs seront purifiés et qu'ils désireront
avec ardeur de voir le bon Jésus, des flots de bénédictions inon-
deront vos âmes comme celles des heureux bergers. Mais, mes
chères Sœurs, soyez toutes semblables à Marie, contemplant
le Fils de Dieu fait homme pour nous communiquer la grâce de
devenir nous-mêmes comme lui, enfants de lumière, *filii lucis.*
Contemplez, et soyez quelquefois comme dans le ravissement,
en écoutant les cantiques des Anges. Réunissez souvent à leurs
voix si mélodieuses, vos cantiques, conjointement avec vos
jeunes (filles) séraphiques; ils seront applaudis par les âmes
bienheureuses du ciel.

» Nos chères Sœurs, que votre bonheur soit de contempler
le divin Sauveur, qui, en venant au monde, a voulu naître dans
l'humiliation, dans la pauvreté et dans les souffrances, pour la
gloire de son père céleste et notre rédemption. Faites-lui avec
joie l'offrande de votre humilité toujours plus semblable à la
sienne, de la vie pauvre à laquelle vous vous êtes vouées, et
qui vous sera échangée en la possession du royaume du ciel.
Vous annoncerez à Jésus que vous vous dévouez comme lui-
même à une vie mortifiée, pénitente, austère, jusqu'à la con-
sommation de votre dernier sacrifice. Enfin que toute votre sollicitude soit d'imiter Jésus à la crèche, entre deux vils animaux,
s'offrant au Père céleste; et comme lui, vous mériterez une
couronne de gloire. Puissent les portes des Tabernacles éternels
être ouvertes à toutes les habitantes de votre sainte maison!

» Mais quant à moi, qui ai cessé d'être votre Évêque, hélas!
hélas! Dieu l'a proprement ordonné; j'ai obéi et me suis réfu-
gié comme dans une cellule de cloître, d'où Dieu veut que je
ne sorte presque jamais. Oh! que je serais heureux si au moins
j'aimais autant la pauvreté, le silence et la pénitence que vous!
si j'adorais le divin fils de la vierge Marie ainsi que cette tendre
mère!..... si je méritais les divins regards de Jésus comme les
pieux bergers de Bethléem!

» Nos très-chères Sœurs, je compte sur vos prières, en vous.

désirant le bonheur de contempler éternellement votre Bien-aimé. Amen, amen, amen. »

« † Ch. F. M. B., Évêque.[1] »

———

Le 14 février 1840 :

« Très-révérende Mère,

» Je vous adresse directement par la diligence un rochet assez beau, mais beaucoup fatigué. D'ici à l'arrivée de mon successeur, vous le mettrez à neuf. Vous en décorerez le prélat toutes les fois qu'il remplira au milieu de vous des fonctions importantes, telles que celles des jours de Sainte Ursule, de Sainte Angèle, de Saint Augustin, etc. *Ad longos annos!* pour la gloire de Dieu.

» Très-révérende Mère et nos Sœurs en chapitre, recevez votre nouveau prélat comme un ange descendu du ciel, qui fera oublier mes divers manquements. Ayez pour lui bien plus de déférence encore que vous n'en avez eu pour moi.

» ..... N'oubliez point votre premier Père spirituel et temporel. Par vos prières de tous les jours, obtenez de Jésus qu'il veuille me pardonner mes divers manquements.

» Depuis plus d'un mois Dieu me retient dans un lit de douleur, rendez-lui en pour moi des actions de grâces. Qu'il veuille enfin me faire part de ses miséricordes infinies.

» Vous toutes continuez de vous faire un riche trésor dans le ciel. »

« *P. S.* J'ai dicté moi-même la lettre.[2] »

———

[1] Cette lettre est seulement signée de sa main.

[2] Dans cette lettre, non plus que dans les suivantes, adressées aux Ursulines, il n'y a rien qui soit de la main de Mgr. l'Évêque.

Celui qui lui a servi de secrétaire a mis en note sur cette lettre-ci : *Monseigneur est, à ce que nous croyons, hors de danger; mais il souffre encore beaucoup.*

Le 25 février 1840 :

« Révérende Mère supérieure,

» Je vous fais mes remercîments de votre lettre ; elle m'a encore trouvé au lit, Dieu en soit béni et glorifié !

» Vous m'y parlez de toutes vos Sœurs. Toutes, sans doute, par leur conduite, surtout les infirmes, sont la joie des saints anges qui habitent parmi vous autres.....

» Vous me parlez de l'ouverture de votre église, enfin ; je vous en félicite.

» . . . .

» Je vous ai fait passer plus de 1,600 francs (j'en bénis Dieu), lesquels, bien comptés, ne peuvent être suivis d'autres qu'autant que Dieu me prolongera la vie.....

» Depuis les 1,600 francs, bien comptés, je vous l'ai annoncé plusieurs fois dans mes lettres, je vis au jour la journée avec mes revenus du moment. Je ne dis jamais *demain*, etc., le lendemain n'étant point à moi. Au moment de mon décès, il n'y aura plus rien à espérer. Proprement je ne lègue à mon héritier presque que le nom d'héritier ; ainsi prenez vos mesures. Si vous n'avez pas pour le moment..... suspendez l'ouverture de votre église.

» Si Dieu me prolonge la vie quelque temps, je pourrai probablement satisfaire au moins en partie. Levez les yeux au ciel et recourez à la divine providence, qui s'est servie de moi pour vous faire passer 1,600 francs ; espérez tout d'elle, en vous donnant du mouvement.

» Je compte toujours sur votre bon souvenir devant Dieu... »

———

Le 1er mars 1840 :

« Très-révérende Mère, et vous toutes mes chères Sœurs,

» Ce sont ici probablement les dernières paroles que je vous adresse directement.

« O amantes de Jésus ! ô bien-aimées de Jésus ! vous faites vos délices d'habiter dans le cœur de Jésus. Vous avez renoncé à vos familles ; vous avez renoncé à toute espérance des biens temporels ; vous avez renoncé à tout plaisir mondain, à toutes les

aises de la vie ; enfin vous avez renoncé à vous-mêmes. En entrant dans le cœur de Jésus..... vous avez dit : Dieu nous accordera l'insigne faveur de ne pas faire un seul pas en arrière.....
pour nous enfuir. Depuis votre demeure dans le cœur de Jésus[1],
je ne suis pas éloigné de croire que vous n'ayez déjà commencé
de devenir séraphiques, d'être toujours plus humbles de cœur,
toujours plus pauvres d'esprit..... Aussi je pense que nombre
d'entre vous ont commencé d'avoir déjà des ailes spirituelles qui
les élèvent toujours plus vers le ciel. O mes chères Sœurs, en
vous acheminant vers le lieu de votre repos éternel, vous vous
souviendrez de moi, et vous solliciterez les miséricordes du Père
céleste en ma faveur. Amen, amen, amen. »

« *P. S.* Cet écrit sera lu en plein chapitre. »

Le 30 mars 1840 :

« Nos chères Sœurs,

» Vierges qui avez le bonheur d'être à la suite de Jésus, vous
l'avez choisi pour votre époux ; vous en rendez grâces tous les
jours au Père céleste. Amantes de Jésus, vous êtes proprement
jalouses de pénétrer toujours plus dans son cœur, où vous avez
résolu d'établir votre demeure jusqu'au dernier jour de votre
vie. Aspirez à être toujours plus du nombre de ses bien-aimées
par la pratique de toutes les vertus. Que les saints Anges soient
témoins comme vous n'avez pas de plus grande satisfaction que
d'être humbles de cœur, mortes au monde, et pauvres, ne
sachant que vous mettre en état de victimes à l'exemple de
Jésus, se faisant victime pour la gloire de son Père céleste.

» Tous les jours vous assistez au saint sacrifice de la messe ;
ce doit être en demandant à Dieu le Père céleste l'insigne faveur
de ne faire de vous et de Jésus qu'une seule victime. Jésus s'im-

[1] Depuis sa maladie du commencement de 1840, Mgr. de Miollis, ne pouvant plus écrire lui-même, dictait toutes ses lettres ; mais il faisait écrire une
même lettre à différentes reprises et à d'assez longs intervalles, sans vouloir
qu'on lui relût jamais rien ; de là, les redites, le défaut de suite, etc.

mole lui-même sur l'autel ; les saints Anges en sont dans le ravissement ; le Père céleste le contemple du haut du ciel.....

(Là, récit de la mort de Saint Hommebon pendant la messe).

» ..... Depuis tant d'années que j'ai assisté au saint sacrifice ou même que je l'ai offert, je n'ai point encore eu le bonheur de consommer mon sacrifice avec Jésus sur nos autels, l'ayant tenu entre mes mains. O nos chères Sœurs, demandez à Jésus grâce pour moi, afin que mon sacrifice, qui doit être bientôt consommé, soit agréable au Dieu de toute miséricorde.

» Toujours mille bénédictions à vous toutes, ainsi qu'à vos élèves. Amen, amen, amen. »

Le 16 juin 1840 :

« Nos chères Sœurs,

» Mes jambes me permettent de faire quelques tours de chambre dans la journée, étant un peu soutenu ; mais je perds tout espoir de jamais célébrer, vu mes infirmités sans nombre. Vous toutes, faites pour moi une sainte violence au Père des miséricordes.

» Révérende Mère, vous avez choisi Dieu pour votre héritage, aussi il vous comble de faveurs spirituelles : mais il veut aussi que vous soyez une compagne de Jésus au pied de sa croix. Des infirmités comme successives vous assiégent ; Dieu ne leur ordonne point de se retirer ; et Jésus, dont vous êtes l'amante, ne s'éloigne pas de vous..... Je me réserve, mes chères sœurs, de vous entretenir plus longtemps dans quelques jours.

» Que Dieu veuille inonder les cœurs de vous toutes d'abondantes bénédictions. »

Le 10 juillet 1840.

« Notre très-révérende Sœur supérieure,

» Je félicite la communauté de l'exécution du projet relatif aux bains. Je me félicite moi-même de payer la dépense totale. Les ressources pécuniaires baissent ; je vous adresse la cédule ci-jointe.

« ....

» Notre révérende supérieure,

» Déjà recommandable dans votre communauté sous tous les rapports, vous nous l'êtes devenue infiniment plus depuis que le Père céleste vous a fait entrer dans les voies des tribulations et des souffrances. Vous êtes heureuse de vous y montrer toujours plus amante de Jésus et de sa croix. Je ne doute pas que vous ne puisiez toujours plus de nouvelles bénédictions et beaucoup de consolations dans le cœur adorable de Jésus. Toutes nos Sœurs ont le bonheur de s'y réfugier elles-mêmes, se voyant dans l'affliction, et d'y puiser des consolations en s'y entretenant bien souvent de vous-même.

» ....

» Vous savez, notre très-révérende Supérieure, que depuis que vous avez fait profession entre mes mains, je vous ai voué, devant Dieu, ma confiance et mon estime..... Je compte sur votre souvenir auprès de Jésus votre bien-aimé.

» Vous, nos chères Sœurs, je dépose dans le cœur de toutes, et dans celui de toutes les personnes de la maison, la grande peine où je suis de ne me point voir aussi avancé dans le cœur de Jésus que vous toutes, et peut-être même que bien de vos élèves.

» Mille bénédictions. »

———

Le 20 juillet 1840 :

» Très-révérende Supérieure,

» Je sais infiniment gré à Monseigneur de s'être porté auprès de votre lit de douleur pour vous visiter; certainement il a dû surajouter des consolations à celles que le Seigneur vous prodigue tous les jours.... Jésus, que vous avez choisi pour votre divin époux, a toujours les yeux sur vous, et veut toujours plus purifier votre cœur pour le rendre plus digne de lui. Que son nom divin soit toujours sur vos lèvres.

» Le lavoir dont vous me parlez sera l'objet de mes réflexions; espérons qu'elles vous seront favorables.

» Il est à propos que je vous fasse part des réflexions que j'ai faites en lisant la vie du bienheureux Laurent de Brindes, général des capucins. Arrivant à une maison de son ordre, il jugea qu'elle était trop belle, et il dit aux religieux : Elle croulera. Deux jours après, le bienheureux accompagna la communauté à une procession. En leur absence la maison s'écroula de fond en comble, et les religieux à leur retour se réfugièrent ailleurs.

» Nos chères Sœurs, j'avais fait construire votre église et j'en avais célébré la dédicace avec assez de pompe. Dieu, qui avait voulu humilier les religieux qui s'applaudissaient de la beauté de leur couvent, a voulu très à propos m'humilier moi-même, en permettant que la nouvelle église menaçât prochainement ruine; me donnant ainsi une leçon. Cependant, dans sa miséricorde, il m'a permis de reconstruire l'église [1]; les frais ont été énormes relativement à ma position d'évêque retiré. La leçon que Dieu m'a donnée a été suivie d'obstacles qui ne m'ont point permis d'en faire de nouveau la dédicace.

» Mes chères Sœurs, cette reconstruction, heureusement terminée et soldée, doit vous donner lieu de supplier le Seigneur de ne me point éprouver par de nouvelles humiliations de ce genre.

» Mille bénédictions sur vous toutes. »

———

En 1840 :

« Révérende Mère assistante,

» Vous continuez de remplir les fonctions de supérieure, la révérende Mère supérieure étant toujours infirme et cependant tant soit peu mieux. Mais donne-t-elle à espérer un parfait rétablissement?..... Voyez-la de ma part, félicitez-la de sa parfaite résignation à la volonté de Dieu. Par sa patience, que je crois inaltérable, elle acquiert de nouveaux droits aux consolations dont Jésus inonde souvent ses amantes; et ces consolations..... donnent comme la certitude que les consolations éternelles

---

[1] Elle n'a pas été précisément reconstruite; mais les travaux qu'on y a faits, pour la consolider, ont coûté pour le moins autant qu'une reconstruction.

seront bien plus abondantes. Plus ici bas nous nous voyons
comme atterrés sous le poids des afflictions, quelles qu'elles
soient, plus nous avons d'espoir que dans la céleste Jérusalem,
nous serons tout en joie en bénissant le Seigneur. Dites à votre
révérende supérieure que souvent je pense à elle, en me désirant
à moi-même le bonheur de faire, ainsi qu'elle, toujours de
nouveaux progrès dans l'amour de Jésus. Je sais infiniment
gré à M. Ambrois de la retraite qu'il donne à vos pensionnaires ; puisse-t-il se déterminer à donner aussi quelques jours
de retraite à vos élèves gratuites.....

» Je pense qu'après cette retraite de quelques jours à vos
élèves, Mgr. l'Évêque vous fera donner une retraite à vous-
mêmes, par un prêtre qui certainement méritera votre confiance.
Toutes vous voudrez bien vous y souvenir de moi. Je vis proprement dans la retraite, mais je désirerais fort de mériter la
grâce, dans mon état de réclusion, de passer seulement quelques heures à m'entretenir comme vous-mêmes avec Dieu seul,
et m'enfoncer bien avant dans le cœur de Jésus, afin de parvenir
à me réformer, ainsi que vous toutes m'en donnez l'exemple.....

» ..... Ayez l'attention de faire repasser par le maçon toute
la toiture de la maison avant les pluies. Chargez Madelon de
savoir vous dire en quel état est la maison qu'habite votre aumônier ; et vous, révérende assistante, surveillez l'entretien de
la maison, afin que rien ne périclite, par de trop tardives
petites réparations, qui quelquefois en occasionnent de bien
grandes. En temps et lieu faites la revue de la cuisine, du réfectoire, de la dépense, etc., etc. Le bon état de la maison, depuis
la cave jusqu'au grenier, repose sur vous. Dieu vous bénira de
votre surveillance très-spéciale. »

« Mille bénédictions. »

———

Le 12 août 1840 :

« Révérende Mère assistante et nos très-chères Sœurs,

» Comme votre premier père en Dieu et fondateur de votre
monastère, je vais vous tracer quelques lignes que vous ne
trouverez point désagréables, je pense, sachant que c'est un

vieillard bien plus qu'octogénaire, et reclus, qui a voulu que vous eussiez une preuve comme son cœur ne vieillit pas pour vous.....

» ....

» Vos féries vont commencer, relativement à vos élèves ; mais les bénédictions et les consolations vous seront prodiguées pendant quelques jours, lors de vos exercices spirituels. O amantes de Jésus! vous vous trouverez sans doute comme hors de vous-même pendant ces jours de grâce..... Vous ne serez pas un instant sans contempler Jésus ; mais que ce soit en lui disant amoureusement : O mon bien-aimé! tenez-moi par la main, et faites-moi un peu plus avancer dans votre cœur..... afin que là je puisse jouir du bonheur de mieux vous contempler, et vous dire : Quand est-ce que mon cœur, comme le vôtre, sera brûlé d'amour pour le Père céleste? Votre cœur, ô mon divin Jésus, est constamment embrasé ; mais, hélas! le mien se trouve souvent exposé à des variations.

» O mon Sauveur! lorsque vous en êtes témoin....., ne m'éloignez pas de vous, mais supportez-moi. Ce ne sera qu'après que vous m'aurez donné le baiser de la paix éternelle, que j'aurai le bonheur de vous dire sans cesse et toujours avec de nouveaux transports d'amour : Que vous êtes beau, mon bien-aimé, qui voulez être éternellement tout à moi! je suis et serai éternellement toute à vous.

» O mes chères Sœurs, je ne sais comment il m'a été donné de vous tracer ces quelques lignes, hélas! n'ayant peut-être pas..... un seul instant été moi-même enflammé et embrasé pour Jésus. Comment peut-il se faire que dans mes 88 ans je ne me sois point senti consumé d'amour pour Jésus? C'est ce qui me reste à déplorer amèrement, en me transportant en esprit au milieu de vous, pendant vos oraisons aux pieds de Jésus..... dans le saint temple.....

« Votre très-digne supérieure est donc toujours malade ; elle ne sait sans doute que vous édifier par sa résignation à la volonté de Dieu..... »

Le 28 septembre 1840 :

« Révérende Supérieure[1],

» Je me félicite de votre élection ; certainement Dieu est disposé à vous faire part de ses bénédictions et consolations. Je me félicite aussi de l'élection de vos assistantes. Je pense que Dieu commence de leur faire aussi part de ses bénédictions et de ses consolations. La sœur Rosine Arbaud, zélatrice, entrera certainement dans les vues de Dieu. Il me souvient que lui disant directement : Que ferons-nous ? elle m'a répondu : Monseigneur, nous obéirons. Cette réponse ne s'est point effacée et ne s'effacera jamais de ma mémoire.

» ....

———

Vers le commencement d'octobre 1840 :

« Révérende Supérieure,

» Votre pensionnat va se recomposer au premier jour. Il serait important qu'après son entière recomposition l'ouverture s'en fît conformément aux vues de l'Église, notre sainte mère.

» La veille au soir, réunion de la communauté des religieuses et des pensionnaires à l'Église, et récitation de quelques prières analogues à la circonstance. Le lendemain, la communauté réunie dans la salle des pensionnaires, une des plus anciennes élèves, portant la croix, précédera les pensionnaires qui, deux à deux et les bras croisés sur la poitrine, se rendront à l'église, c'est-à-dire au chœur, suivies de la communauté présidée par la révérende supérieure ; on pourra chanter les litanies de la Sainte Vierge. Quand on sera arrivé au chœur et placé, M. l'aumônier entonnera le *Veni Creator*. Ensuite, messe du Saint-Esprit. Après la messe, prières d'usage, et retour en procession avec chant.

» A la réception des élèves, on doit les conduire à l'église, pour leur faire adorer le saint Sacrement et se mettre sous la protection de la Sainte Vierge.

---

[1] C'était une nouvelle supérieure, sœur Marie de la Conception.

» Toute élève au-dessus de onze ans doit être accoutumée à faire son lit ; c'est l'usage de bien des pensionnats. Chaque religieuse doit faire son lit et sa chambre.

Réparations.

» On doit s'occuper des réparations autant que possible. Mes envois auxiliaires peuvent être suspendus pendant six mois. Je vous avais écrit que le plancher au-dessous du toit fût couvert de paille ; les appartements de dessous seront beaucoup plus chauds ; et quand il sera possible, un carrelage remplacera ladite paille.

» Chaque religieuse, novice ou prétendante a-t-elle un rideau de lit ? Les fenêtres, surtout au nord, ont-elles des contrevents, et ont-elles en dedans des rideaux de grosse toile de coton, etc., etc.

» Bas siéges du chœur nécessaires.

» Bancs du réfectoire des religieuses et des pensionnaires.

» Qu'y aurait-il à faire à la grande salle des pensionnaires ?

» Les barreaux des fenêtres qui ont besoin d'être grillées doivent être placés. »

——

Le 3 janvier 1841 :

« Révérende Supérieure et nos chères Filles spirituelles,

» Je ne puis qu'agréer les vœux que vous faites toujours pour moi, à l'exception de ceux que vous adressez à Dieu pour la prolongation de mes jours ; je suis assis sur le bord de ma tombe ; mais j'applaudis à vos supplications, qui ont pour objet de m'obtenir participation aux miséricordes infinies du Père céleste. Sous tous les rapports..... je me dis à moi-même que je les mérite bien peu.

» Je ne suis point affecté du départ si prochain de celle de mes filles spirituelles que vous m'annoncez s'avancer en quelque sorte à grands pas vers la porte du ciel. Dites-lui, s'il en est encore temps, que je fais mention d'elle dans toutes mes prières. Je désire que le seigneur veuille me rendre digne de bientôt la suivre ; mais, hélas ! hélas !

» J'unis maintenant mes actions de grâces à celles que vous

offrez vous-mêmes au Seigneur pour le rétablissement de votre ci-devant supérieure ; les jeunes élèves doivent en être ravies.

» Révérende supérieure, et vous toutes mes filles spirituelles, soyez persuadées des vœux que j'offre au Seigneur. Oh ! quelle joie..... si Dieu, comme je l'espère, veut les exaucer, nonobstant mes démérites !

« ....

» C'est une grande satisfaction pour moi de savoir que les diverses personnes de la maison sont de vraies amantes de Jésus. Comme vous gardez un profond silence sur la sœur Madelon, que j'avais su être bien souffrante, il paraît que Dieu l'a favorisée de ses consolations ; elle a eu part à mes prières pendant quelque temps.

» La présente sera lue par vous-même, révérende Supérieure, en chapitre où vous aurez rassemblé toutes les personnes de la maison. »

———

Le 16 janvier 1841 :

« Révérende Supérieure et vous nos chères Sœurs et Filles spirituelles,

» Les détails que vous m'avez adressés, relatifs à ma chère et sainte fille défunte, m'ont singulièrement édifié.....

» Je pense que chacune de vous autres s'est dit à elle-même et continuera même de se dire : Puisse ma sortie de ce monde être semblable à celle de notre sœur !..... Vous faites comme vos délices de la prière, de l'oraison et de tous vos divers exercices de piété. Lorsque vous avez le bonheur de recevoir Jésus, certainement vous le serrez contre vous-mêmes, ainsi que Marie sa sainte Mère, lorsqu'elle le retirait de la crèche pour le prendre entre ses bras. Dans ces moments heureux ne sachez que dire à Jésus : Je vous contemple et je suis insatiable de vous contempler, de vous louer, de vous bénir et de vous rendre des actions de grâces.

» Quant à moi je m'avance à grands pas vers mon terme, quoique dans ce moment le Seigneur paraisse tant soit peu me ménager..... Je compte sur vos bonnes prières. »

177

» L'ancienne révérende supérieure jouit certainement des consolations que le Seigneur lui prodigue, en récompense de sa grande sollicitude pour vos jeunes élèves.

» Je vous souhaite à toutes les bénédictions du Seigneur. »

———

Aix, 10 février 1841 :

« Révérende Supérieure,

» Dans son temps, je vous ai adressé les fonds que vous m'avez demandés pour la confection des siéges du chœur en noyer. Cette somme, approchant de mille francs, vous a été comptée. Présentement cette somme a-t-elle été suffisante pour payer cette dépense? Oui ou non.

» Le second rang de siéges a-t-il été commencé? De quel prix est-on convenu? Marquez-moi tout..... Après moi je ne laisse rien. Je compte sur les prières de nos Sœurs Ursulines.

» Vous me saurez gré, révérende Supérieure, des observations suivantes :

» Économie dans l'emploi de l'huile de table et de cuisine..... Friture rare. Économie sur le lard. Portions convenables. Économie pour le bois et le charbon à la cuisine. Économie pour l'huile des lampes; la Sœur économe doit veiller sur la confection des mèches et empêcher qu'elles soient trop fortes; dans les maisons bourgeoises on y fait attention. Que les lampes ne soient pas trop multipliées; si on peut en supprimer, on le fait. Grande vigilance à toutes les dépenses; supprimer celles qu'on peut sans sordidité.

» Toutes les Sœurs doivent approuver ce qu'on fera pour le plus grand bien. Imitons les exemples que nous a donnés notre divin Sauveur pendant trente-trois ans. J'attends votre réponse.

» Pour vous procurer de l'aisance dans votre communauté, à vous et à toutes nos Sœurs, je désirerais me réduire jusqu'au dernier soupir à la dernière extrémité. Je ne fais allumer la lampe dans ma chambre que le plus tard possible; jugez du reste. Je voudrais qu'à ma mort on ne me trouvât que des guenilles. »

12

Le 24 février 1841 :

« Révérende Supérieure et vous toutes mes chères Sœurs,

» Vous célébrerez sans doute la sainte quarantaine, dans laquelle nous allons entrer, comme des vierges qui suivent l'agneau sans tache, surtout lorsqu'il donne l'exemple à ses disciples de marcher dans les voies de pénitence et de mortification.

» Mon ordonnance épiscopale, relative aux austérités non prescrites dans les saintes règles, sera lue en plein chapitre.

» . . . .

» Il serait fort à désirer pour moi-même que je fisse plus souvent que je ne fais des réflexions, relativement à ce que Notre Seigneur nous dit spécialement à nous ministres des autels : Soyez parfaits comme votre Père céleste est parfait [1], etc., etc. Aussi le Seigneur m'a-t-il fait renoncer à l'épiscopat ; et même, bientôt après, il m'a exclu de toute fonction sacerdotale, en me mettant dans l'impossibilité d'y vaquer.

» Toujours mille bénédictions à toutes. »

———

Le 3 avril 1841 :

« Révérende Mère supérieure,

» Je vous adresse un billet de 200 francs. Sur cette somme vous remettrez 25 francs à M. M..., qui m'a prié d'en gratifier M. J..... Le restant de la somme de 200 francs sera à votre disposition, pour fournir au paiement du menuisier qui fait les siéges du chœur.....

» Révérende Supérieure et nos Sœurs,

» Depuis longues années et même depuis votre enfance, vous ne sortez pas, pour ainsi dire, du cœur de Jésus. Je ne doute pas que, l'église nous faisant célébrer ces jours-ci les plus grands mystères de notre religion, vous n'entriez bien plus avant dans ce divin sanctuaire, pour vous entretenir avec Jésus de tout ce que sa charité lui a suggéré de faire pour nous ouvrir les portes éternelles du ciel, en satisfaisant à la justice divine pour

* *Estote vos perfecti sicut et Pater vester cœlestis perfectus est.* Matth., V, 48.

nous tous. A l'envi les unes des autres, d'après ses divines instructions, comme lui et avec lui, *victimez*-vous vous-mêmes ;
sacrifiez-vous vous-mêmes ; immolez-vous vous-mêmes.

» Si Dieu a inondé l'humanité de Jésus des bénédictions les
plus abondantes, parce qu'il s'est offert en sacrifice pour nous ;
il inondera pareillement les cœurs de vous toutes d'abondantes
bénédictions, en vous voyant vous-mêmes vous *victimer*, vous
sacrifier, vous immoler, comme Jésus.....

» Aussi le jour de la résurrection, étant toutes joyeuses, vous
rendrez des actions de grâces à notre divin Sauveur. Puissent
ces actions de grâces se renouveler tous les jours, jusqu'au
moment où les portes du ciel vous seront ouvertes !

» Souvenez-vous, tous les jours, de votre vieux fondateur ;
il marche à grands pas vers le tombeau. Il serait à désirer qu'il
marchât de pied ferme, comme chacune de vous toutes, lorsque
Dieu vous dira : Venez, les portes du ciel vous sont ouvertes ;
entrez, bien-aimées de Jésus.

» Je compte que Dieu, ayant égard à vos prières, me fera
part de ses infinies miséricordes. Hélas! je soupire avec raison
après elles.

» Révérende Mère et nos Sœurs, vos jeunes élèves se disent
sans doute en elles-mêmes : Nos Sœurs Ursulines nous paraissent être de véritables amantes de Jésus. Quand est-ce que nous
aurons le bonheur de marcher d'un pas ferme à leur suite dans
les belles voies de la vertu, de la sagesse et d'une véritable
dévotion? Nous ne voulons aspirer qu'à devenir comme nos
saintes maîtresses, de véritables amantes de Jésus, pour notre
véritable bonheur dans ce monde et dans l'autre. Je compte aussi
sur leurs prières..... »

———

Le 14 juillet 1841 :

« Révérende Supérieure, »

» Désormais faites trêve aux remercîments; tenez-vous en
aux prières que vous avez à offrir à Dieu pour moi, afin que,
me voyant au terme de ma vie, j'obtienne miséricorde ; hélas!
hélas!

» Je vous adresse 250 francs (prenez-en note), pour la moitié des dépenses à faire au lavoir, qui, d'après M. Meirieu, doit coûter 500 francs. Je vous adresse aussi les 35 francs qui restent dûs pour les stalles. Les 250 francs qu'il faudra encore arriveront, si Dieu le veut.

» ....

» Désirons tous que chacune des Sœurs religieuses et autres personnes qui occupent les stalles[1] aient le bonheur de se voir, accompagnées des saints Anges, transférées un jour dans la céleste Jérusalem, pour y occuper éternellement un trône en face de Jésus, le bien-aimé de chacune d'elles.

» Je pense que chacune des épouses de Jésus sera jalouse de ne prendre place dans sa stalle, qu'en se voyant revêtue de la robe nuptiale, belle et sans tache.

» Chacune, en sa stalle, doit en quelque sorte se demander à elle-même : Ma robe nuptiale est-elle aussi blanche et aussi belle que celle de ma voisine dont j'ai le bonheur de contempler les vertus?.....

Le Seigneur, avec raison, me traite comme je le mérite, en me privant de la joie que j'aurais s'il m'était donné de vous voir toutes dans vos stalles. Certainement je me dirais à moi-même : Chacune de ces vierges sera admise à occuper un trône de gloire au milieu de toutes les vierges séraphiques dont l'Église se glorifie, et dont elles invoquent tous les jours la protection. Puisqu'il ne m'est point donné de me voir quelques instants au milieu de vous autres, au moins Dieu me permet de m'y transporter en esprit, pour le conjurer d'inonder tous les jours votre cœur de ses bénédictions, surtout lorsque vous occupez vos stalles.

» Puisse chacune des jeunes vierges, vos élèves, se dire à elle-même : Mon unique désir est de mériter que Jésus veuille enfin rendre mon cœur tout brûlant d'amour pour lui. »

———

[1] Dans cette lettre, Mgr. l'Évêque parle avec complaisance des *stalles*, parce qu'on venait de les achever.

En juillet 1841 :

« Révérende Supérieure ,

» Je vous félicite , ainsi que toute la communauté, du tableau enfin arrivé..... Je vous charge de m'en donner la description à la première lettre que vous m'écrirez.....

» Je vous adresse la somme demandée , 900 francs. [1]

» . . . .

» Révérende Supérieure et vous toutes, habitantes de ce saint asile , soyez de véritables imitatrices des saints anges et des vierges séraphiques qui sont déjà dans le ciel. La piété de vous toutes ne doit pas être seulement extérieure : que vos prières soient toujours dictées par une foi vive et une confiance sans bornes.

» J'offre des vœux au seigneur afin qu'il vous inonde chacune de ses bénédictions. Je ne doute pas que Jésus ne veuille rendre le cœur de vous toutes brûlant d'amour.

» Quant à moi, je cours à grands pas vers la tombe. Je compte sur vos prières ; puissent-elles m'obtenir miséricorde. Hélas! hélas! hélas! »

—

En octobre 1841 :

« Révérende Supéricure ,

» En réponse à votre dernière , je vous adresse 200 francs : 1º 50 francs pour le menuisier ; 2º 20 francs dont vous avez fait l'avance ; 3º 130 francs pour commencer et confectionner les stalles inférieures. Lorsqu'elles seront posées et terminées, marquez-m'en le compte; si je ne suis point décédé, de suite vous recevrez mon contingent.....

» Révérende Supérieure et nos chères Ursulines,

» ..... O vierges! vous vous êtes mises à la suite de Jésus, que vous avez choisi pour l'époux de vos âmes, non-seulement à votre entrée dans le monastère , mais encore dans votre jeune âge. Sans doute, fidèles à votre vocation, vous aspirez tous les jours à vous unir plus étroitement à Jésus.....

[1] Pour payer le prix du tableau.

» Certainement Dieu et les saints anges s'applaudissent de vous voir prier et méditer, surtout au chœur..... Mais Jésus lui-même continuera de semer le bon grain dans vos cœurs. Je pense que vous veillez toujours plus soigneusement à ce que ni les oiseaux ni les passants ne l'enlèvent. Comme il ne se trouve ni pierres ni épines dans votre cœur, le bon grain y fructifiera abondamment. Soigneuses comme vous l'êtes de bien cultiver le champ spirituel de votre âme, les herbes inutiles n'étoufferont jamais le bon grain. Votre fidélité constante à tous vos devoirs et votre zèle à avancer dans la pratique de toutes les vertus donnent lieu de ne point douter de l'abondante récolte que le bon grain aura produit dans vos cœurs au dernier jour.

» Je rends tous les jours des actions de grâces au Père céleste des bénédictions dont il inonde vos cœurs, ainsi que des consolations qu'il vous prodigue certainement.

» Quant à moi, vous annonçant toujours que je me trouve au bord de ma tombe, je compte sur vos prières. Puissent-elles faire comme une sainte violence au Père céleste, pour qu'il veuille me faire part de ses miséricordes infinies. »

———

Vers le 4 novembre 1841 :

« Révérende Supérieure,

» Vous et toutes mes sœurs m'êtes infiniment trop reconnaissantes. C'est à Dieu que vous devez toutes attribuer mes générosités pour votre maison. J'obéis à Dieu qui se sert de moi quelque peu digne que j'en sois.

» Ce que vous m'annoncez de deux de mes bonnes sœurs, me donne lieu de m'affliger de leur situation douloureuse. Si Dieu me le permettait, je prendrais sans difficulté leur place. Les sachant remises en santé, je me soumettrais comme avec joie à toutes leurs infirmités et même aux maux qui déjà paraissent vous faire craindre. Matin et soir je demande au Seigneur, s'il le faut, d'être sacrifié en ce monde à la place de ces vierges bien-aimées de Jésus.

» Je vous fais mes remercîments du généreux don que vous me faites. Hélas! pour moi, vous vous condamnez à certaines privations. Ma nièce, à qui j'ai remis la grande caisse, vous prie particulièrement, ainsi que toute sa famille, d'en recevoir ses remercîments; elle y puisera pour me pourvoir de fruits. Ayant quatre-vingt-neuf ans très-avancés, je ne présume pas que Dieu me prolonge beaucoup la vie. Je suis sur mon déclin, mais jusqu'à mes derniers moments, je bénirai Dieu d'avoir été de quelque utilité à une communauté de saintes amantes de Jésus. Qu'il veuille lui-même tous les jours inonder vos cœurs d'abondantes bénédictions et aussi ceux de vos pieuses élèves.

» *P. S.* Révérende Supérieure, je suis peu digne de ce que vous me dites de Saint Charles. Quoique je désapprouve ce que vous me dites de trop flatteur, néanmoins recevez en quelque sorte le payement de ma fête; il est ci-joint.....[1]

» Souvenez-vous toutes dans vos prières de ma sœur, grand'-mère de Ribbe, qui est dans son lit depuis plus de deux années, et souvent comme agonisante..... »

———

Le 27 novembre 1841 :

« Révérende Supérieure et vous toutes nos chères Sœurs,

» Je vous fais mes remercîments. J'eusse dû peut-être..... après avoir ouvert le caisson, y faire honneur en touchant tant soit peu..... aux bons fruits secs que vous m'avez envoyés. Le caisson a été ouvert; mais jusqu'à cette heure on n'y a point touché; il est serré dans mon cabinet..... en attendant un temps plus opportun..... Devant Dieu, il me semble que je vous avais trop donné lieu de supposer un prétendu besoin..... Il eût été à désirer que, levant les yeux au ciel, vous eussiez dit à Dieu : Votre vieux pauvre serviteur n'est point désireux de dons temporels, aujourd'hui accordez-nous de lui annoncer comme de votre part, que vous lui rendrez le centuple de ce qu'il nous a adressé.

« Déjà Dieu m'accorde ici bas de me voir éprouvé par des infirmités successives; mais il me fait connaître qu'elles me sont

---

[1] C'était sans doute un mandat.

insuffisantes. Puissent-elles enfin comme s'amonceler sur ma personne, en expiation de tout ce dont je suis redevable à la justice divine !

» Vous allez entrer en Avent. Plus de parloir, en quelque sorte ; silence plus rigoureux, cependant toujours les mêmes soulagements corporels.....

» Je vous vois toutes dans le cœur de Jésus ainsi que vos élèves. J'y vois aussi toutes les personnes qui sont dans votre maison ; mais en vous disant cela, puissé-je vous dire aussi que je m'y vois moi-même !.....

» *P. S.* Depuis votre lettre je n'ai point cessé, matin et soir, pendant le jour, à mes offices et en disant mon chapelet, de prier le Seigneur d'accéder à vos vœux relativement à vos deux Sœurs malades, et de demander au Seigneur de me faire passer leurs maux pour pouvoir contribuer à la prolongation des jours de ces deux Sœurs séraphiques. J'ai fait les mêmes vœux pour toutes vos Sœurs Ursulines qui sont dans votre monastère.

» De nouveau je recommande à vos prières les deux dames de Ribbe, belle-mère et belle-fille..... »

———

Le 5 janvier 1842 :

« Révérende Supérieure,

» Accueillez le nouveau don, en en témoignant votre reconnaissance à Dieu seul. En quelque sorte je ne suis qu'un instrument dont Dieu s'est servi en votre faveur ; ainsi, vous et vos sœurs, ne me faites plus de remercîments ; faites-les à Dieu seul. Dans la position où je suis, j'ai besoin qu'on prie Dieu qu'il me fasse part de ses miséricordes éternelles. Je devrais ne cesser, dans aucun instant de la journée, de m'accuser, de me juger, de me condamner, de me sacrifier, et enfin de m'immoler à la justice divine.

» Révérende Supérieure, et vous, chaque Sœur, chaque Novice, la tourière Madelon et même chaque élève, et même toutes les diverses personnes attachées au service de la maison, levez les yeux en haut ; voyez l'étoile miraculeuse que Dieu fait luire à vos yeux ; que chacune de vous toutes, éclairée inté-

rieurement comme les mages d'Orient, n'hésite point de marcher sur leurs traces. Laissez-vous conduire comme eux par la
grâce intérieure. Puisse le Père céleste vous avoir toutes ren-
dues dignes d'arriver aujourd'hui à Bethléem! Les mages
furent jugés dignes, non-seulement de voir le divin Enfant des
yeux du corps, mais encore des yeux spirituels dont l'Esprit
saint les favorisa.....

» Puissent les cœurs de vous toutes se trouver tout brûlants
d'amour, tout embrasés d'amour, tout bouillonnants d'amour,
tout enflammés d'amour! Oh! quelle joie ce serait pour chacune
de vous toutes, si vous étiez jugées dignes de vous voir comme
sur le point même de vous consumer d'amour! Tout indigne
que je suis moi-même, j'offre mes supplications au divin Sauveur
des âmes, afin que tout cela puisse avoir lieu à l'égard de chacune de vous toutes.

» Ne manquez pas d'offrir à Jésus de l'or, de l'encens et de
la myrrhe, c'est-à-dire vos cœurs, etc., etc. »

———

Le 25 janvier 1842 :
» Révérende Supérieure et vous toutes mes Sœurs,
» Je me rends à vos désirs en vous adressant quelques lignes.
J'ai prié assidûment, matin et soir, pour votre jeune malade;
dites-le lui. De même j'ai constamment offert mes vœux pour la
prétendante et pour celle qui doit faire ses vœux.....

» Révérende Supérieure, je vous sais gré de me dire quelque
chose de Madelon.....

» Révérende supérieure, toute ma famille vous sait infiniment gré des prières journalières qui ont lieu dans votre communauté pour elle..... Ma sœur, ma sainte et très-sainte sœur
est toujours plus édifiante par son admirable patience et sa résignation à la volonté de Dieu. Dans son lit depuis près de trois
ans, sa situation est souvent en quelque sorte épouvantable aux
yeux de la nature. Je vous demande à vous, révérende Supérieure, comme une grâce, d'engager M. l'aumônier à faire
mention d'elle (Anne-Magdeleine) au saint sacrifice de la messe.

» Depuis plus de trois ans, Dieu m'a fait quitter l'épiscopat;

et depuis plus de deux ans, il m'a comme expulsé de l'autel.
Je vous fais part de ma situation. Si Dieu me traite selon mes
mérites, ne m'ayant point encore vu devenir meilleur qu'auparavant, ne devrait-il pas ajouter à tout ce qui m'afflige?.....

» ....

» Je finis en conjurant le Père céleste de faire descendre sur
vous toutes, sur vos élèves et sur les diverses personnes qui
habitent votre maison, de très-abondantes bénédictions. »

———

Le 3 mars 1842 :

« Révérende Supérieure,

» Il ne s'est pas écoulé un siècle depuis que je vous ai écrit.
Vous et votre communauté êtes souvent présentes à mon esprit
pendant mes prières..... Si Dieu veut avoir égard à mes faibles
prières, vos deux séraphiques, déjà assises comme sur le bord
de la tombe, n'y descendront point encore ; puissé-je être digne
que Dieu voulût m'enlever de ce monde au lieu et place d'elles !
Je me vois dans un état de caducité heureuse pour moi, Dieu
voulant me purifier dans ce monde. Mais, hélas! Dieu me fait
entrevoir que je ne deviens point meilleur ; hélas! hélas! ses
miséricordes éternelles me seront-elles un jour prodiguées? »

———

Vers la mi-mai 1842 [1] :

« Révérende supérieure,

» Vous voudrez bien recevoir et agréer le mandat que Dieu
lui-même m'ordonne proprement de vous adresser ainsi qu'à
notre communauté de vierges imitatrices de Sainte Ursule et de
Sainte Angèle. Toutes, faites-en des actions de grâces à Jésus-
Christ même. Je vous prie de ne point m'adresser de remercîments, car proprement je n'en mérite aucun. Mes manquements
sont tous les jours innombrables ; priez Dieu pour qu'il me fasse
part de ses infinies miséricordes.

———

[1] Supposé que cette lettre ait été écrite à l'occasion de la retraite que les
Ursulines font pendant trois jours à la Pentecôte. Au reste, rien dans cette
lettre n'indique la date.

» Bien qu'avant votre sainte retraite vous fussiez déjà séparées et éloignées de vos parents et des personnes auxquelles vous
pouviez être très-chères, déjà détachées des biens du monde
auquel vous avez renoncé, vous vous êtes mises avec joie à la
suite de Jésus et de Marie..... et peut-être y en aura-t-il parmi
vous qui ont été introduites dans une solitude véritable, de
laquelle elles ne désirent sortir que pour s'enfuir de ce bas-
monde vers la Jérusalem céleste.....

» ....

» Je recommande à vos prières toute la famille de M. de
Ribbe, mon neveu; la famille de M. de Magnan, la famille des
d'Estienne, de Duveyrier, de Billon, de trois Miollis et de
Gaillard. Puissent-elles par vos prières obtenir les benédictions
du Seigneur. »

———

Le 5 juillet 1842 :
« Révérende Supérieure et nos bien chères Sœurs,
» Quelle triste nouvelle me donnez-vous, de trois jeunes
vierges séraphiques devenues infirmes? Dieu vous fait un devoir
de les surveiller du matin au soir; puisse votre zèle pour elles
donner de la joie aux anges dans le ciel. Sans doute, conduite
comme vous l'êtes par l'Esprit saint, vous les tiendrez en quelque
sorte par la main..... Mais aussi faut-il que vous veilliez à ce
que leur ardeur ne soit point trop ardente.

» Quant à moi, s'il était possible et que j'en fusse digne, je
m'offrirais volontiers en sacrifice pour elles. O Jésus! vous ne
me voyez point encore assez avancé dans votre cœur, pour que
je puisse espérer que vous me disiez : Je vous accorde tout ce
que vous me demandez.

» ....

» Révérende Supérieure et vous toutes mes Sœurs, rendez-
vous dignes de la protection des saints apôtres Pierre et Paul. [1]
Lorsqu'ils étaient vivants, ils concouraient au bonheur de ceux

[1] Cette lettre a été écrite pendant l'octave des SS. apôtres Pierre et Paul.

qui, à leur prédication, devenaient des bien-aimés de Jésus. Vous n'avez point, mes chères Sœurs, le bonheur de voir les apôtres vivants; mais je ne crains point de vous dire que votre bonheur est plus grand, si l'Esprit saint, dans le cours de vos oraisons, enlève en quelque sorte votre âme de dedans vos corps, pour que vous puissiez contempler les bienheureux apôtres revêtus de l'immortalité de Dieu et décorés des rayons de la gloire éternelle.

» ..... Si l'Esprit saint se tient un peu sur la réserve à l'égard de quelques-unes de vous autres, elles doivent se l'attribuer à elles-mêmes, c'est-à-dire, à leur peu d'humilité. »

———

Le 12 juillet 1842 :

« Révérende Supérieure,

» Je vous adresse un *feuilleton*. Vous ne devez de reconnaissance qu'à Jésus et non point à moi, qui n'ai été, le plus souvent, qu'un serviteur inutile. Que dans vos lettres il ne soit plus question de remercîments; je me rends justice, je n'en mérite aucun.

» Révérende Supérieure et chères et bonnes Sœurs en Jésus-Christ,

» ..... Soyez toutes auprès de vos infirmes de véritables Maries; et si Dieu le Père céleste, qui tient entre ses mains divines le fil de nos jours, ne paraissait pas seconder vos sollicitudes, vos soins et vos attentions, contentez-vous de vous en plaindre amoureusement à Jésus..... Il faut tout espérer de Jésus; et s'il ne seconde point nos vœux, ne négligeons rien au moins pour être du nombre de ses véritables bien-aimés. S'il nous laisse souffrir en ce monde, soyons ses imitateurs.....

» Quant à moi, je descends tous les jours vers le terme de ma caducité, où je peux arriver quelques mois plus tôt ou plus tard. Mais comment se fait-il que je ne devienne pas meilleur, beaucoup plus homme de prière et d'oraison; tous les jours plus humble de cœur, plus détaché des choses de ce monde, des parents? etc., etc. D'où vient que je n'ai pas été plus pénitent, plus rempli de haine contre mon propre corps, plus dédaigneux

des soins temporels et des commodités de la vie? Enfin, voyant
mes jours sur le point de finir, je ne devrais avoir d'autre sollicitude que de me faire un riche trésor dans le ciel. Hélas! hélas!
Ego vir videns paupertatem meam.[1] Je suis un chrétien qui,
à la fin d'une longue vie, me vois réduit à une extrême pauvreté
spirituelle, et même en quelque sorte à une grande faim spirituelle; et je pense bien peu à l'assouvir; ou presque point;
hélas! hélas! hélas! je perdrais presque courage.

» Mes chères Sœurs, souvenez-vous de moi toutes les fois
que Jésus vous admet en sa divine présence. Amen, amen,
amen. »

———

En septembre 1842 :

« Révérende Supérieure et vous toutes nos chères Sœurs,

» ....

Je vous félicite sur les belles et séraphiques instructions que vous
a données le R. P. jésuite[2]; je ne doute pas que chacune de nos
Sœurs ne se soit dit à elle-même : Il faut donc de toute nécessité que nous avancions toujours plus à grands pas dans les voies
de la sainteté et de la perfection religieuse. Il n'est pas douteux
que chacune ne veille toujours plus sur chacune de ses pensées, de ses désirs, et de toutes les paroles qui sortent de sa
bouche. L'exercice constant de la présence de Dieu les rendra
infiniment heureuses. Que la prière fasse toujours davantage
leurs délices. Puissent-elles, dans le cours de leurs oraisons,
mériter de voir les cieux ouverts, et de voir Jésus leur bien-
aimé assis à la droite de Dieu le Père, et Marie, sa propre mère,
assise elle-même à sa gauche! Oh! quelle joie dans le ciel parmi
les esprits célestes! Ne rendront-ils pas des actions de grâces au
Père éternel des bénédictions qu'il a fait descendre si abondamment dans les cœurs de toutes? Mais aussi, ces esprits célestes,
ne béniront-ils pas les amantes de Jésus et ses bien-aimées, qui

---

[1] Lamentat., III, 1.
[2] Le P. Delfour, qui avait prêché la retraite dans le couvent des Ursulines,
au commencement de septembre.

ont eu le bonheur de se voir rassasiées de consolations ineffables? Oh! que j'eusse été heureux si Jésus m'avait jugé digne de me porter dans votre couvent, et de me placer dans un petit recoin de votre assemblée, pour y être témoin de toutes les insignes faveurs que Jésus a accordées à chacune de vous!

» ....

» Quant à moi, que je le veuille, que je ne le veuille pas, je cours très-rapidement dans les voies de la caducité. Aujourd'hui c'est une indisposition, demain il en survient une autre; un troisième dérangement, dirigé par la divine providence, m'occasionne, non du découragement, mais quelque peu de tristesse; quoique je me dise que Dieu est miséricordieux à mon égard en me prodiguant des consolations, afin que je puisse lui dire : Oh! que je suis heureux de souffrir et de me voir condamné à des peines corporelles! Aussi je compte sur les prières de vous toutes. Souvenez-vous de ma sœur détenue dans son lit depuis trois ans et demi; souvenez-vous aussi de sa belle-fille qui s'est comme vouée..... à la pratique de toutes les vertus. Souvenez-vous de ses six anges[1] qui sont à peu près tous également bien méritants. »

———

Le 18 octobre 1842 :
« Révérende Supérieure,
» J'ai cru à propos d'écrire à M. de Beaucouse, relativement à sa paternelle générosité pour votre maison, et cela, en quelque sorte dès le commencement de l'existence de votre communauté. Il vous a fait l'entière cession de la pension, qui lui était assurée comme ancien chevalier de l'ordre illustre de Malte. J'ai tout lieu de croire qu'annuellement ladite pension a été comptée à votre économe.
» ..... Ne doutez point de ma reconnnaissance en votre nom; mais, oh! quelles actions de grâces vous avez eu soin certainement de lui rendre!..... Je suis persuadé que vous avez fait dire pour lui une messe par an par votre aumônier.

[1] De ses six enfants.

» Maintenant, j'insiste sur ce que, de l'aveu de votre communauté, vous constituiez un obit annuel en sa faveur (anniversaire de son décès)......

» Un second obit sera constitué en faveur de la sœur Arbaud, qui a fait don de 6,000 francs en entrant dans la maison.....

» Ma vie est entre les mains de la providence; mais à l'âge où je suis parvenu, je ne puis me promettre de pouvoir vous assister encore longtemps, et de vous écrire encore quelquefois.

» Que Dieu répande sur vous toutes ses abondantes bénédictions. »

———

Le 31 octobre 1842 :

» Révérende Supérieure et vous nos chères Sœurs,

» Je ne doute point que déjà vous ne vous disposiez à célébrer la fête que l'Église a instituée en mémoire de tous les saints. Il est à espérer qu'un jour on célébrera votre mémoire, comme présentement vous célébrez celle de toutes vos saintes Ursulines.

» 1º Déjà la sœur Angèle a choisi son trône au milieu d'elles, et tous les jours elle monte une marche pour y arriver.

» 2º La sœur Saint-Louis (Arbaud), ne sait que correspondre aux paroles qu'elle répondit à son Évêque quand il lui dit : « Que ferons-nous? — Nous obéirons, » dit-elle.[1] Elle ferma la porte à à toute pensée contraire, et elle ne l'a plus ouverte.

» 3º Sœur sainte Philomène, je rends grâces à Dieu de ce que je l'ai admise à la profession. Je pense que chaque jour, comme sa sainte patronne, elle monte quelques degrés vers le ciel.

» Je désirerais avoir conservé la mémoire de tout ce que j'ai su dans son temps de particulier de chaque sœur.

» J'ai vu dernièrement chez moi M. R....., qui m'a parlé de sa bonne sœur. Il a été passer quelques jours chez les Trappistes d'Aiguebelle; j'ai été ravi de sa piété.....

» Une demoiselle de Nice d'environ vingt ans, ayant été

[1] Elle n'avait pas encore, alors, commencé son noviciat.

quelques mois détenue dans son lit par un mal à la jambe
gauche, une de ses amies, très-vertueuse polonaise, lui fit faire
une neuvaine en l'honneur du bienheureux Buffalo, prêtre
romain. On fit venir un morceau de sa robe. La polonaise,
domiciliée dans ce moment à Nice, se transportait souvent chez
la malade, dont les parents vertueux participaient à la neuvaine. La neuvaine terminée, la demoiselle polonaise va comme
à l'ordinaire chez son amie, portant les reliques du bienheureux
Buffalo. Après les prières ordinaires, elle adresse ces paroles à
la malade, en lui appliquant sur la partie malade les reliques :
« Étendez la jambe, levez-vous, descendez du lit. » A l'instant la
malade se lève et embrasse son père et sa mère, et les accompagne dans leur appartement. Le lendemain, 8 octobre 1842,
la demoiselle de Mestre (c'est le nom de la miraculée), accom-
pagnée de toute sa famille, va à la messe à pied, à l'église
des jésuites, qui est hors de la ville. Elle entend trois messes,
reçoit la sainte communion, et de là va à l'hospice servir les
malades pendant deux heures. Le lendemain, son père, qui est
gouverneur de Nice, reçut en grand uniforme tous les étrangers de distinction, et presque toute la ville se porta chez lui; et
la demoiselle accompagna toutes les dames jusqu'à la porte fort
gaiement. Notez que le matin même de la guérison miraculeuse
il était fortement question de couper la jambe.

» Je vous prie de faire tirer par vos pensionnaires quelques
copies de ce récit..... Vous les adresserez ensuite à ceux que
vous désignera M. M.....

» Que le Seigneur vous inonde toutes de ses bénédictions et
vous rassasie de ses consolations. »

Le 6 décembre 1842 :

» Révérende Supérieure et mes chères Sœurs,

» Puisse le Père des miséricordes vous inonder de bénédictions..... Mettez-vous ces jours-ci sous la protection de Sainte
Bibiane, de Sainte Barbe, mais surtout de Saint François-
Xavier, qui, dans les Indes orientales, a ouvert le ciel à de
saintes vierges, etc., etc.

» Tout peu digne que j'en suis, Dieu a voulu qu'étant à Rome, j'offrisse le saint sacrifice de la messe, à l'autel où l'on a placé une magnifique relique du bras droit de Saint François-Xavier, qui a baptisé une foule innombrable de gentils qu'il avait convertis à la foi. Si j'en eusse été digne, des flammes d'amour divin eussent pu sortir des ossements de l'apôtre des Indes et s'attacher à moi pour consumer mon cœur.

» Que Dieu veuille vous toutes inonder de ses bénédictions.

» *P. S.* Ma sœur, détenue dans son lit depuis plus de trois ans, ne cesse de se voir presque aux portes de la mort; mais Dieu la favorise de beaucoup de grâces..... Je recommande à toute la communauté la famille de Ribbe, chez qui je me suis retiré. Puissent, à vos sollicitations, les secours du ciel descendre sur chacun des habitants de la maison où je me trouve, et sur toute ma nombreuse parenté ! »

—

Le 4 janvier 1843 :

« Révérende Mère,

» Ce qui suit sera lu par vous-même ou par M. l'aumônier, dans l'assemblée générale de la communauté, même des pensionnaires et des personnes de service.

» Sans doute vous avez rendu des actions de grâces au Seigneur de toutes les faveurs que vous avez reçues de lui, dans l'année qui vient de s'écouler. Sans doute quelques larmes se sont échappées de vos yeux pour obtenir quelque assurance du pardon des fautes qu'il peut avoir eu lieu de vous reprocher ; vous en gémirez et vous offrirez des prières qui vous obtiendront beaucoup de part aux miséricordes éternelles. Mais soyez chacune bien soigneuses de réformer tout ce que Jésus vous ordonnera de ne plus vous permettre ; il désire que vous avanciez avec plus de zèle dans la vôie de la sainteté et de la perfection. Qu'aucune de vous toutes, mes chères Sœurs, dans aucune occasion, ne fasse, ne dise rien qui puisse donner lieu à ses compagnes de juger qu'elle cesse, ne fut-ce qu'un instant, de marcher à grands pas dans le chemin d'une vie toujours plus sainte, toujours exempte des moindres reproches.

13

» Quant à moi, je vais proprement en déclinant, sous tous les rapports, sous le rapport spirituel et sous le rapport corporel. Jusqu'à présent rien ne me rassure. Je recours bien à Jésus, mais je ne me vois point digne d'être exaucé de lui pour ma réformation. Hélas! en quelque sorte tout serait à désirer pour cette réformation; de sorte que, mes chères Sœurs, je pense que vous ne m'oublierez point devant votre divin époux.

» Ma sœur, toujours demi-mourante depuis quelques années, se recommmande à vos prières, ainsi que toutes les diverses personnes de la famille qui a bien voulu me donner l'hospitalité.

» Je pense que toutes les personnes de service de la maison, sous votre conduite, ne doivent soupirer qu'à tendre à la plus haute perfection. Amen, amen.

» *P. S............* Que des bénédictions abondantes descendent du ciel pour les pensionnaires, pour vous toutes et pour la bonne sœur Madelon. »

———

Le 4 février 1843 :

« Révérende Supérieure,

» Mgr. votre Évêque vous a quittées pour quelques mois. J'ai eu le bonheur de le voir cette après-midi; il me parait ravi de faire ce voyage.....[1] Il m'a paru déterminé à faire une retraite de huit jours. J'ai été singulièrement édifié de ses saintes dispositions. Je pense que vous ne passerez pas un jour dans votre monastère sans prier Dieu pour lui..... Il a fini la visite pastorale de son diocèse avec la grâce de Dieu; il a voulu, avec la grâce de Dieu, aller à peu près dans toutes les paroisses. Quand il a fallu que nous nous soyons séparés, il s'est mis à genoux devant moi..... nonobstant ma résistance; pour ne pas le laisser plus longtemps à genoux à mes pieds, je lui ai donné la bénédiction épiscopale ainsi qu'à son parent, présent, et il s'est retiré. Que chacune de vous toutes...... tous les jours conjure

---

[1] A Rome.

le Père céleste de l'inonder de ses bénédictions, et..... de le rassasier de ses consolations ineffables.

» Nos chères Sœurs, après, ne manquez point de supplier Jésus...... votre seul bien-aimé en ce monde, de me faire part de ses miséricordes éternelles ; surtout ne pouvant que me dire à moi-même, que je méritais peu qu'un prélat tel que Mgr. Sibour fût envoyé de Dieu, pour réparer une multitude comme innombrable de manquements dans un diocèse aussi vaste que celui de Digne.

» Révérende Supérieure et mes chères sœurs, j'ai atteint ma 90ᵉ année, depuis bon nombre de mois. Je suis sur mon déclin. Ai-je à me rassurer relativement au spirituel et à l'acquit de tous mes devoirs, relativement à la prière, à l'oraison, mais surtout au désir toujours plus ardent d'avancer, comme à pas redoublés, dans la voie de la sainteté par la pratique de toutes les vertus chrétiennes? L'humilité de cœur, le détachement des honneurs, des biens de ce monde et un véritable zèle pour la pénitence n'ont point été encore mon apanage ni l'objet de mon unique sollicitude. D'après ce que je viens de vous marquer en peu de mots, jugez si vos prières ne devraient même pas être accompagnées quelquefois de vos larmes, afin de gagner le cœur de Jésus en ma faveur. Jugeant de moi-même comme je dois le faire, je ne puis pas encore me rassurer le moins du monde.

» ....

» Aujourd'hui j'ai à vous annoncer qu'hier, vendredi, je me suis levé après six heures du soir. Jugez de l'état où me réduisent mes infirmités. Communément mon compagnon de prison prend soin de me faire réciter, non les matines de l'office, mais toutes les autres parties (à diverses heures), que je récite en partie étendu sur mon lit.

» Lorsque quelqu'une de vos sœurs se trouve alitée toute la journée ou une partie, s'il est possible, ne manquez point de faire réciter à certaines heures par une sœur, conjointement avec les malades, les prières usitées de la maison, mais surtout le saint office. Lorsque les infirmes ne sont point alitées, l'infirmière doit réciter avec elles toutes les prières que la sainte règle a indiquées. Il faut aussi qu'elles vaquent, autant que faire se peut, aux prières qu'elles sont dans l'usage de faire lorsqu'elles assistent à la sainte messe. »

———

Le 12 mars 1843 :

» Révérende Supérieure et vous toutes, nos chères Sœurs,

» Votre institut a été consacré au sacré cœur de Jésus. Du moment que vous avez fait profession, vous avez eu le bonheur de vous voir associées individuellement pour tout le temps présent de votre vie et même pour l'éternité, à Jésus, fils de Dieu fait homme.....

» Depuis le commencement de la sainte quarantaine, ne s'est-il pas comme rapproché de vous?..... Vos cœurs ne se sont-ils pas trouvés dès la première heure du jour tout enflammés d'amour pour lui, bien autrement qu'ils ne l'avaient encore été? Votre foi en Jésus n'a-t-elle pas été plus vive que jamais? Votre confiance en Jésus ne s'est-elle pas accrue?..... Mais lorsque le très-digne directeur de vos âmes célèbre, en votre présence, les saints mystères de nos autels et qu'il vous présente à Jésus, qu'il a le bonheur de tenir entre ses mains, le priant de vous inonder toutes de ses bénédictions; oh! dans quel ravissement ne devez-vous pas vous trouver dans ce moment?.....

» ....

» Il m'a été donné de vous entretenir quelques instants des devoirs de la vie spirituelle, et de l'espérance comme certaine, que chacune de vous toutes aura un jour la consolation de voir Jésus dans le ciel face à face.....

» Je ne veux point vous cacher, mes chères Sœurs, que bien souvent je me reproche de vous donner des instructions, et de donner à Dieu le déplaisir de ne point les mettre en pratique. Aussi je vous conjure toutes de faire beaucoup d'instances auprès de Jésus, surtout lorsque vous vous trouvez en sa divine présence, afin qu'il me fasse part de ses divines et infinies miséricordes. »

———

Le 24 mai 1843 (un mois et trois jours avant sa mort) :

« Révérende Supérieure et vous toutes mes chères Sœurs,

» Qu'il me soit permis aujourd'hui de vous adresser directement quelques paroles au nom de Jésus qui nous a quittés en remontant au ciel, d'où il était descendu pour se revêtir de notre humanité, et y remonter le jour de son Ascension pour nous y préparer des trônes de gloire en sa divine présence, au milieu des esprits célestes et de la multitude innombrable des bienheureux qu'il a introduits successivement dans le ciel.

» . . . . . Présentement Jésus assis à la droite de son père céleste a comme les yeux fixés sur la terre, sur ceux qui aspirent à être du nombre des élus. Qu'aucune de vous autres ne passe un seul moment sans lui dire à cœur ouvert : Jusques à quand me laisserez-vous sur la terre, dans cette vallée de larmes? Oh! quel moment heureux pour moi lorsque vous ferez cesser les larmes qui coulent de mes yeux! Hélas! je me reproche de ne pas devenir chaque jour meilleure que je n'ai été en commençant. O Marie! reine des anges, vous êtes toujours en joie dans le ciel, et vous voyez Jésus lui-même comblé de gloire et dans une continuelle allégresse. . . . .

» Je suis moi-même tout en joie en sachant que vos personnes de service s'immolent elles-mêmes à Jésus, afin qu'au dernier jour de leur vie elles ne fassent plus qu'une seule et même victime avec Jésus immolé au père céleste.

» Je pense que vos élèves vous donnent lieu d'être ravies de leur foi, de leur confiance et de leur amour pour Jésus. Amen. Amen. »

———

Ces paroles affectueuses et naïves, ce tendre intérêt qui s'étend à toutes les personnes, cette touchante sollicitude qui entre dans tous les détails et qui s'occupe avec bonté des moindres choses, prouvent combien étaient sincères les sentiments exprimés dans la lettre qui suit, écrite en entier de la main de Mgr. de Miollis, vers la fin d'octobre 1838, quelques jours avant son départ de Digne.

« T. R. Supérieure, Assistante, Maîtresse des pensionnaires,

» Du 24 de ce mois j'ai cessé d'être l'évêque de Digne ; mais vous ne cessez point d'avoir un évêque ; le divin Sauveur est l'Évêque universel de la chrétienté ; et certainement il vous affectionne et vous a même assigné vos places dans son propre cœur. Que vous êtes heureuses de ne point en sortir ! Puisez-y des bénédictions et des consolations chaque jour.

» Quant à moi, sous peu je vous quitte ; mais je me trompe, je ne vous abandonne point. Priez beaucoup pour que je demeure comme vous dans le cœur de Jésus, afin que, vous y voyant, je puisse m'y associer en quelque sorte à vous toutes, que je porte dans mon cœur paternel jusqu'à la fin de mes jours.

» Que ma langue s'attache à mon palais, si jamais je vous oubliais ! Toujours je vous offrirai au Père céleste comme de belles fleurs répandant l'odeur suave de l'humilité de cœur, de la pauvreté d'esprit et de la mortification. Les esprits célestes, je n'en doute point, sont comme embaumés par vous toutes, lorsqu'ils sont témoins comme, à l'envi les unes des autres, vous vous avancez dans les voies de la sainteté, sachant vous faire à vous-mêmes quelquefois, des reproches auxquels votre divin époux applaudit.

» Souvenez-vous de moi jusqu'à mon décès, et aussi après ma sortie de ce monde, où j'ai figuré si longtemps comme évêque, hélas ! hélas ! sans avoir toutes les vertus qui ont ouvert les portes du ciel à tant de saints pontifes. »

« † Ch. F. M. B., Évêque de Digne. »

———

IL ÉCRIVAIT A M. MEIRIEU, GRAND VICAIRE,

Au mois d'août 1842 :

« Monsieur le vicaire général,

» Vous m'avez parlé d'une indisposition qui vous a retenu quelques jours au lit..... Je suis persuadé que les indispositions corporelles vous donnent lieu de bénir le Père céleste qui, dans ces occasions, répand dans les âmes justes de plus amples bénédictions.

» Hélas! Dieu, dans sa miséricorde..... paraît vouloir me
rassasier d'indispositions, et aucune ne reçoit de Dieu l'ordre
de disparaître..... Conjurez le seigneur, conjointement avec
les sœurs de Sainte Ursule, pour m'obtenir, nonobstant mes
manquements journaliers et successifs, que des bénédictions
descendent sur moi plus abondamment que je ne le mérite......

» Notre bon vicaire général éprouve des indispositons; il
lève les yeux au ciel,..... il passe plusieurs jours au lit, et ne
sait qu'en bénir le Seigneur.....

» Je ne pourrais point vous dire, mon cher M. le vicaire
général, si pendant ma longue vie j'ai agi de même que vous.
Au moins présentement, n'ayant plus que quatre jours à rester
sur la terre, puissé-je me dire que je suis devenu votre imitateur! Mais, comptant sur vos prières, j'espère que Dieu jettera
quelques regards de commisération sur ma personne.....

» Dites à nos Sœurs que ma famille a été ravie de leur lettre ;
je leur en écrirai plus au long quand la caisse sera arrivée. Je
les félicite de la retraite qu'elles vont commencer.....

» ..... Dans le recoin de la pièce qui doit être mon logement jusqu'à la mort, je ne sais que me dire à moi-même :
Pourquoi Dieu ne m'a-t-il pas réservé proprement un cachot
jusqu'à mon décès? En jetant un coup-d'œil sur toute ma vie
passée, je me dis à moi-même : Hélas! Dieu me traite trop favorablement. Ne serait-il pas toujours le Dieu infiniment juste,
s'il m'atterrait sous le poids de ses châtiments en proportion de
la multitude des manquements qu'il a à me reprocher? *Fiat,
fiat*.....

» M. le vicaire général, vous savez que vous êtes placé tout
au long dans mon cœur, je vous y fais souvent des visites.

» Présentez mes hommages très-respectueux à Monseigneur.
Je vous recommande de lui prodiguer vos soins. »

———

IL ÉCRIVAIT AUX SOEURS DE LA DOCTRINE CHRÉTIENNE,

Le 25 février 1839 :

« Mes très-chères Sœurs et Filles, soyez toujours plus amantes
de Jésus ; soupirez comme sans cesse après le grand bonheur de

vous unir toujours plus à Jésus, en mourant tous les jours à vous-mêmes. Oh! quelle joie dans le ciel, alors! Oh! quelle joie pour les saints anges qui ne vous quittent point un seul instant! Ne doutez point que je ne vous souhaite d'abondantes bénédictions du Seigneur, indépendamment de celles que vous puisez chaque jour dans le divin cœur de Jésus.

» Que des consolations nouvelles vous animent et vous encouragent à continuer de marcher à grands pas dans les voies de la sainteté et de la perfection, afin de vous mériter que les portes du ciel vous soient ouvertes. Amen, amen, amen. »

« † Ch. F. M. B., Évêque. »

« La présente sera lue à la communauté et dans l'église.

» Après, le *Pater*, l'*Ave* et le *Gloria Patri*, pour obtenir du Père des miséricordes qu'il veuille me faire la grâce d'oublier mes nombreux manquements dans l'épiscopat. »

———

Le 21 octobre 1839 :

« Notre révérende Supérieure,

» Je rends grâces au Père céleste, qui a bien voulu vous conserver encore à notre établissement du noviciat des institutrices, pour sa gloire et la grande satisfaction du diocèse et ma propre consolation.

» Que Dieu, en prolongeant votre séjour à Digne, inonde votre cœur d'abondantes bénédictions et de consolations. Vous même en puisez d'abondantes et véritablement abondantes dans le cœur de Jésus, où vous avez depuis longtemps votre demeure.

» Vous voyez, oh! quelle joie! vos élèves y être déjà aussi elles-mêmes, et goûter combien le joug du Seigneur est doux et léger. Mais je ne doute point que, les tenant comme par la main, vous ne les fassiez pénétrer toujours plus avant. Oh!.....
que votre joie doit être grande!

» ....

» J'ai écrit deux lettres à M. Jordany, vic. gén., relativement à mon achat de la maison Julien. Six mille francs ont été comptés ; restent dûs quatre mille francs. Comment les ferai-je compter? Je ne le puis qu'autant que le noviciat aura été constitué œuvre diocésaine.....

» ....

» Ainsi, donnez-vous du mouvement ; la gloire de Dieu l'exige. »

« † Cu. F. M. B., Évêque. »

———

Le 19 novembre 1839 :

« Notre révérende Supérieure et vous, dignes Sœurs,

» Vous voilà établies dans la maison que Dieu a voulu vous donner pour habitation définitive. Soyez-y toutes de vraies amantes de Jésus, et devenez toujours plus ses bien-aimées. Vous en aurez l'assurance en allant toujours plus avant dans les voies de l'humilité, de la pauvreté d'esprit et de la mortification chrétienne.....

» Que la prière, la méditation, fassent vos délices. Je ne doute nullement que vos élèves ne soient elles-mêmes ravies de se voir sous votre direction. Ayez beaucoup de sollicitude pour elles sous tous les rapports.....

» Mais pour vous mêmes, quelle satisfaction d'apprendre que vos filles spirituelles, au milieu de leurs jeunes élèves, et les tenant comme par la main, les font marcher dans le chemin de la vertu et de la crainte de Dieu !

» Vos institutrices, qui toutes répandent elles-mêmes une bonne odeur de sainteté et de perfection, gagneront des âmes à Jésus, et l'on en bénira Dieu.....

» Puisse le Père céleste bénir le noviciat, le protéger et même le peupler de filles séraphiques et de bien-aimées de Dieu.

» Mais je compte que, dans le noviciat, on lèvera souvent les mains vers Dieu, pour le solliciter de faire part de ses miséricordes à un vieillard qui se voit dans la nécessité d'y recourir. Amen, amen, amen. »

———

Au commencement de janvier 1840 :

« Très-révérende Supérieure,

» Vous êtes toujours plus profondément dans le cœur de Jésus ; c'est un sujet de joie pour les saints anges. Continuez d'exercer vos fonctions si consolantes pour le diocèse, et donnez-moi de vos nouvelles et de celles de l'établissement.

« Accueillez les quelques lignes que j'adresse à vous-même, à vos coopératrices et aux novices. Monsieur Gamel vous en donnera lecture.

» Vous le consignerez dans vos archives.

» Que le père céleste vous comble de ses bénédictions. »

« † Ch. F. M. B., Évêque. »

» L'allocution sera déposée aux archives ; elle pourra être lue à toutes les réunions en retraite générale des institutrices.[1] »

ALLOCUTION.

« Très-révérende Supérieure et vous ses très-dignes coopératrices,

» Je me dois à moi-même, fondateur sous bien des rapports, de vous adresser quelques lignes.....

» Remplissant une des fonctions importantes de l'apostolat, vous vous voyez, dans une réunion d'aspirantes aux saintes fonctions d'institutrices ; c'est à vous, révérende Supérieure, à tenir, comme par la main, vos zélées coopératrices..... pour les faire avancer avec joie dans leur carrière. Vos exemples, vos instructions assidues, vos soins comme maternels et affectueux, captiveront leur confiance. Certainement elle sera telle, que vous en bénirez le Père céleste ; et elles-mêmes en rendront des actions de grâces à Jésus.

» Que toutes les novices commencent, à l'envi les unes des autres, d'entrer dans la voie étroite. Une vie silencieuse, grave, exempte de tout reste du jeune âge, les rendra dignes des regards fréquents de Jésus ; les saints anges applaudiront à leur humilité.

---

[1] Jusqu'ici les lettres aux sœurs de la doctrine chrétienne sont écrites de la main de Mgr. l'Évêque. L'*allocution* a été seulement dictée par lui.

» O révérende Supérieure et vous, ses coopératrices! vous êtes persuadées que déjà Dieu même et les saints anges se promettent tout de vos novices; mais vous-mêmes, écoutez ce qu'un pontife des premiers temps disait : On voit ce chrétien, cette chrétienne, on voit Jésus même, *Christianum, christianam vidistis, Christum vidistis.*

» Et vous, chères Novices, en voyant les amantes de Jésus qui vous dirigent, ne vous dites-vous pas à vous-mêmes : Ce sont de véritables Maries que nous voyons; elles répandent la bonne odeur même de Jésus..... Soyons leurs véritables imitatrices; si Dieu nous en fait la grâce, nous serons heureuses toute notre vie.

» ....

» Mais, chères Novices, partez lorsqu'il en sera temps, comme des filles séraphiques; rendez vous à votre destination; soyez-y des filles de la sainte Sion, accompagnées d'esprits célestes, sous les yeux de votre divin époux; et qu'on dise en vous voyant : Ce sont des Saintes-Angèles qui nous arrivent.

» O institutrices! puissent vos jeunes élèves être ravies de se voir accueillies, enseignées et instruites religieusement par vous !..... »

» Très-révérende supérieure et vous ses coopératrices, votre sollicitude pour les institutrices fait que vous les invitez (et avec quelle affection!) à se réunir dans le noviciat à une époque favorable. N'avez-vous pas eu la satisfaction de les voir, bien plus vraies imitatrices de la vierge Marie même qu'elles n'avaient paru l'être à leur départ? N'en rendez-vous point des actions de grâces à Jésus, pendant les jours heureux qu'il vous est donné de les posséder auprès de vous? Toutes certainement répandent chaque jour la bonne odeur de Jésus, de Marie, et des saintes diaconesses de la primitive Église.

» Après le peu de jours qu'elles vous ont donnés, Retournez, leur dites-vous les larmes aux yeux, pleines des dons du divin époux des vierges; les saints anges qui ont accompagné la reine des vierges dans ses voyages vous protégent.

» Révérende Supérieure et vous, Assistantes, reprenez vos occupations si précieuses au diocèse et aux familles, en recommandant à Dieu le fondateur et un des bienfaiteurs du noviciat, quoique vrai *minimus apostolorum.* [1]

» Nonobstant mon insuffisance et mes pas trop lents vers le cœur de Jésus, je solliciterai jusqu'à mon dernier moment de nouvelles consolations pour votre sainte maison, et pour celles qui lui appartiennent. Amen, amen, amen. »

« ✝ Cʜ. F. M. B., Évêque. »

« Je commence comme par nécessité de me dire : *Quotidie morior.* [2] »

———

Le 20 février 1840 :

L'ancien Évêque de Digne à MM. les Administrateurs et à la révérende Supérieure, etc., du noviciat des institutrices de Digne.

« MM. les très-dignes Administrateurs et très-révérende Supérieure et Sœurs du noviciat des institutrices,

» J'ai cessé d'être votre premier pasteur, pour la grande gloire de Dieu ; cependant jusqu'à ma mort bien souvent je me verrai en esprit au milieu de vous tous. Toujours je serai ravi de vous voir, véritables amants et bien-aimés de Jésus. Bénissez le souverain Pasteur des âmes de vous avoir donné un premier pasteur selon son cœur. Mais quelles actions de grâces votre évêque ne rendra-t-il pas à Dieu, lorsqu'il aura occasion de vous voir tous, et même les novices, répandre la bonne odeur des vertus de Jésus-Christ et de Marie sa sainte Mère?.....[3]

» .... »

———

[1] Corinth., xv, 9.
[2] *Ibid.*, xv, 31.
Ces deux lignes et la signature sont de la main de Mgr. l'Évêque.
Les lettres suivantes, aux sœurs institutrices, ont été seulement dictées par lui.
[3] Mgr. Sibour n'était pas encore arrivé à Digne. Il ne fut sacré à Aix que le 25 février de cette année 1840.

Le 29 février 1840 :

« Très-révérende Supérieure,

» Je vous sais gré de m'avoir donné de vos nouvelles directement. Je me félicite (ou plutôt je bénis Dieu) d'avoir commencé de consolider la sainte œuvre des institutrices, en faisant l'acquisition de la maison que vous occupez. Le sacrifice des fonds que j'y ai destinés ne m'a point été pénible, car je savais que Dieu même avait commencé de répandre ses bénédictions sur ce noviciat : je suis persuadé que vos vertus et vos excellentes qualités, ainsi que celles de vos sœurs y ont donné lieu. Vous et vos sœurs..... ne savez que vous rendre Jésus toujours plus favorable. Vos pieuses novices ne négligent rien pour cultiver les semences de vraie piété que vous jetez dans leurs cœurs ; et, par leur grande ferveur, elles se rendent déjà dignes des récompenses éternelles. Vous, vos sœurs et vos novices, par vos prières, obtenez-moi quelque part aux miséricordes infinies du Seigneur.

» Vous savez que je ne sais que vous souhaiter à toutes les bénédictions du Seigneur les plus abondantes. Amen, amen, amen. »

———

Le 20 avril 1840 :

» Très-révérende Supérieure du noviciat et nos Sœurs ses bien dignes collègues,

» Vierges qui avez choisi Jésus depuis longues années pour être du nombre de ses chastes épouses, Dieu vous voit toujours plus désireuses d'être des bien-aimées de son fils ; vous mettez votre bonheur à ne jamais lui déplaire ; vous aspirez à devenir saintes et parfaites comme Jésus même, par l'humilité de cœur, la pauvreté d'esprit, et un véritable renoncement à vous mêmes.....

» Jeunes Novices, il n'est point de doute que vous ne rendiez tous les jours des actions de grâces au Père céleste, de vous voir sous la conduite de personnes qui vous sont si dévouées, et qui désirent tant votre bonheur. Elles sont dans la joie de vous voir marcher sur leurs traces, et enrichir vos âmes par la pratique de beaucoup de vertus, par votre zèle pour la prière, l'oraison et le silence.

» Vous, nos Sœurs, et vous, jeunes servantes de Jésus, vous assistez au saint sacrifice de nos autels, sans doute, toujours avec une foi plus vive et une confiance sans bornes en Jésus qui s'immole en votre faveur.

» Saint Hommebon, marchand, assistait tous les jours au saint sacrifice de la messe, le cœur brûlant d'amour, etc.....

» *P. S.* Nos chères Sœurs et jeunes Novices, Dieu m'a retenu dans le lit plus de deux mois. Maintenant je me lève dans la journée. Dieu veut que je n'aie pas grand espoir d'un rétablissement parfait; à dire vrai je ne le mérite pas beaucoup. Vous toutes priez Dieu qu'enfin il veuille me rendre Digne de consommer mon sacrifice, et qu'il veuille bien oublier ce qu'il y a eu de défectueux dans ma vie passée..... »

———

Le 8 mai 1840 :
» Révérende Supérieure, vous mes chères Sœurs..... et vous ferventes Novices, vous donnez lieu aux Saints Anges d'être tout en joie dans le ciel, par votre zèle pour votre avancement dans le saint amour de Jésus. Notre divin Sauveur certainement se plaît tous les jours à contempler avec quelle ardeur vous aspirez à devenir saintes et parfaites, selon qu'il vous y engage par ces paroles : « Soyez parfaits comme votre père céleste est » parfait. [1] » Une humilité profonde, un vrai détachement des biens de ce monde, un véritable renoncement à vous mêmes, une vie retirée et silencieuse vous font avancer vers votre but.

» Puissent toujours de nouvelles bénédictions descendre du ciel sur vous toutes. Je compte toujours sur vos prières; vous et vos administrateurs pouvez compter sur les miennes. »

———

[1] Math., v, 48.

Le 12 juillet 1840 :

« Nos révérendes Mères, chères Sœurs, Novices et Prétendantes ,

» . . . .

» Je ne doute point que le jour que l'Église a célébré l'entrée triomphante de Jésus dans le ciel, vous ne vous soyez
dit : Oh ! que nous désirerions, et que nous serions jalouses
de mériter d'être admises au bonheur d'entrer un jour dans le
ciel comme Jésus ! Aussi déjà nous nous considérons comme des
étrangères dans cette terre d'exil que nous habitons. O Jésus,
après avoir passé trente-trois ans sur la terre, vous êtes monté
au ciel le quarantième jour après votre résurrection ; ô Jésus,
nous envions votre bonheur ; bien des fois nous ne pouvons
presque plus souffrir cette terre. Quand arrivera ce jour heureux où vous viendrez nous prendre , et nous introduire dans le
ciel en nous tenant comme par la main ? Alors, ô Jésus, nous
laisserons, à votre exemple, la terre , sans aucun regret. . . . .
Nous nous verrons au milieu des Ursule, des Angèle, des Rose
de Lima, des Rose de Viterbe, etc., etc., etc.

» O nos sœurs ! . . . . . soyez toujours plus désireuses de répandre la bonne odeur des vertus de Jésus, surtout de sa grande
et profonde humilité, de son détachement des biens terrestres et
de son renoncement à sa propre volonté.

» . . . . . Oh ! quelle joie, mes sœurs, si vous pouvez vous
écrier avec quelque vérité, en vous voyant les unes les autres :
c'est Marie, mère de Jésus ; c'est Sainte Ursule, c'est Sainte
Angèle, c'est Sainte Scholastique, c'est Sainte Thérèse, c'est
Sainte Magdeleine de Pazzi, etc., que nous voyons ! . . . . .

» Sorti en quelque sorte pour jamais de l'épiscopat, même du
saint des saints, et proprement de toute assemblée religieuse, je
me vois dans une position qui, à ce que je pense dans le moment, m'était due pour mes innombrables démérites.

» Mes chères Sœurs, et vous toutes, veuillez faire une sainte
violence au Père céleste, afin qu'il me donne quelque espoir de
recevoir un baiser de paix éternelle. »

Le 28 octobre 1840 :

. « Très-révérende Supérieure et vous, nos chères Sœurs et Novices,

» ..... Lors du renouvellement des classes, après avoir attendu quelque temps les nouvelles novices un peu tardives, l'ouverture des classes aura lieu ainsi qu'il suit..... Au jour désigné, dans la matinée, toute la communauté assemblée dans la grande salle, la communauté se dirigera vers la petite porte de l'église, en chantant le *Veni Creator.* La procession fera le tour de la grande nef de l'église, dans l'intérieur, etc.....

» Ce qui suit sera lu au chœur à la suite de quelque exercice du dimanche, par Monsieur l'aumônier, avant la bénédiction du très-saint Sacrement, si Monseigneur accorde la permission de la donner.

» Très-révérende Supérieure, nos chères Sœurs et pieuses Novices, vous voici réunies en la présence réelle de Jésus. Il se trouve au milieu de vous et aussi réellement, en ce saint lieu, qu'il est au ciel assis à la droite de son Père céleste ; il est aussi réellement au milieu de vous, qu'il était au milieu des apôtres, de ses disciples et des autres personnes qui l'écoutaient lorsqu'il était sur la terre. Il est vrai que vous ne voyez point Jésus comme les anges, les archanges, et les séraphins le voient dans le ciel ; vous ne le voyez point des yeux du corps comme le voyaient la vierge Marie, les apôtres, les disciples et autres personnes qui ont eu le bonheur de le voir et de l'admirer ; mais l'Esprit saint éclaire chacune de vous de ses divines lumières..... Aussi je ne doute pas que bien souvent vous trouvant dans le lieu saint, vous n'adressiez à Jésus votre bien-aimé les paroles suivantes : O Jésus, quoique je ne vous voie point des yeux du corps, cependant je suis toute en joie de vous voir des yeux de la foi, de vous contempler, de vous admirer. Mais, ô Jésus, mon amour ! accordez-moi la grâce dont vous avez favorisé..... la célèbre pénitente et le bon larron, le bonheur de vous voir un jour face à face. O chaste époux de mon âme ! voudrez-vous bien m'accorder au moins la grâce de ne point cesser de vous aimer, de vous adorer, de vous bénir, et de vous rendre des actions de grâces toutes les fois que j'entrerai dans le lieu de votre demeure ? Puissé-je mériter d'entrer dans votre cœur, et m'y placer pour y être plus à portée d'écouter les divines paroles que vous m'adressez !..... Oh ! que je serais envieuse et jalouse de me voir enfin comme sur le point de me consumer d'amour pour vous !

» Mes chères sœurs, je ne doute point que le langage que je vous fais tenir à Jésus ne soit tenu par vous ainsi qu'il l'a été par toutes les âmes séraphiques qui ont existé depuis la publication du saint Évangile, et qui ont soupiré après le bonheur de posséder Jésus dans la céleste Jérusalem.

» Tous les saints ont marché par la voie que leur avait montrée Jésus : humilité de cœur sans bornes, détachement parfait de ce monde, pauvreté d'esprit, vrai renoncement à soi-même. Puissent toutes vos pensées, toutes vos paroles, toutes vos actions et tous les instants de chaque journée être consacrés à Dieu, en remplissant les divers devoirs de vos fonctions.

» Tous les jours et tous les instants, sachez vous adresser à vous-mêmes les paroles que Jésus adressait à ses disciples : Soyez parfaits comme votre père céleste est parfait........ »

Vers le 26 ou 28 mai 1841 :

« Révérende Supérieure,

» ....

» M. l'aumônier de la maison sait se laisser conduire par l'esprit de Dieu, et diriger les consciences pour le mieux et selon le désir du Seigneur. Je pense que Dieu même le dirige spécialement pour conduire les âmes dans la voie de la perfection chrétienne, et conformément aux saintes règles auxquelles elles se sont dévouées.

» ....

» Révérende Mère supérieure, à l'exemple de la vierge Marie, mère de Jésus, vous présidez votre communauté comme elle présidait à la sainte assemblée du cénacle aux approches de la fête de la Pentecôte, y répandant la bonne odeur de toutes les

vertus. Sans doute que vous-même, pendant ces jours de pro-
pitiation, et toutes les personnes qui composent votre sainte
assemblée, comme les apôtres et les disciples composaient celle
du cénacle, vous n'aurez d'autre désir que celui des apôtres et
des disciples.

» Le fils de Dieu leur avait annoncé qu'il ferait descendre
sur eux l'Esprit paraclet. Puisse, dans vos prières et vos oraisons, votre foi et votre confiance en Jésus vous mériter que
l'Esprit paraclet se rende présent dans vos cœurs. Si vous ne le
voyez point descendre sur vous sous la forme de langues de feu,
il vous donnera cependant des preuves de sa divine présence dans
vous..... Puissent les saints anges, qui ne manqueront point
de vous assister, voir sortir du dedans de vos cœurs des traits
de flammes; puisse le feu de l'amour divin qui vous embrasera
s'emparer du cœur de vos jeunes élèves.....

» Il n'est aucun jour que je n'offre au Seigneur des vœux bien
ardents, afin qu'il inonde les cœurs de vous toutes de ses plus
abondantes bénédictions. Ce m'est une consolation véritable de
savoir que vous offrez au seigneur des vœux pour qu'il me fasse
part de ses infinies miséricordes. »

« La présente n'étant pas partie en son temps[1], je crois devoir y surajouter que j'ai éprouvé un grand catarrhe, fort
pénible aux yeux de la nature, mais bien avantageux à l'âme.
Je vais incessamment commencer mes quatre-vingt-neuf ans.[2]
Je ne vous demande point que vous sollicitiez auprès de Dieu
la prolongation de mes jours, mais plutôt qu'il veuille vous
conserver longtemps mon successeur, qui a pour vous toutes
beaucoup d'estime et de confiance. Celles d'entre vos coopératrices qui ont sous leur conduite de jeunes élèves, je ne
doute nullement que, les tenant comme par la main, elles ne
les fassent entrer et persévérer dans la demeure du cœur de
Jésus avec elles. »

---

[1] Elle avait été écrite en effet aux approches de la Pentecôte, qui, cette
année, était tombée au 30 mai; mais elle ne fut envoyée que le 10 juin.
[2] Il y entrait le 19 juin.

« *P. S.* Quinze jours avant l'ouverture des retraites, veuillez bien m'écrire. »

———

Le 26 août 1841 :

« Notre chère Sœur supérieure,

» D'après vos sollicitations, j'adresserai des médailles précieuses à M. votre supérieur ; s'il le juge à propos, il en fera la distribution ou en personne ou par délégation, à l'issue de la sainte messe, un jour quelconque de la retraite.....

» ..... Au sortir de votre retraite, certainement vos cœurs, brûlants d'amour, laisseront pleine liberté à des étincelles brûlantes, de se répandre sur les diverses personnes qui auront l'avantage de vous voir..... »

———

Le 21 décembre 1841 :

« Notre chère Sœur supérieure, vous ses dignes Coopératrices et pieuses Novices,

» Disposez vous toutes, comme à l'envi les unes des autres, à vous mettre avec empressement à la suite des bergers des campagnes de Bethléem. Dieu le Père céleste les avait prévenus de la venue du divin Messie dans le monde. Des esprits avaient fait retentir dans les airs des chants d'allégresse et de joie ; même plusieurs des anges les avaient abordés, et leur avaient annoncé la naissance du Sauveur du monde dans la ville de David. Sans aucun délai ils partent et arrivent au milieu de la nuit, et entrent dans l'étable de Bethléem ; et quoiqu'ils ne voient qu'un enfant nouveau-né, couché dans une crèche, au milieu de deux animaux qui l'échauffent de leur souffle ; ils adorent le Verbe de Dieu qui a voulu se faire homme sans cesser d'être l'éternel et l'immortel. Les bergers, prosternés et brûlants d'amour, le contemplent, l'adorent, le bénissent et lui rendent des actions de grâces. Les pieux et heureux bergers se retirent ensuite brûlants d'amour ; ils font part de leur joie et de la grande et heureuse nouvelle à tous ceux qu'ils voient.[1] »

[1] Luc, II, 8-20.

» Vous toutes avez eu le bonheur que des ministres des autels, dignes représentants des saints anges, vous aient déjà entretenues des grandes choses que les saints anges annonçaient aux bergers. Je pense que déjà vous vous dites souvent à vous-mêmes : Nous verrons le Messie, promis depuis le commencement du monde. Il est vrai que nous ne le verrons point des yeux du corps. Les bergers arrivés dans l'étable de Bethléem ne voient qu'un enfant nouveau-né couché dans une crèche, entre deux animaux qui l'échauffent de leur souffle ; mais éclairés par l'esprit divin..... ils adorent, contemplent et bénissent le fils de Dieu fait homme pour notre salut éternel..... Le divin Messie inonda d'abondantes bénédictions les cœurs des bergers ; il vous accordera la même faveur. Quant à vous toutes (je n'en excepte pas une seule), dans le moment vous n'aurez d'autre désir que de ne point vous retirer, et vous vous direz à vous-mêmes : Que nous serions heureuses si, comme Marie et Joseph, nous pouvions toujours être auprès de Jésus ! Rentrez ensuite dans les lieux de votre habitation en glorifiant Dieu ; et soyez semblables aux pieux bergers de Bethléem, qui ne surent toute leur vie que rendre des actions de grâces au Père céleste.

» Je vous conjure toutes, ainsi que votre ange Raphaël [1], de vous souvenir de moi devant le Seigneur. Je doute fort d'avoir été, un instant de ma vie, semblable aux bergers de Bethléem. »

———

Le 28 décembre 1841 :

« Très-révérende Supérieure,

» Le noviciat bénit Dieu de votre arrivée. Le souvenir de la sœur que vous avez remplacée ne se perdra point ; mais vos vertus ont déjà commencé de faire descendre sur le noviciat de nouvelles bénédictions.

» Vous avez fait entendre comme des cris de détresse dans la

___

[1] C'est-à-dire ; votre guide spirituel, votre aumônier, M. l'abbé Gamel.

cellule plus que solitaire d'un pontife qui a cessé de l'être (quant aux fonctions), et que Dieu a exclu du sacerdoce même; la mort s'avance; aussi je crois avoir quelque droit de compter sur vos prières et sur celles de toutes les servantes de Jésus qui sont dans le noviciat; puissent-elles m'obtenir quelque part aux miséricordes infinies du Seigneur!

» Révérende Supérieure et vous nos chères Sœurs et Novices, écoutez quelques paroles que Dieu me permet encore de vous adresser. Je puis d'un jour à l'autre être retiré de la terre des vivants. Veuillez bien solliciter en ma faveur les plus grandes miséricordes du Père céleste.....

» Marchez toujours mieux en la divine présence du Seigneur..... Puisse la prière et l'oraison faire vos délices!.....

» ....

» ..... Aspirez toutes à devenir des imitatrices de Marie, mère de Jésus; elle vous prendra sous sa protection, et vous obtiendra toujours des faveurs spéciales de Jésus son divin fils.

« La présente sera lue en plein chapitre, à la suite de quelque exercice spirituel. »

———

Le 12 février 1842 :

« Révérende Supérieure et vous ses dignes Coopératrices,

» Il y a un certain temps que vous ne m'avez point donné de vos nouvelles, à moi qui vous ai engendrées spirituellement dans ma plus grande vieillesse, malgré mon peu de mérite. Si Dieu a permis que j'aie été proprement votre père, il a comme exigé de ma part que je fisse un énorme sacrifice : je m'en félicite tous les jours. Veuillez bien en bénir Dieu, qui seul fait entreprendre et consommer les bonnes œuvres.

» Quelles sont les suites de celle-ci? on me les laisse ignorer; et je me dis à moi-même tous les jours que vraisemblablement Dieu le juge à propos. Néanmoins dans ma solitude ce m'est une véritable satisfaction d'entretenir quelquefois (et quelque peu digne que j'en sois) le divin époux des âmes, de vous toutes ainsi que des novices.

» Révérende Supérieure, et vous ses Coopératrices, que le

ciel vraisemblablement lui a données, ainsi que vous toutes nos chères Novices, l'espérance du clergé, de la jeunesse, de la société et même des communes, on ne doute nullement que les unes et les autres n'ayez eu et n'ayez présentement un vif désir de correspondre aux espérances déjà comme effectuées que l'on a conçues de vous autres..... Les yeux de toutes les personnes qui pensent bien se reposent avec beaucoup de confiance sur vous.

» ..... Aspirez toutes à vous montrer de véritables imitatrices de l'immortelle Sainte Anne dont l'Église solennise annuellement la mémoire. Certainement ses vertus, ses soins empressés et ses très-saintes invitations ont donné lieu à la vierge Marie d'entrer dans les voies de la sainteté et de la plus sublime perfection. Vous toutes, Dieu le père céleste s'attend à ce que vous vous montriez de véritables mères, pour bien des personnes qui sont destinées à entrer dans la voie de la sainteté chrétienne.....

» O mon Dieu! étais-je bien digne d'adresser quelques lignes à des vierges qui aspirent à se montrer comme des séraphiques à votre suite? Mes chères sœurs, nonobstant mes démérites je conjure le divin époux de vos âmes de vous rassasier de consolations..... »

Le 10 avril 1842 :

» Révérende Supérieure,

» Déjà le noviciat bénit Dieu. Vous succédez à une très-digne sœur de votre congrégation. Comme elle, vous faites le bien, et les élèves s'en applaudissent.

» Vous m'avez fait part de la détresse du noviciat : En quelque sorte tout de suite j'ai adressé un don assez exigu relativement au manque de ressources; M. Gamel doit vous l'avoir annoncé.

» Depuis près de trois ans je me trouve en quelque sorte expulsé de l'épiscopat. J'avais dépassé la 85e année de mon âge quand je quittai Digne. Depuis, atteint d'une grande maladie, je me vois expulsé du sacerdoce. Des infirmités m'ont assailli partout. Cependant depuis quelques mois, je fais de temps à autre certains tours de chambre avec un appui. Il ne me reste plus qu'à me préparer à la mort; elle peut être prochaine, quoique tant soit peu différée.

» Les secours pécuniaires que je dois au noviciat ne peuvent pas être abondants, et de plus ne peuvent arriver que successivement. Je me flatte que le noviciat me saura toujours gré du passé, et qu'après ma mort un obit annuel aura lieu au noviciat pour le repos de mon âme. Les prières qu'on adresse au Seigneur pour moi et celles qu'on lui adressera après ma mort m'obtiendront quelque part à ses infinies miséricordes.

» Puisse le Seigneur vous conserver assez longtemps directrice du noviciat de Digne, et tout le diocèse en aura une grande satisfaction. »

Le 25 août 1842 (à l'occasion de l'ordonnance royale du 11 juillet 1842, qui autorise l'établissement des Sœurs de la doctrine chrétienne) :

« Révérende Supérieure et vous ses Coadjutrices, déjà connues par votre zèle pour le noviciat; pieuses Novices, et vous toutes qui habitez la maison dont proprement le Monarque vous fait compliment en vous adressant l'ordonnance qui donne une existence légale à la dite maison,

» C'est une affaire finie; aussi je vous félicite, révérende Supérieure et ses diverses Coopératrices, d'avoir ajouté (pour la gloire de Dieu), à la maison que je vous avais achetée, une aile nouvelle, bien exposée au midi. Je vous conseille de faire bénir solennellement le nouveau bâtiment par M. l'aumônier ou autre, etc. Mémoire de ladite cérémonie sera mentionnée sur une pierre que vous ferez poser dans la première ou seconde pièce du rez-de-chaussée du nouveau bâtiment.

» ....

» Je présume qu'on vous aura remis les règlements du noviciat. Il n'est point nécessaire que j'insiste sur votre zèle et celui de vos coopératrices pour le faire observer. Concertez-vous toujours avec M. Meirieu, vicaire général. Donnez-moi de vos nouvelles vers la fin de septembre, si toutefois je suis encore sur terre.....

Quant à vous toutes, Sœurs, Novices, Prétendantes, etc., continuez, soit dans le noviciat, soit dans les lieux de vos résidences, à vous montrer toujours plus saintes amantes de Jésus. Soyez, au milieu surtout de votre jeunesse, de vraies modèles de toutes les vertus..... »

———

IL ÉCRIVAIT AU SUPÉRIEUR [1] DU SÉMINA RE, ETC.

Le 3 mars 1839 :

« Mon Fils dans le sacerdoce, mes yeux ne me permettent point d'accéder à vos désirs non plus que les 85 et plus [2]; *Et amplius labor et dolor* [3], voilà mon partage, dans ma situation de véritable reclus; vivant seul, mangeant seul et bien peu visité. Heureux si Dieu, dans sa grande miséricorde, oublie enfin les manquements de mon long séjour dans le lieu de notre exil!

» Je compte sur votre souvenir de moi devant le Seigneur ; mais je compte aussi sur le souvenir de tous vos élèves, dans leurs prières. Je pense que tous habitent dans le cœur de Jésus. Tout leur désir doit être de s'y plus avancer de jour en jour ; ainsi ils mériteront d'y puiser toujours de nouvelles bénédictions, de nouvelles lumières et des consolations. Puissent-elles quelquefois être ravissantes ! puissent-elles être suivies de vifs transports,..... de joie, d'allégresse et de jubilation ! Oh ! quelle joie dans le ciel, parmi les esprits célestes et dans l'assemblée de toutes les âmes bienheureuses! Oh ! quelle plus grande joie encore, si tous vos élèves devenaient de vrais séraphins, tout brûlants et même commençant de se consumer d'amour! Le Père céleste les contemplerait du haut du ciel, et leur préparerait déjà des trônes et des couronnes de gloire.

» Souvent je crois être au milieu d'eux; et les voyant je me dis : Ils aspirent tous à être des bien-aimés de Jésus. Un jour

[1] M. Jordany.
[2] Ses 85 ans avaient été accomplis le 18 juin 1838.
[3] Psaume LXXXIX, 10.

chacun d'eux sera jugé digne qu'on l'appelle, *Homo Dei; Bonus odor Christi* [1].

» Aussi il n'est aucun jour que je ne parle d'eux à Dieu, nonobstant mes démérites. Donnez-leur lecture, si vous le jugez à propos, des lignes qui les concernent. »

« Ch. F. M. B., Évêque. »

« Il faut renoncer au projet de faire descendre à Aix vos ordinands.

» Si Dieu me retient sur la terre, peut-être me sera-t-il possible de faire en novembre une offrande à l'établissement du noviciat des M...[2] »

———

Le 14 décembre 1839 :

« Messieurs les Prêtres du séminaire et vous MM. les Élèves,

» Quoique éloigné de vous et déchargé de l'épiscopat, je m'en suis cependant toujours regardé comme responsable devant Dieu, qui exige que je lui offre tous les jours des vœux pour vous tous et pour la prospérité de la sainte maison. Nonobstant mon insuffisance, la divine Providence a permis que j'en fusse le fondateur et le bienfaiteur. En abdiquant l'administration et me retirant du diocèse, je me suis dit à moi-même : Que mon corps soit plutôt privé de la vie, et que l'on me compte au nombre de ceux que Dieu a retirés de ce monde, si je passe un seul jour sans solliciter le souverain Pasteur des âmes d'inonder les cœurs de tous d'abondantes bénédictions!

» Vous, mes dignes Fils dans le sacerdoce, je pense que vous aspirez toujours à avancer..... à grands pas dans les voies des saints ministres des autels; que vous êtes toujours vrais *Filii lucis, Exemplum fidelium* [3]; que chacun de vous est *Homo*

---

[1] 1 Timoth., vi, 11; 2 Corinth., ii, 15.

[2] La lettre est toute de la main de Mgr. de Miollis.

[3] Ephes. v, 8; 1 Timoth. iv, 12.

Dei, Bonus odor Christi, Sal terræ[1]*;* que vous êtes tous des lampes ardentes et luisantes; oh! quelle joie dans le ciel!

» Mais aussi, ô Élèves! quel contentement parmi vous, de voir vos chefs dans le cœur de Jésus et n'en sortant jamais! Vous les y voyez et les y contemplez comme des coadjuteurs de Dieu dans la grande œuvre de la rédemption du monde, des conseillers de Dieu, des médiateurs puissants auprès de Dieu, des hommes élevés en ce monde au-dessus des Anges (S. Bern.)[2] Aussi bénissez tous les jours Jésus, que vous avez choisi pour votre bien-aimé, de vous avoir placés sous leur conduite paternelle et comme angélique. Comblez-les de joie, en leur donnant lieu de vous voir dans les voies de l'humilité, de la pauvreté d'esprit et d'une grande sévérité de mœurs.

» ..... Vous qui êtes initiés dans le sanctuaire, et bien plus, vous qui êtes admis dans le saint des saints, vous donnez beaucoup à espérer. Désireux de remplir vos devoirs, vous en aurez quelque certitude si chacun de vous peut se dire tous les jours : Je pense comme un consacré à Dieu; les affections de mon cœur sont celles d'un consacré à Dieu; mes paroles, toutes mes actions intérieures et extérieures sont celles d'un consacré à Dieu. Dirigé par l'esprit divin, je vis comme étant déjà dans le ciel. [3]

» Je ne doute pas que déjà vos maîtres ne soient comme dans le ravissement de ce que le divin esprit commence de vous rendre dignes de participer à la lumière divine de Jésus, à son intelligence divine, à sa science divine, à la connaissance de Dieu le Père céleste.

» Ainsi, ô jeunes Élèves, commencez à être des Stanislas Kostka; et vous qui êtes destinés à monter bientôt à l'autel, soyez des Louis de Gonzague, des Vincents, des Laurents, etc.

» Et vous, ô mes dignes Fils dans le sacerdoce, en vaquant à vos fonctions sublimes, vous êtes souvent de vrais archanges Raphaëls, au milieu de vos jeunes Tobies tous les jours plus reconnaissants.

[1] 1 Timoth. vi, 11; 2 Corinth. ii, 15; Matth. v, 13.

[2] *Serm. ad Past. in Synodo*, p. 297, 1.

[3] *Nostra autem conversatio in cœlis est.* Philipp. iii, 20.

» ¹ O Jésus! souffrez que moi, vrai *Minimus apostolorum*², ces Tobies et ces archanges Raphaëls, nous pénétrions toujours plus avant dans votre divin cœur. Puissions-nous chaque jour nous y trouver tout brûlants, tout embrasés, tout enflammés et même nous consumant d'amour, éprouvant de vifs transports de joie, d'allégresse et de véritable jubilation. Ainsi le joug du Seigneur nous sera-t-il toujours plus doux et léger. Amen, amen, amen.

» Je compte que vous vous souviendrez d'un vieillard qui a le plus grand intérêt à implorer la miséricorde divine. »

« ✝ CH. F. M. B., Évêque. »

« Trois *Pater*, trois *Ave Maria*, et trois *Gloria Patri* ; oh! quelle satisfaction pour moi! »

———

Le 18 janvier 1840 :

« Mon Fils dans le sacerdoce,

» Que vos vœux et ceux de la sainte réunion qui a eu lieu le soir dans la chapelle du séminaire, pour un patriarche que Dieu dans le moment accable de maux, m'ont touché! Puissent-ils faire oublier, etc., etc.!

» L'apparition de mon fils Bondil à la réunion m'a attendri le cœur ; les larmes ont coulé de mes yeux. Priez-le de me continuer le même intérêt auprès de Jésus, dans le cœur duquel il a depuis longtemps établi sa demeure. Je compte sur vous, etc., etc. Amen, amen, amen.³

———

Le 29 juin 1840 :

« Mon bien cher Fils dans le sacerdoce et très-cher Supérieur

---

¹ Dans cette lettre, il n'y a que ce qui suit qui soit écrit de la main de Mgr. l'Évêque.

² 1 Corinth. xv, 9.

³ Cette lettre et toutes celles qui suivent ont été dictées et non écrites par Mgr. de Miollis.

de mon ci-devant séminaire, dont Dieu dans sa sagesse a jugé à propos de me retirer l'administration,

» Je pense qu'à l'imitation de MM. Courbon et Proal vous serez exact à..... Vous savez que je désire..... que vous jouissiez de la plus grande considération.

» Bien des choses de ma part à tous les prêtres de la maison, surtout au R^d père Bondil.

» J'ai lieu de croire que vous ne m'oublierez point devant le Seigneur, afin qu'il veuille oublier mes innombrables manquements.

» P. S. Comme je sais que vous vous intéressez beaucoup à mon physique, j'ajoute que Dieu m'ayant comme expulsé de l'épiscopat, du sacerdoce, du sanctuaire, du saint des saints, du service des autels et même de toute réunion des fidèles, je suis et je vis reclus dans un appartement. Des infirmités survenues aux mains ne me permettent plus de célébrer, les yeux ne me permettent plus guère la lecture. Cependant je fais quelques tours de chambre, me croyant heureux de ne plus exercer les fonctions d'Évêque, de prêtre, etc., etc., dont je n'aurai plus à rendre compte à Dieu.

——

Le 6 août 1840 :

» Mon très-cher Fils dans le sacerdoce,

» Dans mon vieil âge, je me suis vu presque en danger de mourir de faim de vos lettres, lorsqu'enfin j'ai reçu votre dernière. Je vous félicite de vos voyages, d'autant mieux que vous ne faites sans doute pas un pas sans l'offrir à Dieu.

» Le service du chapitre doit vous prendre bien des moments[1]; mais aussi le chapitre ne peut qu'être ravi de votre assiduité.....

» Vous, mon Fils, que je qualifie avec joie l'archange Raphaël de mon ci-devant séminaire..... je prie Dieu que vous soyez longtemps chargé de cette communauté pour l'avantage réel du diocèse.

[1] M. Jordany était chanoine depuis le mois de mai.

» Il m'est donné de faire toujours quelques tours dans ma chambre comme un reclus, me souvenant toujours de vous devant le Seigneur. De temps à autre donnez-moi de vos nouvelles.

» Mille bénédictions. »

———

Vers novembre 1840 :

« Mon digne Monsieur Jordany,

» J'ai voulu vous donner lieu de m'adresser quelques lignes. Je vous ai affectionné dès le jour que vous m'avez été présenté et que je vous ai reçu au séminaire. Je vous avoue que j'eus une grande joie lorsque le samedi de la Trinité, demandant de vos nouvelles à M. Courbon, il fut vous chercher pour vous présenter à moi, revêtu de l'habit ecclésiastique, et surtout quand je m'aperçus que vous aviez été tonsuré dans la matinée ; et depuis je vous ai affectionné et aimé. Je ne vous parle pas des diverses promotions dont j'ai cru devoir vous favoriser. J'en bénis Dieu ainsi que de vous savoir toujours supérieur de mon ci-devant séminaire..... Vous ne passez pas un jour au séminaire que vous ne vous fassiez de nouveaux trésors dans le ciel. Comme je cours à grands pas vers mon décès, je compte que vos prières pour moi sont toujours plus ferventes.

» P. S..... Vous ne m'avez rien dit des observations relatives à l'administration du séminaire que je vous avais adressées dans le temps. [1]

» A la première occasion, présentez mes respects à Mgr. votre évêque.

» Monsieur le Supérieur et MM. les Directeurs,

» C'est une grande consolation pour moi de vous savoir et de vous voir consacrés à l'éducation cléricale..... Je ne doute nullement que vos élèves ne soient comme dans le ravissement de vous voir dignes de continuer au milieu d'eux les sublimes et divines fonctions de Jésus, constitué l'unique sauveur du

[1] Dans une lettre du 13 avril 1840.

monde, l'unique et tout puissant médiateur entre le Père céleste et les hommes les plus coupables, le pacificateur entre le ciel et la terre si souvent souillée de crimes, l'unique et tout puissant bon pasteur des âmes et prêtre du Très-Haut.....

» ....

» Je compte sur les prières de vous tous, prêtres et élèves, réunis dans votre sainte assemblée.

» Un épiscopat de près de trente-trois ans ne peut que me donner lieu de soupirer après les miséricordes du Seigneur.

» ....

—

En janvier 1841 :

« Mon cher Fils dans le sacerdoce,

» Je vous fais mes remercîments de votre dernière lettre. Vous y prodiguez des vœux pour moi. Ceux qui peuvent être relatifs à mon existence dans ce monde je n'y tiens pas beaucoup, me disant à moi-même que plus le bon Dieu me laisse sur la terre plus je l'offense ; mais je vous sais un gré infini de ceux que vous offrez au Seigneur pour ma sanctification. Hélas! hélas! y ai-je réellement bien pensé jusqu'à présent? Il est vrai que j'en ai souvent parlé à Dieu dans mes prières et mes exercices spirituels, mais comment l'ai-je fait? Je suis au déclin de l'âge, et en quelque sorte déjà assis sur le bord de ma tombe. Comme vous et MM. vos coopérateurs, vous entrez tous les jours davantage dans le cœur de Jésus, je compte que vous implorerez les miséricordes du Seigneur en ma faveur.

» Je suis exclu de l'épiscopat (des fonctions de l'épiscopat) depuis plus de deux ans. Dieu même a voulu me bannir de l'autel. Je ne fais point mention des maladies et infirmités passées ni des présentes. Cependant j'en bénis le Seigneur qui a voulu m'humilier. Je suis détenu, comme vous savez, toujours dans ma chambre. Heureux si, jusqu'à ma dernière heure, je puis satisfaire à la justice divine pour mes innombrables manquements !

» Dans le moment vous ne possédez point M. Bondil ; nous présumons qu'il est au Puget du Var. Il m'est revenu que

M. Brès est chargé de l'aumônerie de l'hospice..... j'offre des vœux au ciel pour vous et pour vos collaborateurs.

» Le jour de mon passage de ce monde dans l'autre vous met en possession de mes inscriptions sur le gouvernement, si tant est qu'il ne survienne aucun obstacle politique. Je pense que l'obit que j'ai fondé sera acquitté annuellement sans aucun appareil quelconque.

» Votre communauté est assez nombreuse ; j'en rends des actions de grâces à Dieu. Les saints anges qui se trouvent entremêlés au milieu de tous ne peuvent..... qu'être ravis de les voir..... »

Puis, s'adressant aux séminaristes :

« Jeunes Lévites, les ministres des autels qui vous conduisent dans le sanctuaire..... sont bien dédommagés de leur sollicitude, qui est l'objet de l'admiration des esprits célestes. Sous leurs yeux vous vous faites un riche trésor dans le ciel, par la pratique de toutes les vertus. Déjà..... vous vous êtes dit à vous-mêmes : Devenons de vrais imitateurs de Jésus, humbles de cœur, pauvres d'esprit..... Mais je ne doute pas qu'ayant fait déjà bien des pas dans les voies de l'humilité, vous ne vous disiez encore : Hélas ! je ne suis point assez imitateur de Jésus ; je suis encore trop peu pauvre d'esprit et détaché du siècle.....

» ....

» Les saints anges sont tous les jours témoins du zèle toujours nouveau avec lequel vous remplissez tous vos devoirs ; aussi ne paraît-il pas douteux que Dieu n'inonde chaque jour votre cœur d'abondantes bénédictions. Ainsi vous, témoignez votre reconnaissance au Père céleste dans vos prières, vos exercices de piété et surtout au pied des autels.....

» Quant à moi, votre ancien premier pasteur, assis auprès de ma tombe, je compte sur vos prières pour moi au Seigneur, afin qu'il me fasse miséricorde. »

En juin 1841 :

« M. le Supérieur et mon bien cher Fils dans le sacerdoce, et vous autres, mes chers Fils dans le sacerdoce, ses très-dignes coopérateurs,

» Dans le cours de l'année scholaire qui est à la veille de finir.....

» Certainement vous avez eu lieu de rendre grâces à Dieu de vous être vus au milieu des aspirants au sacerdoce avec autant de satisfaction que le bienheureux Raphaël en a eu auprès du jeune Tobie.

» Pendant ladite année scholaire, souvent je suis sorti en esprit de ma solitude, et je me suis vu transporté dans mon ci-devant séminaire, tantôt au milieu de vous mes fils dans le sacerdoce, tantôt au milieu des prétendants aux divines fonctions des saints ministres des autels; d'autres fois je me suis vu à leur suite lorsqu'ils sont entrés dans un vrai cénacle. Combien de fois encore ne me séparant point d'eux, ai-je voulu, en quelque sorte, participer à leurs délassements! Mais ensuite, mon cher Fils dans le sacerdoce, je me suis trouvé tout-à-coup de retour de mes apparitions au séminaire, dans ma triste solitude, n'ayant pour compagnie ordinaire que des infirmités, qui souvent, comme en foule, m'assiégent de toutes parts.....

» ....

» Quant à vous, jeunes Lévites, sortez du saint asile où vous avez eu le bonheur d'être admis pendant bien des mois, semblables à de beaux flambeaux qui éclairent au loin (je ne doute point qu'il n'en soit ainsi), et répandant la bonne odeur de toutes les vertus de Jésus.

» ....

» Mon très-cher M. Jordany, que j'ai commencé de chérir (et même beaucoup), lorsque M. votre oncle me sollicitait de vous introduire dans la communauté des jeunes clercs, nonobstant quelque opposition du supérieur de la maison, qui m'eût dit alors qu'après trente-deux ans d'épiscopat je m'en verrais comme exclu, en apparence par moi-même, mais dans le vrai par le Seigneur, qui l'a comme exigé de moi, ayant à me faire beaucoup de reproches? Dites les choses les plus affectueuses et certainement très-véritables au vénérable théologal.....

» ....

» Au premier jour vous recevrez des médailles, bénites par moi, que vous distribuerez à vos élèves un soir de la retraite, avant la bénédiction du saint sacrement, après leur avoir dit quelques mots ; ils la porteront pendue au cou, sous leurs vêtements. Vos Messieurs voudront bien, s'il leur plaît, ouvrir la marche et en recevoir aussi une.....

———

En 1842 (entre le 7 mars, fête de Saint Thomas d'Aquin, et le 18 mars, fête de la Compassion de la Sainte Vierge),

« Mon Fils dans le sacerdoce,

» Vous tardez beaucoup de me donner de vos nouvelles, de celles de vos Messieurs et de votre jeunesse ; dans ma caducité, elles me confortent un peu. Souvent je vous suis comme pas à pas dans mon ci-devant séminaire : tantôt je me mets au nombre de vos auditeurs ; tantôt je me mets auprès de vous lorsque vous êtes au saint temple ; et, voyant votre grand recueillement, je fais des réflexions affligeantes sur moi-même. D'autres fois, témoin de votre grand zèle pour la gloire de Dieu dans les différentes circonstances et affaires auxquelles vous êtes dévoué, je me dis à moi-même : Hélas ! dans la position où Dieu m'a mis, combien j'ai à me reprocher de n'avoir point marché sur les traces de Jésus notre chef, et de ne m'être point fait sous sa conduite un riche trésor dans le ciel !

» Je vous félicite de vous voir environné de dignes coopéra-teurs..... »

(Ici, témoignages honorables sur chacun des prêtres du séminaire).

« Un usage sage à établir dans tout séminaire, ce serait, ce me semble, qu'aucune des personnes qui habitent la maison ne pût sortir sans en avoir prévenu M. le supérieur ou son représentant ; il faudrait également dire au portier qu'on va à tel endroit. C'est ce qu'on pratique dans les maisons religieuses. Vous même, en sortant, vous feriez bien de prévenir le portier, afin qu'en cas de besoin on sût où vous trouver.

» La prière, l'oraison, le silence rigoureux, l'étude, l'exercice de la présence de Dieu, la pratique de toutes les vertus chrétiennes, etc., vous donnent lieu à vous, **MM. les prêtres**, ainsi qu'à vos élèves, de vous faire un riche trésor dans le ciel.....

(Ici compliments très-flatteurs et très-affectueux pour chacun des prêtres du séminaire).

» Puissent vos élèves...... comme des Thomas d'Aquin, se montrer tous déjà exercés à la pratique de toutes les vertus chrétiennes, quoique dans un âge peu avancé.....

» **Je suis arrivé à la caducité; mais mon cœur a-t-il été, comme celui de Thomas, toujours brûlant d'amour? Vous tous, obtenez-moi miséricorde.**

Que chacun sache, le jour de la *Compassion* de **N.-D.**, s'immoler soi-même à Dieu comme la Sainte Vierge; et par là vous vous ouvrirez certainement les portes du ciel.

———

En mai 1842 :

« **Mon bien cher Fils dans le sacerdoce,**

» Incessamment le divin Sauveur des âmes vous intimera l'ordre de faire entrer dans un cénacle tous vos élèves plus ou moins âgés.....[1] Déjà l'esprit divin se hâte d'ouvrir les portes des cœurs de tous pour y faire son entrée triomphante, comme il l'a faite au cénacle de Jérusalem, dans les cœurs de ceux qui se disposaient à le recevoir. Tous furent favorisés de beaucoup de grâces et de beaucoup de dons; cependant, les uns plus; les autres moins; il en sera de même dans votre cénacle. Tous ne pourront que se dire à eux-mêmes : l'Esprit paraclet nous inonde de ses bénédictions..... Tous dans leurs prières ferventes obtiendront sans doute que l'Esprit saint s'unisse à eux..... et qu'il prenne possession de leurs cœurs; et dès-lors il prendra la direction spéciale de chacun d'eux dans les voies de la sainteté, de la sagesse, et des lumières divines.

» ....

» **O heureux nouveaux ministres sacrés des autels!** quand vous serez sortis du cénacle, toujours dirigés par l'Esprit saint,

---

[1] Il s'agit de la retraite qui devait précéder l'ordination.

vous ne saurez donner que des consolations à un des successeurs des saints apôtres, à votre évêque, qui, par ses prières, fera toujours descendre sur vous de nouvelles bénédictions. Oh! quelle joie pour lui, s'il est témoin que beaucoup de fidèles en vous voyant aient lieu de penser et de dire : C'est Jésus que nous voyons! *Sacerdos alter Christus!*

» Mais moi, qui écris ces quatre lignes, ai-je mérité qu'en me voyant on se soit écrié : C'est bien Jésus que nous voyons? hélas! hélas! hélas! Puisse le pontife, qui a été envoyé pour réparer mes manquements, m'obtenir la grâce d'avoir part aux miséricordes du Seigneur!

» Mon Fils dans le sacerdoce, souvenez-vous de moi qui ai présidé pendant trente-deux ans de saintes réunions dans des cénacles où l'Esprit saint s'est rendu présent pour inonder bien des cœurs de ses bénédictions. Mais moi-même étais-je bien digne de participer aux faveurs de l'Esprit divin? Je compte sur votre bon souvenir lorsque vous serez aux pieds de Jésus. »

———

Le 2 janvier 1843 :

« Mon Fils dans le sacerdoce,

» J'ai reçu votre Supplément; je vous fais mes actions de grâces. En lisant votre lettre, je me suis dit à moi-même que je n'étais point digne que vous m'écrivissiez comme si j'avais été sur la terre un véritable Pierre, un véritable Thomas, et un André, que nous avons vu mourir faisant son sacrifice pendant des heures, etc., suspendu à un arbre. Hélas! hélas! m'a-t-on vu une seule fois véritable imitateur des saints apôtres dans le cours de mon épiscopat? Aussi je ne sais comment m'y prendre pour au moins entrer, quoique infiniment tard, dans la voie de la sainteté des saints apôtres André, Thomas et Jean le bien-aimé, etc., etc., dont l'Église nous a fait célébrer la mémoire. Hélas! hélas! vous tous, que je vois assemblés aux pieds de Jésus, ne devez-vous pas pousser des cris vers lui en ma faveur, quoique vous puissiez dire en vous-même que je n'en suis pas digne?

» . . . .

» Quant à moi, dans le moment, j'ai le bonheur de vous tous voir, sans exception, à l'envi les uns des autres, vous faire toujours plus un riche trésor dans le ciel par la pratique constante de toutes les vertus dont Jésus nous a donné l'exemple. Mais laissant tomber les yeux sur moi-même et sur le passé de ma vie, je me vois bien éloigné de marcher avec la plus grande ardeur dans les voies de la sainteté et de la perfection. J'ai quelque confiance que, par vos prières en ma faveur, le Père céleste voudra me faire part de ses miséricordes infinies. Je ne sais si je puis avoir quelque assurance que les saints anges, qui se trouvent entremêlés au milieu de vous tous, réuniront leurs vœux à ceux que vous offrez pour moi, vieillard nonagénaire.

» ....

» Je vous remercie d'avance de l'envoi que vous me ferez de l'Ordo de la présente année.

» Si dans le cours des premiers trois mois de cette nouvelle année vous descendez à Aix pour me voir, vous trouverez votre table chez un de mes neveux ; oh ! quelle joie ! et quelles actions de grâces !

» *P. S.* Donnez de mes nouvelles à M. votre frère. »

———

Le 15 février 1843 :

« Monsieur Jordany et bien cher Fils dans le sacerdoce,

» Ç'a été pour moi une véritable grande fête de vous revêtir du sacerdoce de Jésus. Souvent votre consécration sacerdotale a été l'objet de mes actions de grâces auprès du Dieu suprême, qui a voulu se servir de mon ministère pour vous faire participer à la dignité de prêtre éternel selon l'ordre de Melchisédec.

» ....

» Mon bien cher Jordany, Dieu a voulu vous faire une visite spéciale, et a disposé d'un des membres de votre corps, afin que vous ayez occasion de lui offrir des sacrifices qu'il veut dès présentement même commencer de bénir. Lorsque vous serez vieillard, tous les sacrifices qu'il exigera de vous lui plairont infiniment ; mais...... celui qu'il vous donne lieu de faire, à l'occasion de l'infirmité survenue encore en quelque sorte dans voire jeune âge, ne peut que lui être bien agréable, et faire descendre sur vous des bénédictions abondantes. Cependant il est à présumer que votre zèle pour vos saintes fonctions ne souffre que bien faiblement des soins quotidiens que votre situation actuelle paraît quelquefois exiger de vous.

» Quant à moi, je vois que Dieu me rapproche beaucoup de ma tombe; mais, hélas! je n'en deviens pas meilleur. Quant à ce, au moins, je me rends justice à moi-même..... et j'ai le bonheur de solliciter bien des fois dans la journée le Père des miséricordes, afin que lui-même veuille me justicier, me supplicier, enfin me crucifier; mais je ne mérite pas que Dieu veuille m'exaucer.....

» Il est vrai que je souffre des infirmités qui paraissent me terrasser; cependant elles ne terrassent point tous mes penchants, toutes mes faiblesses, chacune de mes inconstances, de mes incertitudes, qui toujours se renouvellent, hélas! Il est vrai que je me les reproche, mais je ne les vois pas exterminées du fond de mon cœur. Vous, tous vos collègues et votre jeunesse si intéressante et si amante de Jésus..... obtenez-moi de Jésus enfin la grâce d'entrer dans la voie de la sainteté, et d'y marcher à grands pas jusqu'à ce que j'arrive aux portes éternelles du ciel. Hélas! hélas! serai-je digne qu'elles me soient ouvertes?

» J'ai eu l'avantage de voir M. Bondil, capiscol[1] de Digne, revenant d'Alger, passablement content de son voyage. Il a su se procurer la satisfaction d'entendre nosseigneurs les évêques parler comme des hommes apostoliques inspirés..... de Dieu..... Je désirerais fort que M. Bondil s'occupât à loisir d'écrire un discours relatif à la visite que nos pieux prélats[2] viennent de faire à Alger.....

---

[1] Il dit ici *capiscol* pour théologal.

[2] C'étaient : Mgr. Donnet, archevêque de Bordeaux ; Mgr. de Prilly, évêque de Châlons-sur-Marne ; Mgr. de Mazenod, évêque de Marseille ; Mgr. Sibour, évêque de Digne ; Mgr. Chatrousse, évêque de Valence ; et M. Dufêtre, évêque nommé de Nevers. Ils accompagnaient l'évêque d'Alger, Mgr. Dupuch, qui rapportait en triomphe, de Pavie à Hippone, une portion considérable du bras droit du grand Augustin.

» Mon cher M. Jordany, j'ai à vous demander une grâce, personnellement pour moi. Avant Pâques, descendez à Aix, non un samedi mais un vendredi, afin que le dimanche vous puissiez me servir d'aumônier à huit heures du matin..... Donnez-moi de vos nouvelles huit jours avant votre départ, afin que mon aumônier ordinaire puisse être prévenu à temps. »

———

Vers la fin d'avril 1843 [1] (après Paques):

« Mon Fils dans le sacerdoce, M. Jordany, M. le Capiscol [2] et MM. les Directeurs ainsi que MM. les prêtres logés au séminaire.

» Veuillez bien aujourd'hui agréer quelques paroles que, malgré mon indignité, Dieu permet que je vous adresse. Vous vaquez aux saintes fonctions du ministère des sacrés disciples de Jésus; je ne doute pas que Dieu n'ait déjà commencé de répandre ses bénédictions sur vous tous, ainsi que sur chacun de vos jeunes Samuels. Déjà, sous vos auspices, le divin Esprit a commencé de répandre quelques lumières sur chacun d'eux; comme il n'est aucun de vous tous qui ne s'avance beaucoup dans la voie de la sainteté.

» ....

» ..... Soyons soigneux de ne nous présenter devant Jésus qu'en tenant dans nos mains nos propres cœurs, en lui disant: Nous ne voulons pas être un seul instant sans voir que vous les possédez.....

» Oh! quelle joie ce serait pour moi-même si j'avais le bon-

On s'embarqua à Toulon le 25 octobre 1842, et l'on arriva à Bone le 28 au matin. On partit pour Alger le 30 après-midi; on y entra le 1er novembre au matin, et l'on en repartit le 6 au soir. Le 12 au matin, le bateau à vapeur le *Ténare*, sur lequel nous étions, entra dans la rade de Toulon. Le *Gassendi*, sur lequel étaient nosseigneurs les évêques, n'y arriva que le lendemain.

Nous avions dû à la recommandation de Mgr. Sibour la faveur d'être admis au nombre des passagers du *Ténare*.

[1] Cette date n'est pas certaine.

[2] *Capiscol* est ici pour théologal, comme dans la lettre précédente.

heur comme vous, Prêtres du Très-Haut, ainsi que vous-mêmes,
ô dignes jeunes Samuels, de commencer et de continuer jusqu'à
mon dernier soupir d'être du nombre des véritables amants de
Jésus, et de le suivre pas à pas sans me séparer de lui!.....

» ....

» Puisse Jésus faire descendre sur vous tous ses bénédictions
abondantes et en aussi grande abondance qu'il les fit descendre
sur ses apôtres toutes les fois qu'il se trouva au milieu d'eux
après sa résurrection. Amen, amen, amen.

———

IL ÉCRIVAIT A Mlle GELINSKY [1],

Le 23 juin 1842 :

« Révérende Supérieure et vous chères Sœurs coadjutrices,

» Je vous félicite d'avoir été, dès le principe, et de vous voir
toujours l'objet de la sainte sollicitude pastorale du digne successeur des apôtres, auquel, sous tous les rapports, vous êtes si
redevables. Veuille le Dieu tout-puissant faire descendre du ciel
toujours plus de bénédictions et de consolations sur Mgr. Sibour !
Puisse-t-il associer à ces bénédictions et à ces consolations ses
dignes coopérateurs !..... Je ne doute point un seul instant que
les unes et les autres vous ne preniez un grand intérêt à la sainte
éducation de votre chère jeunesse..... Vos paroles, vos avis,
et, jusqu'à un certain point, vos reproches, doivent être toujours animés de l'amour divin.....

» Il n'est point nécessaire que je vous entretienne de vos devoirs religieux : de l'oraison, de la prière, de la sainte lecture,
des pieuses conversations, etc..... »

(Pour M. Fortoul.)

« Monsieur Fortoul, je bénis Dieu de ce que Mgr. vous a
confié la conduite spirituelle et même en quelque sorte temporelle de l'établissement. Soyez dans la maison ce dont je ne
doute point, un véritable homme apostolique. Si vous me
donnez signe de vie, apprenez-moi de quelle congrégation sont

[1] Voyez ci-dessus, p. 146.

les sœurs qui administrent. Pour ce qui est des règles à observer, je suis persuadé que Mgr. n'a rien négligé.

———

Le 25 août 1842 :

« Révérende supérieure Mlle Gelinsky, fondatrice et institutrice d'un nouvel établissement,

» ..... Si l'on n'avait pas encore procédé à la bénédiction du bâtiment, il me semble qu'il serait à propos de le faire..... Mme Gelinsky, la grande bienfaitrice, y prendra part; que le Seigneur veuille la combler de ses bénédictions.

» Je désirerais savoir à quel réglement de congrégation, autorisée par le gouvernement et par le saint Père, la maison est soumise. Vous, révérende et sainte Mère supérieure, quel est votre costume? Serait-ce celui d'une religieuse quelconque? Vos coadjutrices ont-elles le même costume que vous? Si une des diverses règles monastiques de France a été adoptée, il faut vous y conformer dans tous les articles, afin qu'un jour vous ayez le bonheur de vous voir dans le ciel avec toutes les sœurs qui vous y attendent.

» ....

» Quant à moi, la continuation de l'existence de cet établissement est l'objet de mes prières. Si je n'en suis point le fondateur, ni le bienfaiteur, pas même le Père spirituel, je puis me glorifier que mon cœur lui est entièrement dévoué malgré mes quatre-vingt-dix ans.....

» ....

» O mère Gelinsky, si depuis plusieurs années Jésus vous a introduite dans mon cœur, présentement je ne sais que lui en rendre des actions de grâces.

» P. S. Si Dieu n'a pas disposé de moi vers la Toussaint, donnez-moi de vos nouvelles. »

———

Le 26 février 1843 :

« Vénérables Sœurs,

» Dieu, le Père céleste, a déjà commencé de bénir le nouvel

établissement de la maison des orphelins. Vous même, Mlle Gelinsky, mais vous surtout, Mme Gelinsky, avez été choisies par
le Seigneur pour être proprement les véritables fondatrices de
la maison, dans ce moment consacrée à la première éducation
chrétienne des orphelins, sous la conduite spirituelle du bon
pasteur dont Dieu, dans sa miséricorde, a voulu favoriser les
bons chrétiens de Digne. Vous vous êtes déterminées à faire
bien des sacrifices. Aussi déjà Dieu a fait descendre sur cette
maison naissante d'abondantes bénédictions et de véritables
consolations qui font votre bonheur dans cette sainte retraite.....

» . . . .

» Aujourd'hui je prends sur moi de vous prier de vous souvenir devant Dieu de mon neveu, chez lequel vraisemblablement je rendrai mon âme à Dieu, ainsi que de toute sa famille.

» . . . . »

—

IL ÉCRIVAIT A M. FRISON. [1]

Le 28 juillet 1840 :

« Mon cher M. Frison,

» Je suis toujours plus sensible à votre bon souvenir. Vous
ne devez pas douter que je ne me souvienne souvent de vous et
avec la plus grande satisfaction. Il en est de même de Mme de
Ribbe, ma bonne sœur et de ses enfants. Par suite d'une chûte
fâcheuse, avec fracture d'une cuisse, elle est détenue dans son
lit depuis plus d'une année. Quelquefois on la lève pour la poser
sur un fauteuil et l'y laisser quelques heures. Elle sait puiser
des consolations dans le cœur de Jésus, et aussi dans les attentions de son fils, de sa belle-fille ainsi que de quelques neveux
et nièces. Je lui fais part de la présente que je vous adresse.

Quant à moi, une plaie à une jambe m'a détenu plus de deux
mois dans un lit, sans me permettre d'en bouger. Depuis le

[1] Voyez ci-dessus, p. 106.

troisième mois je fais quelques tours de chambre. Je suis un reclus dans toute la rigueur du terme. Exclu de l'épiscopat, je le suis aussi du sacerdoce. Les infirmités m'assiégent et ne me laissent aucun espoir; mon grand âge me permet seulement de penser à l'éternité.

» Quant à vous, bénissez le Seigneur qui paraît assez vous ménager; vous savez obtenir ces ménagements du Seigneur par votre piété et par vos bonnes œuvres. Continuez jusqu'à votre dernier soupir à vous faire un riche trésor dans le ciel.

» Je compte toujours sur votre bon souvenir devant le Seigneur, en vous souhaitant toujours de nouvelles bénédictions. »

———

Dans le cours de 1840 ou au commencement de 1841 :

« O le bon papa Frison !

» Vous m'avez toujours été plus que dévoué; aussi moi personnellement je me suis toujours dit que je vous devais l'affection de mon cœur..... Chaque matin, nonobstant votre âge avancé, vous vous êtes rendu à la paroisse; là vous avez eu tous les jours le bonheur de vous entretenir..... avec Jésus.

» ..... Je n'hésite point à croire que vous ne vous souveniez de moi devant le Seigneur, n'ayant pas peu contribué à la construction de la chapelle où se rassemblent tous les dimanches tous vos confrères de la pieuse confrérie des pénitents. Oh ! quelle joie dans le ciel, s'ils avaient le bonheur de s'y rendre toujours avec plus d'empressement, ne sachant s'y montrer que comme des anges !..... Lorsqu'ils sont assemblés pour assister à des funérailles, puissent-ils se dire à eux-mêmes : Rendons-nous dignes que les esprits célestes veuillent se joindre à nous.

» Je désirerais que le dimanche dans l'octave des Rois fût consacré à Dieu pour m'obtenir quelque part à ses miséricordes éternelles. Dans mon jeune âge, on solennisait dans la famille le jour des Rois comme la fête à laquelle on me consacrait spécialement. Puisse le dimanche dans l'octave des Rois réunir beaucoup de vos confrères pour rendre grâces à Dieu de ce qu'il m'a été donné par lui d'ériger une chapelle destinée à vos diverses et pieuses réunions dans l'année. La messe sera célébrée pour m'obtenir de Dieu ses bénédictions.

» Le lendemain il sera célébré, si je suis décédé, une messe pour le repos de mon âme. Puissent bien des confrères y assister ! Dans le moment où je me trouve, je me vois destiné à être bientôt renfermé dans un sépulcre. J'ai l'espoir que les associés et les associées feront en quelque sorte entendre des cris au Père céleste pour m'obtenir l'entrée dans son royaume. Amen, amen, amen.

» *P. S.* Mon cher M. Frison, lisez ma lettre dans une assemblée de vos confrères, pour le bonheur spirituel desquels j'offre tous les jours des vœux très-ardents. »

———

Au commencement de mai 1841 :

« Monsieur et très-cher Frison,

» Je suis toujours plus sensible à votre bon souvenir. Je désire fort que le Seigneur prolonge encore bien vos jours pour l'édification de la ville de Digne et la consolation de beaucoup de malades.

» Quant à moi, quoique plus jeune, je me vois réduit à ne pas sortir de ma chambre. Je ne suis point digne d'amélioration, et ne désire que d'avoir part aux miséricordes infinies du Seigneur.

» La confrérie des pénitents me doit proprement son église. Le sol et l'édifice vont à plus de 6,000 francs. Ce à quoi je m'attends avec quelque droit, c'est un obit annuel et perpétuel, obit sans aucune espèce d'appareil, avec deux cierges seulement. Je suis sensible au souvenir des frères pénitents, mais je me suis dit à moi-même que toutes les fois qu'il y aura exposition du saint sacrement il doit y avoir au moins deux pénitents au pied de l'autel.

» Aujourd'hui vous recourez à ma *générosité*, ce n'est pas vainement ; mais il faudra qu'on attende jusqu'après le mois d'octobre.

» Puissent les frères pénitents ne plus recourir à des emprunts [1]; simplicité dans le culte public ; ainsi à Rome.

» Souvenez-vous de moi devant le Seigneur. »

Le 9 août 1841 :

« Père patriarche Frison,

» Depuis longues années vous êtes l'objet de l'estime et de la confiance de vos concitoyens, et d'une vénération due à vos vertus surtout religieuses. Je m'applaudis moi-même d'en avoir été le témoin pendant plus de trente-deux ans ; j'en rends des actions de grâces à Dieu. Je désirerais fort que tous les hommes de toute classe, avancés en âge, pussent, comme vous, se dire à eux-mêmes et aux autres : Je suis chrétien !

» Je vous remercie de tout ce que vous me dites relativement aux suites de l'incendie. [2]

» Que Dieu inonde votre cœur de ses bénédictions, et prolonge vos jours pour la consolation de l'humanité.

» Quant à moi, je ne me dissimule point que je me trouve au rang des vieillards décrépits. Je ne célèbre plus depuis plus de dix-huit mois. Dieu lui-même paraît me retenir dans une chambre comme dans une prison. Cependant il faut que je bénisse Dieu de ma situation.

» Mme de Ribbe se souvient toujours des soins que vous lui avez prodigués dans son temps. Elle est comme clouée dans son lit depuis plus de deux ans, s'épanouissant en quelque sorte de joie lorsqu'on lui parle de vous.

» Mille choses de ma part à tous ceux qui sont du nombre de vos bons amis. Je compte sur votre souvenir dans vos bonnes prières. »

---

[1] Pour entourer et surcharger l'autel d'ornements, le jeudi saint. Cette année là, plusieurs des objets empruntés avaient été consumés par le feu qui avait pris aux tentures; et c'était à ce sujet qu'on recourait à la *générosité* de Mgr. l'Évêque.

[2] Voyez la note de la lettre précédente.

En janvier 1842 :

« Monsieur Frison,

» Mes quatre-vingt neuf ans bien avancés ne me laissent que la faculté de vous faire présenter une pièce de cent sous pour le moment[1], sauf, dans le courant de juillet, à vous en adresser une seconde ; et ainsi de six mois en six mois..... Mes ressources ne baissent pas, mais les engagements déjà contractés me réduisent à des privations.[2]

» Dieu veuille prolonger vos jours. Quant aux miens, hélas ! hélas ! en suis-je bien digne ? Cependant je remercie Dieu des sacrifices qu'il m'a donné lieu de faire en faveur de votre confrérie si édifiante.

» Les cinq francs[3] vous arriveront dans un autre temps ; pour le moment je suis fort obéré. »

———

Le 30 mai 1842 :

« Père Frison,

» Je vous porte toujours dans mon vieux cœur.....

» Souvenez-vous de moi devant le Seigneur, ainsi que votre dame et votre société de frères pénitents.

» La misère, en quelque sorte, me poursuit ; en conséquence, je ne puis vous faire aucune offrande.[4] Dans quelques mois, si le bon Dieu le veut, nous verrons s'il sera possible de faire quelque chose. »

———

[1] Ses quatre-vingt-huit ans et sept mois ne lui permettaient ni de faire de grandes promesses ni d'emprunter.

[2] Sans parler des établissements auxquels il envoyait des secours, les *engagements* dont il est ici fait mention, l'obligeaient alors, et au moment où il ne s'y attendait pas, à rembourser une somme de cinq à six mille francs, dont on avait fait l'avance pour une bonne œuvre.

[3] Voyez dans le Discours, page 42, ce qui est dit sur la modicité de quelques-unes de ses aumônes.

[4] Pour la chapelle des pénitents.

En rapportant ce grand nombre de lettres, où se révèlent si bien les pensées habituelles et les sentiments du saint vieillard, nous avons cédé au désir de plusieurs personnes qui, les ayant lues, ont été touchées de l'aimable simplicité, de la charité et de la tendre dévotion qu'elles respirent. Comme on a pu le remarquer, nous avons respecté le style de l'auteur ; nous avons conservé en général ses expressions et ses tournures, et même, assez souvent, des incorrections qu'il évitait d'autant moins, qu'il ne pensait nullement au public en écrivant.

Page 91. Le même jour, il reçut les derniers sacrements.

Le 25 juin 1843, à trois heures après midi, le saint viatique lui fut porté, non par Mgr. l'archevêque, alors indisposé, mais par Mgr. Rey, ancien évêque de Dijon.

De retour à l'église, Mgr. Rey, en invitant à prier pour celui qui avait tant prié pour les autres, voulut ajouter quelques paroles sur les sentiments que devait inspirer le saint malade ; mais son émotion étouffa sa voix et il ne put achever.

Page 94. A peine les eut-il achevées qu'il expira.

Mgr. de Miollis rendit sa belle âme à Dieu le 27 juin 1843, à trois heures après midi, à l'âge de quatre-vingt-dix ans et neuf jours.

Page 95. Un des hommes respectables qui y furent présents, etc.

Voici les paroles de M. l'abbé Reynaud, chanoine, curé de l'église métropolitaine.

« Je me suis trouvé auprès de Mgr. de Miollis, ancien évêque de Digne, quelques instants avant sa mort. La Providence a

voulu m'offrir le magnifique spectacle d'un juste qui allait recevoir la riche couronne de l'immortalité ; je n'en perdrai jamais
la mémoire. De toutes les morts dont j'ai été le témoin, celle-ci
m'a paru la plus belle. »

Page 95. La sainteté de Mgr. de Miollis fut
(proclamée) à Aix par la vénération, etc.

Le 28 juin, le corps ayant été embaumé par le docteur Barral,
d'après le procédé Gannal, et revêtu de ses habits pontificaux,
le public fut admis dans la chambre où il était exposé. Dès ce
moment, les habitants d'Aix y accoururent en foule ; et pendant
deux jours la chambre ne désemplit pas de personnes qui venaient vénérer ces précieux restes, et ne se retiraient qu'après
y avoir fait toucher quelque objet de dévotion.

Le 30, la vénération publique se manifesta avec un nouvel
éclat, lorsque Mgr. Rey, accompagné du chapitre, du clergé
de toutes les paroisses de la ville, des associations de bienfaisance
et de la confrérie des pénitents, alla faire la levée du corps,
et que le convoi se rendit à Saint-Jérôme, ensuite à Saint-Sauveur, où fut célébrée une messe solennelle pour le repos de
l'illustre défunt.

On continua de visiter le corps, dans la chapelle où il resta
déposé, jusqu'au 5 juillet.

Ce jour-là, un second service, auquel assistaient Mgr. Ber-
net, archevêque d'Aix, Mgr. Michel, évêque de Fréjus, et
Mgr. Rey, fut célébré dans l'église métropolitaine. Après l'ab-
soute, qui fut faite par Mgr. l'archevêque, tout le clergé, suivi
d'une foule nombreuse accourue pour honorer encore une fois
les dépouilles du saint prélat, accompagna le corps jusqu'à la
porte de l'église. Là, Mgr. l'archevêque, s'adressant à M. Meirieu, grand vicaire de Mgr. Sibour, à MM. Maurel et Savornin,
derniers grands vicaires de Mgr. de Miollis et ses exécuteurs
testamentaires pour ses funérailles, et à M. Jordany, supérieur
du séminaire de Digne, leur parla à peu près en ces termes :

« Messieurs, nous pouvons en toute vérité appliquer au vénérable défunt ces paroles de l'Écriture : *Mortuus est senex et*

plenus dierum.[1] Sa vie, de près d'un siècle, passée toute entière dans la pratique des plus hautes vertus chrétiennes et ecclésiastiques, et son long épiscopat, consacré aux continuels travaux d'un zèle vraiment apostolique, avaient enrichi son âme d'innombrables mérites pour le ciel. Une mort sainte est venue les couronner; et sans doute il jouit en ce moment de l'éternel bonheur qui fut l'unique objet de ses désirs.

» Pendant le peu d'années qu'il a passées parmi nous, nous avons pu admirer en lui la foi vive qui animait toutes ses actions et ses paroles, la joie qu'il trouvait à souffrir, une vie de contemplation et de prière, un esprit de pauvreté qu'il portait jusqu'à se dépouiller de tout pour les bonnes œuvres de son ancien diocèse.

» Notre ville vient de montrer, par l'empressement de toutes les classes à honorer ses dépouilles et à relever la pompe de ses funérailles; combien elle a été frappée de ces beaux et touchants exemples. Pour moi, il m'était doux, quand je pouvais dérober quelques instants aux sollicitudes pastorales d'aller m'édifier auprès de ce saint vieillard, que je regardais comme un des modèles de l'épiscopat français; et je puis dire ne l'avoir jamais quitté sans éprouver le regret de ne pouvoir lui rendre de plus fréquentes visites, assuré d'en rapporter toujours quelque impression salutaire. Vous venez, Messieurs, prendre ses restes que je pourrais appeler les reliques d'un saint. Elles sont à vous, puisqu'il les a léguées à sa chère église de Digne; mais il ne faut rien moins, je vous assure, que son expresse volonté pour que je consente à les voir s'éloigner de cette église qui eut les prémices de son ministère, où sa mémoire a toujours été bénie, et où elles auraient été conservées comme un gage de protection et de salut. »

Page 96. Surtout par cette paroisse dont le peuple fut sur pied une nuit entière, etc.

C'est la paroisse d'Oraison, où le corbillard n'arriva qu'à trois heures du matin.

[1] Job, XLII, 16.

Page 96. Par ce grand nombre de prêtres, etc.

On en compta plus de cent, quoiqu'ils n'eussent pu être avertis qu'un peu tard.

Ibid. Elle le fut dans des lettres écrites ou publiées par des Évèques, et surtout dans cette lettre circulaire où son très-digne successeur, etc.

Dans la lettre circulaire de Mgr. l'Évêque de Gap, en date du 3 juillet 1843, à l'occasion de la mort de Mgr. de Miollis, on lit :

« Bien que ce digne Pontife n'ait été que l'Évêque du lieu et non celui du siége de Gap, nous croyons remplir envers lui un devoir de religieuse reconnaissance pour les soins spirituels qu'il a donnés à un troupeau devenu le nôtre, et répondre en même temps à une pieuse et légitime attente soit des Pasteurs, soit des fidèles de ce diocèse dix-sept ans arrosé de ses sueurs, en payant ici un bien faible tribut d'éloges à sa mémoire si vivante encore dans tous les cœurs et tant bénie par toutes les bouches.

» Dignes Prêtres qui reçûtes des mains du pieux Pontife l'onction sacerdotale, religieux habitants de toutes les contrées de ce diocèse, qu'il confirma du chrême du salut, mieux que nous vous rediriez cette bonté paternelle, cette apostolique simplicité, ce zèle ardent et infatigable, cette foi si vive, cette charité si affectueuse, et toutes ces vertus dont la dignité épiscopale semblait emprunter encore quelque éclat, et que semblait aussi embellir je ne sais quoi d'angélique, qui, comme un reflet de l'âme, sans doute, resplendissait, dit-on, jusques sur la figure du saint Évêque. Sa longue vie fut constamment celle du Pontife selon le cœur de Dieu : avec les bénédictions du ciel dont il était saintement prodigue, il répandait partout la bonne odeur de toutes les vertus. Aussi sa mort a-t-elle été celle du juste et elle n'aura pas manqué d'être précieuse aux yeux du Seigneur. »

Dans sa lettre circulaire du 8 juillet 1843, Mgr. l'Évêque de Fréjus, après avoir annoncé la mort de Mgr. Miollis, ajoute :

« Il a laissé les souvenirs les plus précieux dans le diocèse que la divine providence avait confié à ses soins. Sa générosité, son amour pour les pauvres, son empressement à concourir à toutes les bonnes œuvres et à tous les établissements qui servent à les propager, lorsqu'il n'en était pas le seul auteur (comme il l'a été si souvent), ne pouvaient que lui gagner tous les cœurs. Sa mémoire est celle du juste, qui, se transmettant de génération en génération, sera éternelle, surtout dans le diocèse qui a eu le bonheur de le posséder...........

» Je pense partager vos sentiments, en ordonnant par la présente un service solennel, pour le repos de son âme, dans chacune des paroisses du diocèse. Je crois bien que la sainteté de sa vie et celle de sa mort l'ont déjà mis en possession du bonheur qu'elles lui ont mérité. Mais n'en ayant pas la certitude entière, nous devons prier pour lui. Si nos prières lui sont inutiles, ce dont j'ai de la peine à me permettre le moindre doute, elles ne le seront pas pour nous; elles ne le rendront, j'en ai la confiance, que plus empressé dans le ciel à nous aider par les siennes, etc. »

Dans sa lettre circulaire du 1er juillet 1843, Mgr. Sibour, Évêque de Digne, s'exprimait en ces termes :

« Mgr. de Miollis, notre saint prédécesseur, a terminé sa longue et édifiante carrière................................. Il a été le ministre de Dieu, qui a passé, comme son auguste maître, en faisant du bien. Modèle, nous oserions dire inimitable, des vertus chrétiennes et sacerdotales, il a constamment répandu autour de sa personne la bonne odeur de Jésus-Christ. Qui n'a pas admiré dans ce magnifique vieillard, cette simplicité de discours et de manières dont s'embellit encore la vertu la plus parfaite? On voyait en lui la naïveté du premier âge de la vie, comme il en avait conservé toute l'innocence. Nous avons pu nous-même recueillir de sa bouche quelques-unes de ces paroles pleines de charme, dont nous garderons toujours la mémoire.

» Sa piété si douce, qui prenait ses inspirations dans l'amour de Dieu, savait aussi se revêtir de la force que donne le zèle de sa gloire. Vous l'avez vu souvent pénétré de la foi la plus vive, le cœur enflammé, donner à sa parole un accent que n'ont pas les discours humains, et laisser dans les âmes des impressions qui ne pouvaient venir que d'une vertu divine attachée aux élans de cette âme sacerdotale.

» Avec les richesses de la grâce, il a répandu au milieu de son peuple, selon ses facultés, les biens matériels. Vous le savez, dans la crainte de perdre le caractère sacré de la pauvreté de Jésus-Christ, il a rejeté par un acte de désintéressement sublime, ce que la fortune vint un jour lui offrir. Et, après cela, si quelque chose lui restait encore, il s'en dépouillait avec bonheur pour les pauvres ou pour la prospérité des œuvres de son diocèse.

» Il faudrait de longs discours, nos très-chers Coopérateurs, pour dire tout ce qu'il a fait de bien, aux yeux de Dieu et des hommes, durant son glorieux épiscopat. Ses vertus et ses travaux nous le feront toujours considérer comme le restaurateur du diocèse de Digne, à la suite de ces jours si désastreux pour l'Église de France, qu'il a si noblement traversés.

» Mais le bien qu'il a fait, il continuera de le faire du haut du ciel; en sorte qu'il joindra au titre de restaurateur de notre diocèse celui de son puissant et perpétuel protecteur, etc. »

Monseigneur de Prilly, Évêque de Châlons, dans une lettre écrite à Mgr. Sibour, à l'occasion de la mort de Mgr. de Miollis, ne parle qu'avec attendrissement et vénération du saint Prélat, par lequel il avait été ordonné diacre à Aix, en 1810.

Page 96. Vous lui fîtes la plus belle des oraisons funèbres le jour où ses restes vénérables arrivèrent dans vos murs, etc.

Le 6 juillet, de très-bonne heure, toute la population, par un mouvement unanime et spontané, s'était disposée à recevoir honorablement les restes de Mgr. de Miollis. On les attendait dans la matinée, mais ils n'arrivèrent que vers quatre heures après midi sur le pont de la Bléone, à l'entrée duquel Mgr. Sibour, avec un clergé nombreux, s'était rendu quelques moments auparavant. Là furent faites les prières d'usage, après quoi l'on rentra dans la ville processionnellement.

Les filles de l'hospice ouvraient la marche. Venaient ensuite les écoles de filles, les associations pieuses, les dames de la miséricorde, les sœurs de la doctrine chrétienne, les sœurs de la Trinité, les élèves des frères, portant de petits guidons noirs et les élèves du collége. Les pénitents, la musique, l'administration des hospices, les frères de l'école chrétienne précédaient le clergé. Le char funèbre était suivi de trois ecclésiastiques portant la crosse, le chapeau et la croix d'honneur de Mgr. de Miollis. MM. de Ribbe et de Magnan, ses neveux, avec son fidèle serviteur, s'avançaient derrière le char à pas lents. Enfin toutes les autorités civiles et militaires, en grand costume, fermaient la marche; et une file de soldats de la garnison se déployait de chaque côté du convoi.

Pour satisfaire la piété reconnaissante des habitants de Digne envers leur bien-aimé prélat, on se rendit à l'église, non par le plus court chemin, mais en prenant un long détour; car de la rue de l'*Ubac* on descendit au jet d'eau, on alla par le cours Gassendi jusqu'à la grande fontaine, vers Notre-Dame, et l'on revint par la *Traverse,* la place de l'Évêché et la place aux herbes.

Partout où devait passer le convoi, on voyait les maisons tendues jusqu'au plus haut étage, ornées de guirlandes et de fleurs. Des festons, auxquels étaient suspendues des couronnes, traversaient les rues en se croisant. Sept arcs de triomphe s'élevaient: l'un devant la maison de M. Allibert, maire; un autre devant la maison de M. Jourdan; un troisième à côté de la maison de M. Astoin; le quatrième devant la maison de Mlle Joseph; le cinquième derrière l'hôpital; le sixième sur la place de l'Évêché, et le septième sur la place aux herbes. Dans un endroit, une gracieuse colombe descendit sur le corbillard, et y déposa une couronne d'immortelles. De loin en loin on voyait l'image du saint prélat entourée de divers ornements. Des inscriptions nombreuses rappelaient ses vertus, et montraient quelle opinion on avait de sa sainteté. Parmi les passages de l'Écriture appliqués au digne Évêque par le peuple, on lisait :

Pertransiit benefaciendo. Act. **x**, 38.

Dispersit, dedit pauperibus, justitia ejus manet in seculum. Psal. **cxi**, 9.

Pater eram pauperum. Job, **xxix**, 16.

Esurientes alebat, nudisque vestimenta præbebat. Tob. **i**, 20.

Beatus qui intelligit super egenum et pauperem. Ps. **xl**, 2.

Habentes alimenta et quibus tegamur, his contenti sumus. 1 Tim. **vi**, 8.

Civitatibus tribuebat alimonias. 1 Mach. **xiv**, 10.

Omnibus omnia factus sum. 1 Cor. **ix**, 22.

Oculus fui cæco et pes claudo. Job, **xxix**, 15.

Extendens manum ad populum, benedixit ei. Lev. **ix**, 22.

Confirmavit omnes humiles populi sui. 1 Mach. **xiv**, 14.

Mortuus est in senectute bonâ, plenus dierum et gloriâ. 1 Par. **xxix**, 28.[1]

---

[1] C'est-à-dire :

(Comme son divin maitre) Il passa en faisant du bien. Act. **x**.

Il a répandu ses biens dans le sein des pauvres; le prix de sa vertu est assuré pour jamais. Ps. **cxi**.

J'étais le père des pauvres. Job, **xxix**.

Il nourrissait ceux qui avaient faim, et revêtait ceux qui étaient nus. Tob. **i**.

Heureux l'homme attentif et sensible aux souffrances du malheureux. Ps. **xl**.

Ayant de quoi nous nourrir et de quoi nous couvrir, nous devons être contents. 1 à Timoth. **vi**.

Il distribuait des vivres aux villes. 1 des Mach. **xiv**.

Je me suis fait tout à tous. 1 aux Corinth. **ix**.

J'ai été l'œil de l'aveugle et le pied du boiteux. Job, **xxix**.

Étendant ses mains vers le peuple, il le bénit. Levit. **ix**.

Il protégea tous les pauvres de son peuple. 1 des Mach. **xiv**.

Il mourut dans une heureuse vieillesse, comblé d'années et de gloire. 1 des Paralip.

Beati qui in Domino moriuntur. Apoc. xiv, 13.

Benedixit eos et appositus est ad patres suos. 1 Mach. ii, 69.

Sepultus est à filiis suis..... et planxerunt eum..... planctu magno. 1 Mach. ii, 70.

Sepelierunt eum in civitate..... et lugebant dies multos. 1 Mach. ix, 19, 20.

Hic est fratrum amator..... qui multum orat pro populo. 2 Mach. xv, 14.

Non recedet memoria ejus. Eccli. xxxix, 13.

In memoriâ æternâ erit justus. Psal. cxi, 6. [1]

A la place aux herbes, le cercueil fut enlevé de dessus le corbillard par les pénitents, et porté par les prêtres à Saint-Jérôme. Là on chanta les vêpres des morts ; et après les absoutes, Mgr. Sibour prononça des paroles éloquentes que nous regrettons de ne pouvoir reproduire exactement. En voici le sens en substance :

« La louange des Saints est la louange de Dieu, qui les a appelés à la sainteté ; c'est la louange de l'Église, qui les a enfantés à la grâce, initiés et conduits à la perfection ; c'est la louange des fidèles, qui s'honorent eux-mêmes en les honorant.

» La chaire de cette église, il est vrai, ne retentit pas aujourd'hui des louanges du défunt. Elles vous seront racontées plus tard par un de ceux qu'il aima et qu'il appelait ses enfants. Mais n'est-ce pas une magnifique oraison funèbre que ce qui se passe aujourd'hui sous nos yeux? Que signifient, en effet, et cet élan général, et cette affluence, et ces arcs de triomphe

[1] C'est-à-dire :

Heureux ceux qui meurent dans la paix du Seigneur. Apoc. xiv.

Il les bénit et il fut réuni à ses pères. 1 des Mach. ii.

Il fut enseveli par ses enfants; on le pleura, et l'on témoigna un grand deuil. 1 des Mach. ii.

On l'ensevelit dans la ville, et on le pleura longtemps. 1 des Mach. ix.

C'est là l'ami de ses frères ; il prie beaucoup pour le peuple. 2 des Mach. xv.

Sa mémoire ne s'effacera point. Ecclesiastiq. xxxix.

La mémoire du juste sera éternelle. Ps. cxi.

dont vous avez orné vos rues? ils disent éloquemment les vertus
de celui que vous regrettez et que nous regrettons avec vous;
ils disent sa charité, cette charité si généreuse qui le rend semblable à son divin maître; ils disent qu'il s'est toujours montré
à vous orné de toutes les vertus épiscopales, et qu'il a dû en
recevoir la récompense dans le ciel. »

Le lendemain, 7 juillet, jour de vendredi, la messe fut célébrée par Mgr. Sibour, à huit heures du matin. Le cercueil,
couvert d'une simple vitre, resta devant l'autel jusqu'au soir,
et ne cessa d'être entouré de fidèles qui venaient le baiser res-
pectueusement et contempler une dernière fois les traits de leur
vénéré pasteur. A cinq heures du soir, on chanta de nouveau
les vêpres des morts; et, l'office terminé, on déposa le cercueil
dans un caveau creusé tout exprès derrière le maître-autel. Sur
la pierre tumulaire on lit simplement: *Orate pro eo.*

Aussitôt après la cérémonie, les deux cyprès du catafalque
furent mis en pièces et distribués, comme l'avaient été, la veille,
les draperies du corbillard, tant on était jaloux de rapporter un
objet quelconque auquel on pût attacher le souvenir du vénérable prélat!

Page 99. Depuis, formé sous vos yeux..... honoré de votre estime, etc.

L'auteur avait été nommé par Mgr. de Miollis: professeur au
séminaire, en septembre 1812; chanoine honoraire, en septembre 1819; membre du conseil épiscopal, en janvier 1825;
chanoine théologal, en septembre 1831.

Ibid. Le tribut de reconnaissance et d'admiration que lui paya votre sensibilité au moment
où ses restes passaient devant le palais qu'il habita, il le méritait.

Dans ce moment, Mgr. Sibour, ne pouvant plus contenir son

émotion, prit la parole. Il représenta son vénérable prédécesseur s'élevant au ciel porté par ses vertus, comme jadis Élie sur
un char de feu. Puis, rappelant comment ce prophète, en quit-
tant la terre, avait laissé son manteau et communiqué son esprit
à son disciple Élisée, il conjura d'un ton pathétique le saint
évêque de lui laisser pour héritage son double esprit de foi et
de charité; de foi, pour s'acquitter dignement des sublimes
fonctions de l'épiscopat; de charité, pour embrasser tous ses
diocésains dans un même amour, pour travailler sans relâche à
leur salut, pour consacrer à leur bonheur ses forces et sa vie
entière.

Ce discours, prononcé d'un ton animé, fit une vive impression
sur tous ceux qui furent à portée de l'entendre.

Page 99. Vous n'oublierez donc jamais ce bon père, habitants de Digne, etc.

Nous devons dire, à la louange de l'autorité municipale,
que, pour perpétuer le souvenir de Mgr. de Miollis dans Digne,
elle avait arrêté, dès le 12 mai 1843, que le nom du charitable
Évêque serait donné à la rue qui conduit de l'évêché à la préfecture.

APPENDICE.

En préparant des notes sur l'éloge historique de Mgr. de Miollis, nous avions cru qu'il nous serait permis d'entrer dans quelques détails sur certains objets particuliers à la ville de Digne ; nous avions en conséquence fait des recherches ; mais les notes qui en ont été le résultat s'étant étendues peu à peu et contre notre première intention, au-delà des bornes que nous nous étions prescrites, nous avons jugé qu'on aimerait mieux les voir séparées du reste et renvoyées en forme d'appendice à la fin.

L'ÉVÊCHÉ.

(*Voyez* page 15 du discours).

Pour peu qu'on ait de curiosité, il est naturel de demander si autrefois et depuis longtemps, l'Évêché actuel était habité par des Évêques.

D'abord on sait qu'à l'époque de la révolution M. François de Mouchet de Villedieu, évêque depuis 1784, y demeurait. Plusieurs y ont vu M. l'abbé de Bausset, pendant qu'il était grand vicaire de Mgr. du Queylar et administrateur de l'Évêché [1], c'est-à-dire, de 1778 à 1784 [2]; quelques-uns même se souviennent encore d'y avoir vu M. du Queylar, qui fut Évêque de Digne dès 1758; et ils tiennent de leurs pères et de leurs grands pères, que MM. de Jarente (de 1746 à 1758), du Lau de la Coste d'Allemans (de 1742 à 1746), Feydeau (de 1730 à 1741), Puget (de 1708 à 1728), avaient habité le même palais. On traverse ainsi le dix-huitième siècle, et l'on arrive jusqu'à l'épiscopat de M. le Tellier, de 1677 à 1708. D'où il résulte que depuis la fin du dix-septième siècle ou le commencement du dix-huitième, au plus tard, le bâtiment où est maintenant l'Évêché fut habité par des Évêques.

On peut citer, en confirmation de ce fait, un plan de Digne, dessiné en 1719, par Bérard, où la maison de l'évêque, placée précisément à l'endroit où nous la voyons aujourd'hui, est appelée *le palais épiscopal*, dénomination qui suppose une destination déjà constante et plus ou moins antérieure au plan.

D'un autre côté, comme nous l'apprend Gassendi, quelques siècles avant la fondation de Saint-Jérôme, bâti par l'Évêque Antoine Guiramand à la fin du xve siècle, on avait construit sur le rocher, au couchant de l'éminence où est à présent l'église, un Château qui fut la résidence des Évêques. [3]

À quelle époque précisément fût bâti ce Château? c'est ce que Gassendi ne nous apprend pas.

Seulement, en parlant de l'ancienne tour de l'Horloge, élevée en 1414, il cite les Registres de la ville, dans lesquels les quatre côtés de la tour, correspondants aux quatre points cardinaux, sont désignés par les Religieuses et les Eaux chaudes, pour le

[1] En l'absence de M. du Queylar, retiré alors à Varages, dans le diocèse de Riez.

[2] M. l'abbé Louis-François de Bausset fut nommé vicaire général par Mgr. du Queylar, le 29 novembre 1778; en 1784, il fut nommé à l'évêché d'Alais; il reçut le chapeau de cardinal en 1817; il est mort en 1824.

[3] *Opposita ex parte, hoc est, ad productæ radicis (montis) extremum, rupes est, supra quam paullo eminentiorem exstructum fuit pridem Episcopi Castrum..... De ipsa Ecclesia quæ fuit a sesqui-seculo dumtaxat (sicque aliquot sæculis post ipsum Castrum Episcopi et ad ejus ortum) constructa, suo inferius loco dicetur.* P. Gassendi, Notitia Ecclesiæ Diniensis, cap. II.

nord et le sud; et par l'*Évêché* et la ville, pour l'ouest et l'est. [1]
Ces Religieuses étaient en effet au nord, puisque, selon Gassendi,
elles étaient au-delà du Mardaric, entre les Cordeliers et la
Bléone, dans un couvent dit de Sainte-Catherine, qu'elles cessèrent d'habiter après 1440 [2]; et la tour de l'Horloge avait réellement à son couchant l'*Évêché*, puisqu'elle ne fut démolie que
parce qu'elle se trouvait sur une partie de l'emplacement destiné à l'Église de Saint-Jérôme [3], à l'est du Château.

Il cite ensuite une convention de 1257, où les arbitres, choi-
sis par Boniface, évêque de Digne, et par le comte de Provence,
Charles d'Anjou, mari de la comtesse Béatrix, pour régler leurs
différends au sujet des droits et de la juridiction, quant au temporel; statuent : que le seigneur Évêque accordera au seigneur

[1] *Legitur in Registris urbis*, eam fuisse completam ex parte Monialium, ex
parte Aquarum calidarum, ex parte Episcopatus, ex parte civitatis: *qua
descriptione designantur quatuor cœli partes, septentrio, meridies, occasus et
ortus.* Ibid. Cap. XXI.

[2] *Id situm fuit urbi ad boream, ac ultra Mardaricum, sed Bledonam pro-
pius quam conventum Cordigerorum. Nimirum esse proxime debuit molendinum
illud, quod etiamnum Monialium dicunt, e regione puta episcopalis Castri.*
P. Gassendi, Notitia Ecclesiæ Diniensis, cap. XXI.

[3] *Debuit ea (Ecclesia B. Hieronymi) sic construi inter Castrum episcopale et
turrim urbici horologii, ut non modo magnus tinellus, hoc est aula Castri
præcipua, versus occasum, dirueretur, verum dirueretur ipsa quoque turris.*
Ibid. cap. XIX.

D'après le texte de Gassendi, il ne faut pas confondre cette tour avec le
clocher actuel. Celui-ci, construit entre 1490 et 1500 avec l'Église, n'eut
d'abord que 25 mètres de hauteur, sans y comprendre la flèche; mais en 1626
on abattit la flèche, on releva la tour carrée du clocher jusqu'à la hauteur de
51 mètres, et l'on mit au-dessus la grande cage de fer de l'horloge. Ibid.
cap. II.

En 1775, le 15 juin, jour de la Fête-Dieu, au second coup de vêpres, la
foudre tomba sur ce clocher et en renversa l'angle du nord. Elle pénétra de
là dans l'Église, où trois personnes furent tuées et d'autres blessées. On dit
que plusieurs eurent les boucles de leurs souliers enlevées; que le sacristain
eut cinq pièces de 12 sols fondues dans son gousset; que les saintes huiles
furent consumées sans que les urnes ni les portes de l'armoire où elles se
trouvaient fussent endommagées, etc.

Comte d'acheter ou d'acquérir une habitation ou un local pour
y bâtir, partout où il voudra dans la ville de Digne, pourvu
que ce soit hors de la hauteur ou forteresse où est la *maison
épiscopale.*[1]

Outre le château, les évêques de Digne eurent un jardin, qui
comprenait la moitié ou le tiers inférieur de l'emplacement où
est maintenant le Pré de foire.[2] On y descendait par un passage commode non loin de la petite porte dite anciennement de
l'*Ubac* (du nord).

En 1530, ce jardin fut vendu par l'évêque Fr. Guiramand
à la ville, pour l'agrandissement du Pré de foire, au prix de
300 florins, avec lesquels, seize ans plus tard, on acheta pour
l'Évêché quelques vergers, qui furent ajoutés au pré dit des
Plantàs, et en formèrent la partie inférieure.[3]

Vers 1600, au passage par où les évêques descendaient dans
leur jardin, fut construit, sur trois hautes et belles voûtes, un
jeu de paume[4], qui figurait encore sur le plan de 1719, mais
qui, vers 1750, fut remplacé par deux maisons, dont l'une
(n° 11) appartient maintenant à M. Autric, et l'autre (n° 13) à
M. Julien. On peut voir encore ces grandes voûtes, qui ont,
dans œuvre, de 5 mètres 36 centimètres à 7 mètres 26 centimètres de largeur, 13 mètres 35 centimètres de longueur, et

[1] *Mandaverunt (arbitri) quod Dominus Episcopus concedat Domino Comiti,
quod possit emere, seu acquirere hospitium, sive locum ad ædificandum, ubicum-
que voluerit in civitate Dignensi; dummodo extra torum, seu montem, vel
Fortalitium, ubi domus Episcopalis noscitur constituta.* Notitia Ecclesiæ
Diniensis, cap. III.

[2] *Quippe quidquid est partis inferioris (Prati nundinarum) e regione Episcopalis Castri ecclesiæque adjacentis ac ulterioris plateolæ, hortus fuit Episcopi in quem descendebatur qua parte sphæristerium, tribus præaltis cryptis
suffultum, me adhuc puero extructum est.* Ibid, cap. IV.

[3] ..... *Acquirique duntaxat potuit anno M. D. XXX, a Francisco Guiramando
tum episcopo, idque trecentorum florenorum pretio, quod in episcopatus
rem converteretur. Taceo vero hanc conversionem factam cum, anno demum
M. C. XLVI, coempta fuere hujusmodi pretio viridaria aliquot, ex quibus coaluit
prati Plantatarum vocati, in Burgi ditione, pars inferior.* Ibid, cap. IV.

[4] Voyez ci-dessus, note 2.

5 mètres 62 centimètres d'élévation. Celle du milieu, l'une des deux qui appartiennent à M. Julien, est la plus étroite mais la mieux conservée des trois.

Quant au château, il fut pris en 1576 par les Calvinistes. Dès cette époque, les Évêques cessèrent d'y résider, et l'on négligea de le réparer et de l'entretenir, parce qu'on crut qu'il ne convenait point de conserver un lieu qui pouvait de nouveau servir à des troupes ennemies. [1]

Ainsi, lorsque en 1602, Antoine de Bologne (autrement, Boulogne ou Bollogne), de l'illustre famille des Capissuchi, né au Plan, près de Barcelonnette, eut été nommé évêque de Digne (par suite de l'échange de l'abbaye de Livry[2] contre l'Évêché, entre son frère Étienne et l'évêque Claude Coquelet), il fut obligé, pendant quelques années, de prendre une maison à loyer dans cette ville. Il fit ensuite bâtir, à l'extrémité du faubourg de la Traverse, une maison assez spacieuse. Cependant, à son décès, qui arriva à Tanaron en 1615, il la laissa, non à l'église mais au cadet de ses frères, Jules, gouverneur de Nogent, en Champagne, lequel la vendit aux religieuses de la Visitation[3],

[1] *Anno* M. D. LXXVI, *occupatum a Calvinistis Castrum una cum adjuncta Ecclesia, induxit civibus in mentem, ne sartum tectum locum tenerent, qui iterato cedere in extraneum praesidium posset.* Notitia Eccles. Din., cap. II.

[2] Dans Gassendi, c'est *Abbatia Ligniensis;* mais d'après la *Gallia Christiana*, tom. III, p. 1154, c'est *Abbatia Livriacencis*, l'abbaye de Livry.

[3] *Is (Antonius) natus est Plani prope Barcilonam, Ebredunensis diœceseos (sed ditionis Sabaudicœ) tertius ex septem fratribus, quorum primogenitus Claudius jurisprudentiam sectatus cœterorum curam prope paternam gessit.... Cum Stephanus autem, qui fuit natu secundus, profectus fuisset tempore Henrici III Parisios, ac eo demum profecisset ut unus regiorum Eleemosynariorum fieret, cœtera inter sacerdotia quœ ab Henricis partim III partim IV obtinuit, abbatia Ligniensis fuit, quam Claudio Coqueleto cessit, cedenti vicissim Diniensem episcopatum fratri Antonio..... Quod episcopalis domus per bella civilia, ut ante est dictum, fuisset diruta, œdeis aliquot conductitias per primos annos inhabitavit; ac satis amplam deinceps domum in extremo Traversiœ suburbio exœdificavit, quam tamen moriens non Ecclesiœ, sed minimo natu ex fratribus Julio, qui et gubernator Nogenti Campaniœ, et unus œconomorum domus regiœ erat, reliquit. Ipsa est quam ante annos aliquot Religiosœ Visitationis*

arrivées à Digne en 1630. [1] La maison d'Antoine de Bologne, transformée par celles-ci en couvent, est maintenant une caserne de gendarmerie.

Louis de Bologne, frère et successeur d'Antoine, fut frappé d'une hémiplégie qui ne lui permit pas de recevoir la consécration épiscopale. Il ne parut à Digne que pour prendre inutilement les eaux; et il retourna bientôt à Nogent, chez son frère Jules, à qui il confia l'administration des biens de l'Évêché; il eut pour coadjuteur son neveu Raphaël de Bologne, depuis 1617 jusqu'à sa mort en 1628. [2]

Celui-ci, ayant succédé à son oncle, occupa le siége de Digne de 1628 à 1663 ou 1664. Nous le voyons acquérir une maison et une campagne à Hières, où il allait chercher un ciel plus doux pendant l'hiver [3]; mais sa résidence habituelle devant être à Digne, il est naturel de croire que, pendant son long épiscopat, il fut bien aise aussi d'acquérir une habitation convenable dans cette ville.

Or précisément, dans le cadastre de 1635, fol. 454, nous lisons:

R. P. EN DIEU MESSIRE RAPHAEL DE BOULLOUGNE
Seign.ʳ Evesque de Digne

Une maison boutiques caves et tour au dernier a la Place plus Haulte confront. maison de Jan Baptiste de Faucon Sʳ du

---

ab ipso Julio, coemerunt, et instituto accommodatam convertere in..... monasterium. Antonius..... obiit Tanarone, quod episcopalis ditionis est oppidum, anno M. DC. XV. ac die septembris xxiv. Notitia Eccles. Diniensis. cap. XXIII.

[1] Accessere ad urbem anno M. DC. XXX, ac mense septembris. Ibid. cap. XXI.

[2] Dans l'*Histoire héroïque et universelle de la Noblesse de Provence*, il y a erreur et oubli à l'article BOLOGNE: *erreur*, en ce qu'on y dit qu'Étienne, qui donna l'absolution à Henri III après sa blessure, fut évêque de Digne; *oubli*, en ce qu'on n'y dit rien de Louis. Étienne fut aumônier du roi; c'est Antoine et Louis ses frères, et Raphaël son neveu, qu'il faut compter parmi les évêques de Digne.

[3] *Quæsivit Areis, prædia tum urbana tum rustica, in quibus clementiore cœlo exigeret hiemes, quas transigere Diniæ, nisi incommode, non posset.* Notitia Eccles. Diniens., cap. XXIII.

Sauze maison de damoyselle Anne de Gaudin et aultres ex-
times sans y comprandre une chambre dont lad.ᵉ damoyselle de
Gaudin jouyst sept cens trante cinq florins cy

$$vij^{\text{c}} \ xxxv \ \textit{ff}.$$

Au fol. 64, une note marginale, en date du 8 octobre 1639, à
côté de l'article *Anne de Gaudin vefve de Jan de Bezieux*,
porte :

Tenet Monseigneur lEvesque de Digne la chambre questoit
du Sʳ de Fornier par achept,

C'est-à-dire, la chambre dont jouissait Anne de Gaudin.

Au fol. 66, une note pareille, qui accompagne l'article de
Jehan Baptiste de Faucon Sʳ du Sauze, nous apprend que le
Seigneur Evesque possedde une portion de la maison de celui-ci
par contract sur ce passé pardevant Mᵉ Gauddemar not.ᵉ

Dans le cadastre de 1660, lorsque le diocèse de Digne était
gouverné par Toussaint de Forbin de Janson, coadjuteur de
Raphaël de Bologne dès 1653, nous lisons fol. 26 :

MONSEIGNEUR LEVESQUE DE DIGNE

Une maison boutique caves tourre au dernier basse cour
escuyerie à la Place plus Haute confrontant maisons du Sieur
de Tartonne et de Pierre Dupont estimée a huict cens florins
cy

$$viij^{\text{c}} \ \textit{ff}.$$

C'est toujours la même maison ; mais les confronts offrent
quelque différence, parce que la maison de Jean-Baptiste de
Faucon, Sʳ du Sauze, avait passé, par acte du mois de juin
1655, dans les mains du sieur de Tartonne ; et que la maison
d'Anne de Gaudin était alors possédée par Pierre Dupont.

Si maintenant nous remontons au-delà de 1635, pour savoir
à qui appartenait, avant cette époque, le local du nouvel Évêché, nous rencontrons d'abord le Cadastre de 1630, où nous
voyons, fol. lxiij, sur la tête de

FRANÇOIS DE FORNIER VIGUIER

Primo une maizon bouttiques caves et tour au dernier a la
Place plus Haulte confront. maizon de Jehan Baptiste de Fau-

son Sr du Sauze maizon de damoiselle Anne de Gaudin et aultres estimee sans y comprandre une chambre dont damoiselle Anne de Gaudin jouyst a sept mil trois cens cinquante florins qui réduictz au quart est mil huit cens trante sept florins six souls Reduict au quart est mil quatre cens septante florins cy

$$j \overset{m}{\ } iiij \overset{c}{\ } lxx \text{ } ff.$$

Et dans une note à la marge, sous la date du 5 juin 1635, nous lisons :

Dam.^{lle} Isabeau de Gaudin dame de Champourcin a declaire avoir revendu ladicte maison au seigneur Evesque requiert destre rayée de ceste livre et cest signée

I. DE GAUDIN.

Nous rencontrons en second lieu le cadastre de 1604 ; et là, fol. lij v°, nous lisons :

PIERRE GAUDIN S^r DE CHAMPORCIN

. . . .

Plus une maizon à la place dicte des Herbes avec trois bouttiques caves et basse court confrontant maizons du sieur du Sauze et de Jehan Debezieux et lad.^e place estimee à six mil florins qui reduictz au quart restent mil cinq cens florins cy

$$j \overset{m}{\ } v \overset{c}{\ } ff.$$

Plus ung bastiment en forme de tour appelle la tour des Tailhas au dessus lad.^e maizon y ayant estable chambre et pigeonier confront. la basse court de lad.^e maizon et les murailhes de la ville et le chemin estime a douze cens cinquante florins qui reduictz au quart restent trois cens douze florins six souls cy

$$iij \overset{c}{\ } xij \text{ } ff. \quad vj \text{ } s.$$

En troisième lieu, dans le cadastre de 1597, fol. xlj, nous lisons :

PIERRE GAUDIN S^r DE CHAMPORCIN

Premierement une maizon à la place des Herbes confrontant

mnizon de Loïs de Faucon Sr du Sauze maizon de Jehan Debezieux extimee à quinze cens nonante trois florins neuf souls, cy

$$xv \quad xciij \overset{c}{f\!f}. \quad ix \; s.$$

Une tour au dernier ladicte maizon joignant icelle appelee la Tour de Tailhas extimee à deux cens cinquante florins cy

$$ij \quad \overset{c}{l} \; f\!f.$$

Fornier et les Gaudin, voilà donc les derniers propriétaires, avant les Évêques.

La place appelée *Place plus Haulte* en 1635 et 1630, est désignée sous le nom de *Place des Herbes* en 1604 et 1597.

Quant à la tour, qui n'avait pas de nom propre dans les deux premiers cadastres, elle est appelée *des Tailhas* dans ceux de 1604 et de 1597. Ce nom vulgaire était oublié ; nous l'avions demandé inutilement ; le voilà enfin retrouvé, grâces aux recherches, qu'à notre prière, a faites, avec une extrême obligeance, M. Firmin Guichard.

L'illustre Mgr. de Forbin de Janson fut transféré du siége de Digne à celui de Marseille, en 1668. De là à l'épiscopat de M. François le Tellier, nommé en 1677, et mort en 1708, il n'y a que neuf ans, pendant lesquels MM. Jean de Vintimille du Luc et Henri Félix de Tassi, évêques de Digne, le premier, de 1669 à 1675, le second, de 1676 à 1677, occupèrent sans doute le même palais que leur prédécesseur, M. de Forbin de Janson, puisque la tradition orale nous y montre, aussitôt après eux, M. le Tellier, et ensuite ses successeurs jusqu'à M. de Villedieu.

Cependant, depuis la fatale époque de 1576, le souvenir du vieil évêché allait en s'affaiblissant ; et il s'effaçait d'autant plus que les lieux offraient, de jour en jour, moins de traces de leur premier état.

Déjà, en 1654, Gassendi ne remarquait plus, à la place de l'ancien Château, que des décombres, quelques restes de murs et de voûtes[1], et les débris de la chapelle de Saint-Jean dont on

_____

[1] *Exstructum fuit pridem Episcopi Castrum, quod patrum nostrorum me-*

avait enlevé toutes les pierres de taille.[1] Le puits, qu'on y voit encore, avait été entièrement comblé.[2]

Dans le plan de 1719, on appelle la hauteur au couchant de l'Église de Saint-Jérôme, *Ruine du fort dit l'Évêché*, et l'on n'y indique aucune chapelle.

Vers 1780, les vieillards appelaient encore cet endroit l'*Évêché*, ou l'ancien Évêché; mais bientôt la chapelle moderne acheva de faire tout oublier.

Cette chapelle, dédiée à Saint Charles, servait à une congrégation d'artisans, nommés à cause de cela *Coungriaïrés* ou *Charlots*. Les jours de dimanche un de MM. les Vicaires de Saint-Jérôme y faisait le catéchisme aux garçons qu'on disposait à la première communion, et y disait vêpres avec eux. Un petit autel latéral et un buste de Saint Jean pouvaient absolument rappeler le culte rendu à ce saint dans l'ancienne chapelle dont nous avons parlé ci-dessus; mais rien ne réveillait plus le souvenir de l'Évêché.

De 1790 à 1792, Saint-Charles fut le lieu d'assemblée du premier club. Mais après on y enferma les détenus, parce que les prisons de la Sénéchaussée ne suffisaient plus pour les contenir tous.

Ceux qui maintenant sont accoutumés à ne voir qu'une *Bibliothèque publique* là où fut la Sénéchaussée, et qui n'ont connu d'autre prison, dans Digne, que celle de Saint-Charles, ne soupçonnent assurément pas que plus de la moitié de ce bâtiment ait été autrefois un lieu de prière. Ils y pensent d'autant moins que dans le prolongement de 12 mètres, fait à l'extrémité

moria sic fuit dirutum, ut nihil jam præter maceriem, et aliquot cryptas, ruderaque supersit. Notitia Ecclesiæ Diniensis, cap. ii.

[1] *Insigne præsertim sacellum, D. Joanni nuncupatum, in Castro Episcopali fuit...... Superfuere ejus parietes durabilissima structura, ad superiores usque annos, per quos vivi, cœsi, quadratique lapides quibus tam interius quam exterius communiebantur, avulsi fuere; et sola maceries quasi excoriata, ac ideo aspectu deformis, remansit. Ibid., cap. xx.*

[2] *Obturatus est pari modo (puteus) qui admodum profundus, ac intra rupem excisus extitisse eximius in episcopali Castro perhibetur. Ibid., cap. v.*

occidentale, de 1816 à 1819, on a suivi le même plan que dans la partie qui existait déjà. Ainsi ni la hauteur de la voûte ni l'arcade intérieure, vers le levant, ne leur rappelle la destination de ce local avant la révolution; et ils sont loin surtout de supposer que des Évêques aient jamais eu en cet endroit une demeure.

Mgr. de Villedieu avait pensé un moment à y replacer l'Évêché. Déjà il avait fait déblayer l'ancien puits; mais ensuite il avait changé d'avis; et à la fin, il voulait bâtir dans la vigne que possède à présent Arnaud, à côté du pré de l'Évêché ou des *Plantàs*. En conséquence, une grande quantité de bois de charpente avait été amassée dans l'église de Notre-Dame du Bourg, et le long du Mardaric dans le pré de l'Évêché. M. de Villedieu eût pu aisément, dans des temps ordinaires, terminer le palais projeté et en jouir longtemps lui-même, car il n'est mort qu'en 1824; mais la révolution ne lui permit pas d'aller au-delà des préparatifs.

Depuis 1791 jusques vers la fin de 1793, le palais épiscopal fut habité par J. B. Romée de Villeneuve, devenu, de curé de Valensole, premier évêque constitutionnel des Basses-Alpes. [1]

Le dernier mois de 1793, l'administration du District, étant sortie du couvent des Ursulines, pour y établir la maison de détention des *suspects*, transporta ses bureaux dans l'Évêché, et l'occupa tout entier jusqu'au commencement de l'an IV (23 septembre, etc., de 1795).

A cette époque (an IV), la Municipalité y entra aussi.

Sur la fin de l'an IV (1796), le Tribunal du Département, composé de vingt membres, ne pouvant plus tenir ses audiences dans l'ancien Palais de la Sénéchaussée [2], vint occuper la partie de

---

[1] Le second fut M. André Champsaud, élu en 1799; il avait été d'abord nommé promoteur de l'officialité de Digne, le 11 décembre 1771; puis, le 12 décembre 1775, pourvu, *pleno jure*, par M. du Queylar, de la cure d'Entrages, vacante par le décès d'Antoine Baume; mais Jean-André Aubert y ayant été nommé le même jour par le Chapitre, M. Champsaud s'en était démis le 18 juin 1776; et il avait été promu à la cure de Digne le 26 janvier 1780.

[2] Cette maison, où étaient le tribunal de la Sénéchaussée et les prisons, et qui avait appartenu jadis au Chapitre, est située près de l'église de Saint-Jérôme,

l'Évêché que la Municipalité avait laissée libre, et il y siégea jusqu'à l'année 1800.

Alors, il y fut remplacé par le Tribunal d'arrondissement; et c'est celui-ci qui s'y trouvait lorsque Mgr. de Miollis arriva à Digne.

Par décret impérial du 5 juin 1810, les bâtiments de l'ancien Évêché furent abandonnés gratuitement au département des Basses-Alpes pour le logement de l'évêque diocésain, à la charge d'y faire les réparations de tout genre qu'exigerait cette nouvelle destination. Mais, aux termes du même décret, ces bâtiments ne pouvaient être mis à la disposition de l'Évêque que lorsque le conseil général du département aurait indiqué un autre bâtiment pour les tribunaux.

Or ce fut seulement vers la fin de 1820, que les tribunaux purent définitivement se retirer de l'Évêché, et s'installer dans le local où étaient autrefois les Récollets.[1]

Cependant, en 1821, Mgr. de Miollis se plaignait de ce que, malgré les votes du conseil général pour les réparations, il y avait encore dans le palais une école d'enseignement mutuel.

Enfin, dans l'automne de 1822, on commença la reconstruction du palais; mais Mgr. de Miollis n'en prit possession que le 1er d'octobre 1825.

Ce fut dans cette reconstruction qu'on retrancha le portique

entre la rue de la Juiverie et celle du Figuier. C'est la maison numéro 15, de la rue de la Juiverie, où est à présent la bibliothèque publique.

Est..... acquisita Principi domus, quæ Capituli olim fuit, in toro seu monte fortalitii episcopalis: ea nempe quam jam diximus Regiam domum, sive Palatium, in quo et jus a regiis magistratibus dicitur, et carceres regii sunt. Notitia Ecclesiæ Diniensis, cap. III.

Pendant la révolution il y eut dans le vieux Palais le Tribunal du District et le Juri d'accusation. Néanmoins le Tribunal criminel, après 1792, tenait ses audiences dans l'église des Récollets.

[1] Les tribunaux avaient déjà été provisoirement dans le couvent des Récollets, depuis la fin de 1818, lorsque les bureaux de la Préfecture en sortirent, jusque vers la fin de 1819; mais ils étaient retournés à l'Évêché, à cause des constructions qu'il y avait à faire dans le local des Récollets.

de l'Evêché, dont la façade, du côté de la place, se trouva ainsi reculée de 3 mètres environ.

Vers le même temps fut aussi reculé le devant de la maison Tartonne ; un peu plus tard furent privées également de leurs portiques, pour l'agrandissement de la place, les maisons Ebrard et Guichard ; celle de M. Gaudemar l'avait été en 1787 ; celle de M. des Dourbes, bientôt après ; mais celle de Mme d'Autheval[1], avant les autres.

Dès le 30 septembre 1820, Mgr. de Miollis, encouragé par la circulaire ministérielle qu'il avait reçue le 12, avait demandé, comme on l'a vu ci-dessus, page 103, qu'on ajoutât au palais, du côté de la place, une maison peu considérable, au nord, et la maison de la famille Tartonne, au midi ; alléguant qu'un évêque, condamné par son âge ou sa position à rester chez lui, a besoin, d'un jardin, ou à défaut, d'une terrasse suffisamment aérée.

Ces réclamations, quelque justes qu'elles fussent, restèrent d'abord sans effet. Cependant, le 30 novembre 1829, le projet de réunion de la maison Tartonne au palais fut agréé ; et l'adjudication, passée pour l'exécution des travaux, fut approuvée le 9 juillet 1830. Une partie de cette maison servit à faire à la terrasse un prolongement de 7 mètres, et à la découvrir du côté du sud-ouest ; le reste fournit quelques nouvelles pièces aux bâtiments de l'Évêché, qui s'étendit ainsi jusqu'à la porte de la ville.

Nous avons laissé un moment la tour des *Tailhas,* pour ne pas interrompre ce que nous avions à dire sur l'Évêché. Que ne pouvons-nous la voir encore de nos yeux, cette tour octogone, à la place où elle se trouvait, c'est-à-dire, à la partie la plus élevée de la ville, sur le penchant de la montagne[2],

[1] Mme d'Autheval était née Capissuchi de Bologne.
[2] *Qua pars illius (civitatis) summa est, ac declive dorsum montis imminet, turris est Taliasia vocata, et specie quidem octangula ; nisi quod bina latera, quæ erant urbem respectura, coaluere in unum planum.* Notitia Ecclesiæ Diniensis, cap. II.
Ce côté intérieur de la tour, lequel se dirigeait à peu près du nord-quart-

vers l'angle fermé par la rue de l'Oratoire et celle de *Pied-Cocu*. [1]

Cette tour (d'où la muraille descendait, d'un côté vers la porte des Bains, de l'autre vers celle de la Traverse) fut impitoyablement ruinée pendant la reconstruction de l'Évêché, commencée, comme il a été dit ci-dessus, en 1822 ; et ce fut là comme le signal de nouvelles démolitions.

En 1824 on s'aperçut que la porte dite de *Gaubert*, dans la rue des Chapeliers, entre les maisons (nᵒˢ 1 et 3), de MM. Boufigue et Martin, et les maisons Amaudric et Renoux (nᵒˢ 6 et 8), pouvait nuire à la salubrité du quartier. L'horloge élégante qu'elle avait portée ; le globe qui, par sa révolution, indiquait les diverses phases de la lune : rien ne la sauva ; elle fut renversée, et à peine y en a-t-il encore quelques mètres du côté du sieur Boufigue.

Deux autres portes gênaient la vue et la voie publique : c'étaient la porte dite de la *Traverse* ou des *Durands*, hors laquelle il y avait, d'un côté, le four, de l'autre, la maison de M. des Sièyes ; et la porte dite des *Bains*, autrement, de *Soleille-Bœuf*

nord-ouest au sud-quart-sud-est (de l'angle nord-est de la salle à manger d'à présent, vers le milieu du trumeau de cette salle), était doublement irrégulier, et parce qu'il tenait la place de deux côtés de l'octogone, et parce que, à partir du milieu de sa largeur, il fléchissait un peu vers l'est, son épaisseur allant dès ce point en décroissant. La longueur totale de ce côté était de 10 mètres 50 cent. ; et son épaisseur, de 1 mètre à 80 cent. La longueur des six côtés extérieurs de l'octogone variait entre 4 mètres 75 cent. et 5 mètres 85 cent. Leur plus grande épaisseur était de 4 mètres, et la moindre de 2. Le pourtour, en totalité, était de 37 mètres. L'intérieur de la tour était carré, et offrait un sol de 5 mètres carrés environ.

On a pris sur l'emplacement de la tour les deux tiers, à peu près, de la chapelle et de la cuisine actuelles avec l'escalier qui est dans l'entre-deux, un tiers de la salle à manger et le coin nord-est de la terrasse.

[1] On lit dans quelques cadastres, *pied-cocu* ou *pié-coqu ;* mais dans celui qui est en latin et qui paraît du xivᵉ siècle, on lit *in podio coculo ;* or, *coculus* pourrait être pour *cuculus*, coucou, en patois *couguou. Pé couguou*, qui est le nom de la montagne à laquelle conduit cette rue, pourrait donc signifier montagne du coucou ; et en effet, on entend journellement cet oiseau sur cette montagne au printemps.

ou de la *Moinette*, entre les maisons de M. de Tartonne et de M. des Dourbes. Elles furent démolies: la première, en 1826 ; la seconde en 1830, lorsque la maison Tartonne fut ajoutée à l'Évêché.

Pendant la première moitié du dix-septième siècle, la petite porte de l'*Ubac* (du nord), à égale distance de la porte de Gaubert et de celle de la Traverse, avait subi le même sort. Cette porte, appelée aussi du *Capitoul* (du Chapitre), parce que le Chapitre acquit près de là une maison où il établit ses greniers, sa cave et son fermier, était déjà tellement détruite en 1654, qu'on en voyait à peine alors quelques vestiges.[1] Elle devait se trouver à l'endroit de la rue du *Capitoul* qui est entre la maison (n° 1) du sieur Magaud et la maison (n° 6) du sieur Banon.

S'il est permis de regretter ces restes de l'ancienne ville, du moins ils furent sacrifiés à l'utilité publique; mais peut-on en dire autant de la vieille tour des *Taillas*? Elle n'empêchait nullement la circulation de l'air, elle n'offusquait la vue de personne; mais elle ne quadrait pas avec les plans d'un ingénieur qui faisait peu de cas des antiquités du pays; il fit donc jouer contre elle la mine comme dans l'attaque d'un bastion; et un monument qu'avaient respecté les guerres civiles, les Calvinistes, les démolisseurs de 93, fut rasé sans opposition, en pleine paix, pour faire place à une cuisine et à une chapelle; chapelle assez élégante, il est vrai, mais peu nécessaire, puisqu'au bas de la tour, il y en avait une dont les Évêques se contentaient.

Le savant, l'étranger retrouvaient avec transport cette tour des *Taillas* dont avait parlé Gassendi. Ils aimaient à la voir telle

---

[1] *Prior*, dit Gassendi, en parlant des deux petites portes de la ville, *fuit medio fere loco inter eas quæ Traversiæ et Galberti dictæ sunt; appellata primum Portale Ubaci..... ac deinde Capituli, ob quæsitam illeic ante annos trecentos Capituli domum. Ea fuit aperta vergensque in Corum, ac non ita pridem, seu meo tempore, ita diruta, ut vix jam supersit illius vestigium.* Notitia Ecclesiæ Diniensis, cap. II.

La maison dont il est ici question est située rue du *Capitoul*, n° 3, et appartient à Mᵐᵉ Vᵉ Comte.

qu'il l'avait décrite dans son livre. Bientôt il ne subsistera plus rien dans Digne, de ce qu'y faisait remarquer l'immortel Prévôt. Par respect pour sa mémoire, nous nous sommes cru obligé d'indiquer du moins la place des restes que nous avons encore vus, et qui ont disparu pour toujours dans ces derniers temps.

Des cinq portes qu'il y avait à Digne autrefois, une seule est debout aujourd'hui : c'est le *Portalet*, celle des deux petites portes à côté de laquelle fut jadis le tribunal du juge royal[1] ; toutefois elle n'a plus sa forme primitive mais celle qu'on lui a donnée en 1827, où elle a été rebâtie de manière à laisser un large passage entre la place de la Fontaine du *Milan* (du milieu) et la rue de la Préfecture.

Outre la tour des *Taillas*, Gassendi en comptait plusieurs autres. Mais déjà ces tours, ainsi que les murailles de la ville, se confondaient avec les maisons, qui les avaient presque totalement envahies[2] ; et ce n'est qu'à la faveur de cette métamorphose qu'elles ont subsisté jusqu'à ce jour.

Dans un espace de près de deux cents ans, il y a eu beaucoup de changements sans doute. Avant que de nouvelles constructions ou démolitions aient entièrement effacé les vestiges de la vieille enceinte, nous croyons devoir indiquer ici ce que nous avons pu en reconnaître, et suppléer ce qu'a oublié Gassendi.

En allant donc de l'endroit où fut la porte de Gaubert au

---

[1] *Neque adeo antiqua est, neque alio nomine quam Portaleti nuncupatur. Ipsa est juxta quam tribunal regii judicis olim fuit.* Notitia Ecclesiæ Diniensis, cap. II.

[2] *Mœnia fuere variis, iisque quadratis, interstincta Turribus, quæ integræ fere adhuc perseverant (tametsi tam ipsæ quam murus et antemurale magna ex parte in domos cedunt), ac tres præsertim ex iis quatuor, quæ inter portam Galberti et Portaletum sunt; una, quæ exinde ad Portam Balneorum, et (præter ipsam turrim Taliasiam, quæ in apice urbis est) tres, quæ à Porta Traversiæ in Portam Ubaci. Quod porro ex Ubaci Porta in Portam Galberti fuerit unica, causa fuit ipsum Episcopi Castrum ac prærupta rupes; unde et nullæ domus ipsi adjacuerunt, ac fuere solum aliquæ exstructæ qua parte aliquantula fuit rupis declivitas versus africum ac versus meridiem.* Notitia Ecclesiæ Diniensis, cap. II.

Portalet par la rue dite vulgairement du *Barri* (des murs de la ville), autrement de la Préfecture, nous trouvons, non pas seulement comme Gassendi, quatre tours, mais cinq, savoir :

Une à la maison Mariaud, n° 12 ;

Une autre à la maison Corriol, n° 7 ;

Une troisième à la maison Bonnet, n° 36 ;

Une quatrième à la maison Villecrose, n° 52 ;

Et la cinquième à la maison de M. le docteur Frison, n° 62.

Les deux premières sont assez hautes ; la troisième n'a guère que la moitié de sa hauteur ; la quatrième a été presque rasée, et remplacée ensuite par une construction légère qui conserve cependant la forme de la tour ; la cinquième est ruinée, à l'exception d'une grande partie de la face du couchant, où l'on distingue très-bien une barbacane ou meurtrière.

On reconnaît la muraille au bas des maisons, dans les intervalles qui séparent les tours, ainsi que dans l'ancienne Charité, qui était près du *Portalet* et vis-à-vis de la fontaine du *Mitan*. [5]

Du *Portalet* à la porte des Bains, on voit :

Une belle et forte tour, à la maison Blanc, n° 17 ; et des restes des murailles dans quelques maisons, notamment dans celles de M. Gaudemar et de M. des Dourbes.

De la Porte de la Traverse à celle de l'*Ubac*, Gassendi ne compte que trois tours ; il y a cependant :

D'abord, une tour à la façade orientale de la maison Sièyes, rue de l'Oratoire (néanmoins sa saillie, qui serait double de celle des autres tours, et son état de conservation peuvent faire naître quelque doute) ;

Secondement, au nord de la même maison, une tour plus grande que les autres, ayant 7 mètres à sa face antérieure et 5 sur les flancs ;

Troisièmement, derrière la maison Meynier, entre la mai-

[1] La Charité fut là depuis 1672 jusqu'à l'année 1713 ; alors elle fut placée au nord de la ville, au-delà du Mardaric ; mais au mois de novembre 1830, les pauvres furent transférés à l'hôpital Saint-Jacques, et leur maison devint une caserne.

son Aillaud et l'auberge du *Bras d'Or*, les fondements d'une petite tour ;

Quatrièmement, une haute tour, appartenant en grande partie à Mme de Foresta et dominant la maison Builly, n° 1, au cours des *Arets* (des Béliers) ;

Cinquièmement, une tour en bon état, faisant partie de la maison Esmiol, n° 2, rue du Jeu de paume.

En partant de la Traverse, les murs, plus extérieurs de 3 mètres que la Porte, vont joindre la tour au nord, en partageant longitudinalement la maison Sièyes, dans la moitié intérieure de laquelle règne, au niveau de la rue, une haute et longue voûte qui pouvait conduire commodément de la rue à la tour. Les murs reparaissent ensuite derrière les maisons de la rue du Jeu de paume, du côté de la tour du sieur Esmiol, et vont aboutir à la rue du *Capitoul*, en partageant la maison Magaud, à l'endroit où était la Porte de l'*Ubac*.

En sortant de la ville par la porte de l'*Ubac*, Gassendi remarque qu'il y avait autrefois à gauche, contre les murs, une chapelle de Sainte-Catherine, déjà ruinée de son temps [1], et à la place de laquelle est maintenant la maison n° 1, appartenant au sieur Aillaud, au pied de la Montée des prisons.

De la porte de l'*Ubac* à celle de Gaubert, en passant derrière le chœur de S.-Jérôme, et descendant par la ruelle S.-Charles, Gassendi ne nous montre qu'une tour ; nous trouvons cependant :

1° A gauche, vers le milieu de la descente, la tour du sieur Nevière (c'est celle dont parle Gassendi) ;

2° A l'entrée de l'impasse qui est sur la gauche, avant d'arriver à la rue de l'*Ubac*, une tour qui, rebâtie il y a une soixantaine d'années, appartient à présent au sieur Faudon, et paraît, d'après ce qui reste des vieux fondements, n'avoir pas toujours été quarrée ;

---

[1] *Supererat, adhuc me puero, maceries sacelli S. Catharinæ quod fuerat extra portam Ubaci, et ad lævam quidem, ac sub urbis muro : verum fuit illeic deinceps constructa erectaque domus, idque annuente Capellano, qui ob reditus olim satis pingueis, celebrare illeic frequens tenebatur.* Notitia Ecclesiæ Diniensis, cap. xx.

3° Derrière la maison Frison, rue de l'*Ubac*, n° 8, une tour assez bien conservée, mais entièrement cachée par les maisons.

Depuis la tour du sieur Nevière, il est facile de suivre les murs, d'abord, dans l'étable appartenant au sieur Jourdan, puis sur le derrière des maisons de la rue du Four jusqu'au fond de l'impasse, où ils vont joindre la tour Frison, pour aller de là, en passant derrière la maison Boufigue, à la porte de Gaubert.[1]

Ces restes de tours et de murailles sont encore assez reconnaissables pour qui veut prendre la peine de les chercher; mais tout cela s'altère de jour en jour; car on veut partout du changement; et quand le temps et les révolutions ne mènent pas l'œuvre assez vîte, les nouveaux plans et le marteau sont les auxiliaires des révolutions et du temps. C'est ainsi que tout a changé dans cette ville. Je n'énumèrerai pas toutes les transformations qui s'y sont opérées; il me suffira de dire : que dans ce qui fut le Bourg croissent maintenant des moissons; que dans ces tours, où retentirent plus d'une fois des cris de mort et d'alarme, dorment de paisibles citoyens, ou bien ruminent le bœuf et la brebis; et que là où jadis habitaient des Évêques sont aujourd'hui des cachots.

LE SÉMINAIRE.

Depuis longtemps les évêques de Digne les plus pieux et les plus éclairés avaient senti vivement le besoin d'un Séminaire dans leur diocèse; mais le défaut de moyens pour acquérir une maison, faire face aux dépenses indispensables, et fournir à l'entretien des directeurs, et de plus l'état du clergé, dont la pauvreté ne permettait pas de faire contribuer les différents bénéficiers aux frais de l'établissement, avaient contraint les évêques d'at-

[1] Voyez le plan de Digne, dans lequel M. Clément, arpenteur-forestier, a eu la complaisance d'indiquer, tout ce que nous avons pu découvrir sur l'ancienne ville.

tendre des circonstances plus favorables ; et jamais ces circonstances ne s'étaient offertes.[1]

Sous l'épiscopat de Mgr. du Queylar, un chanoine plein de
zèle, M. Antoine Michel, secrétaire et ensuite grand vicaire de
Mgr. l'évêque[2], expliquait la théologie aux jeunes ecclésiastiques, dans la maisonnette qu'on voit à côté de Saint-Jérôme,
au numéro 8 , et qui appartient présentement au sieur Roubaud.
Là aussi ces jeunes élèves recevaient des leçons de plein-chant ;
et le jeudi, ils se réunissaient dans la chapelle de Saint-Charles,
pour entendre une exhortation pieuse et s'exercer aux cérémonies de l'Église. Mais après les heures de leurs leçons, isolés dans
des maisons particulières, indépendants d'une règle uniforme,
exposés à tous les genres de séduction qui menacent la jeunesse,
entraînés par la dissipation naturelle à leur âge, ils perdaient
aisément le fruit des instructions rapides et interrompues qu'on
leur donnait ; et le spectacle affligeant de leur oisiveté ne pouvait ni leur concilier la confiance publique, ni leur mériter la
considération nécessaire au succès des fonctions qu'ils devaient
exercer un jour.

Ceux dont les familles étaient aisées, jaloux de recevoir une
éducation plus soignée que celle qu'ils trouvaient dans leur
pays, allaient dans des séminaires lointains pour y acquérir à
grands frais les connaissances propres à leur état. Heureux
ensuite de vivre sous un ciel moins rigoureux, ils devenaient
étrangers au diocèse qui les avait vus naître ; ils se refusaient à
servir l'autel qui avait reçu leurs premiers serments, et ils con-
sacraient à des terres étrangères des talents et des vertus que
leur patrie aurait eu le droit de réclamer.[3]

Dès les premiers moments de son administration, M. l'abbé
de Bausset fut vivement frappé de ces inconvénients, et il jugea
que le plus sûr moyen d'y remédier c'était de rassembler tous
les jeunes gens qui se destinaient aux saints ordres dans une

[1] Lettres patentes ; Décret d'érection.
[2] M. l'abbé Michel fut nommé grand vicaire de M. du Queylar, et vice-
gérant de l'officialité le 25 septembre 1770.
[3] Décret d'érection par M. de Bausset.

maison où ils vivraient sous les mêmes lois, où ils puiseraient les mêmes principes, où ils séraient formés aux mêmes vertus. Les circonstances favorisèrent l'exécution de ce projet.

Vers la fin du xvᵉ siècle, un couvent de l'ordre de la Sainte-Trinité pour la rédemption des captifs, où devaient être entretenus, par les Pères de la province de Provence, trois Religieux prêtres et un frère lai, avait été fondé dans l'église et les bâtiments de Saint-Vincent, sur la montagne, au nord-est de Notre-Dame du Bourg.

Ravagé par les hérétiques du xviᵉ siècle, ce pieux établissement avait été longtemps en ruine et inhabité avant qu'on eût pu le réparer.[1]

Après la dévastation du Bourg par les Calvinistes, et la retraite de ses habitants dans la ville, le service de Saint-Vincent ayant paru moins utile, les religieux qui en étaient chargés avaient fait bâtir au Pied-de-Ville une église et un couvent où ils étaient venus résider.[2]

Cette maison, d'abord dans un état assez prospère, arriva peu à peu à un tel degré de pauvreté que ses revenus ne suffisaient pas même pour l'entretien d'un seul religieux. Le couvent fut donc supprimé en 1779, et les immeubles qu'il possédait furent mis en vente.[3]

Alors M. de Bausset, considérant que cette maison offrait un local assez spacieux pour les clercs d'un diocèse peu étendu, qu'il importait d'ailleurs de ne pas priver une partie des habitants de Digne des exercices du culte divin dont ils avaient longtemps joui dans leur quartier, invita M. le chanoine Michel à faire l'acquisition du couvent des pères de la Trinité, dans le dessein d'y établir le Séminaire.[4]

D'un autre côté, le sieur Pierre de Gassendi, neveu, par alliance, du savant prévôt de même nom[5], et ancien avocat du

[1] Gassendi, Notitia Ecclesiæ Diniensis, cap. xx.

[2] Titres d'union du prieuré de Saint-Vincent, etc., au Séminaire.

[3] Requête présentée en 1779, par le P. Darbés, commissaire du couvent de la Sainte-Trinité, etc.

[4] Décret d'érection du Séminaire.

[5] Pierre Gassendi, de Champtercier, prévôt de la cathédrale de Digne, avait

roi en la sénéchaussée de Digne, avait, par son testament du 1er décembre 1710, légué une somme de 25,000 livres qui devait rester en dépôt à l'hôpital de Digne pour être remise au Séminaire lorsqu'il serait légalement établi. [1]

M. de Bausset pensa donc que le moment était enfin venu d'organiser un établissement dont le besoin se faisait de jour en jour plus vivement sentir. Il en créa supérieur M. Faucou, curé du Mousteiret; et directeur-économe, M. Jean-Joseph Giraud, son secrétaire; et il leur donna un règlement provisoire en date du 28 novembre 1779.

Dès la première année, dix-huit étudiants furent logés dans le Séminaire, et dix-huit autres environ logeaient en ville, en attendant que les réparations que l'on faisait au nouveau local fussent achevées. [2]

Mais comme, aux termes de l'édit du mois d'août 1749, le Séminaire ne pouvait être solidement établi sans le concours de l'autorité royale; M. de Bausset supplia le monarque de mettre le sceau de son autorité à l'établissement déjà formé dans la ville de Digne, de confirmer le legs du sieur de Gassendi, et de permettre, en faveur du même Séminaire, l'union de bénéfices jusqu'à concurrence de 4,000 livres de revenu, d'autoriser les dons et legs jusqu'à concurrence de pareille somme de revenu, etc, ce qui fut octroyé par Lettres patentes du mois de février 1780, enregistrées au parlement de Provence le 17 mars de la même année. Ensuite de quoi M. de Bausset rendit son Décret d'érection du 11 avril 1780.

Le Séminaire cependant était loin de pouvoir se suffire à lui-même. M. de Gassendi, par son legs de 25,000 livres, avait voulu lui assurer un revenu de 1,250 livres, dont 600 pour deux directeurs ou supérieurs, et le reste pour l'éducation de six pauvres séminaristes, et la célébration, tous les jours de l'année, d'une

des frères qui moururent sans postérité. Sa sœur Catherine eut une fille, Lucrèce Bodoul, qui fut mariée à Pierre Gassendi, de Digne, issu d'une autre famille, et parent tout au plus éloigné du prévôt.

[1] Lettres patentes qui confirment l'établissement du Séminaire.

[2] Ibid.

messe basse à l'intention du donateur. Mais le legs ayant été
remboursé en billets de banque et employé à l'achat d'une partie
des moulins de la ville, avait souffert une telle diminution qu'il
ne produisait plus que 600 livres environ, somme évidemment
insuffisante pour remplir les intentions du testateur[1] ; de sorte
que le Séminaire ne subsistait que par les dons qu'obtenait ou
que faisait M. l'abbé de Bausset.

Aussi le 3 octobre 1781, M. Faucou présenta une supplique
tendant à faire ordonner que le prieuré de Saint-Vincent et
la chapellenie de Notre-Dame (autrement dite *Domini Bernardi*),
fondée dans la cathédrale de Notre-Dame du Bourg, bénéfices
unis et incorporés au couvent des religieux de l'ordre de la
Sainte Trinité, en 1495, possédés par eux jusqu'en 1779, et
alors, par suite de la suppression du couvent, conférés de plein
droit par Mgr. l'évêque à M. Antoine Michel, prêtre chanoine
de l'église cathédrale de Digne, fussent éteints et supprimés, et
que les revenus (qui n'arrivaient pas à 200 livres) fussent unis
et incorporés pour toujours et à perpétuité au Séminaire, afin
qu'il en jouît d'abord après le décès du titulaire, M. Michel, ou
après sa démission pure et simple ; ce qui, après les informa-
tions d'usage, le consentement de M. Michel et celui du Chapitre, seigneur spirituel et temporel du Bourg, dans le territoire duquel se trouvaient les domaines dépendants des deux
bénéfices, fut accordé par le décret définitif de M. de Bausset,
le 12 novembre 1782, à la charge par le Séminaire, non de
réparer l'église et les bâtiments de Saint-Vincent, déjà ruinés
et interdits avant 1780, mais seulement d'y entretenir une petite
chapelle pour y faire célébrer la sainte messe toutes les fois que
la dévotion des fidèles l'exigerait, et de faire acquitter tous les
ans un service le 23 janvier, et vingt messes basses pour les
fondateurs desdits bénéfices.

A cette époque, le collège était au faubourg de *Soleille-Bœuf,*
vers l'extrémité de la rue de la Mère-de-Dieu, dans la maison
qui à présent porte le numéro 34 et appartient à M. Raymond.

---

[1] Requête présentée par le supérieur du Séminaire, le mois d'octobre 1782,
pour obtenir la réduction des messes fondées dans l'église de la Trinité.

C'est là qu'en 1608[1], Gassendi, âgé seulement de seize ans, avait enseigné la rhétorique, et qu'en 1652 la jeunesse du pays avait commencé de recevoir les doctes leçons de quatre pères de la Compagnie de Jésus, à laquelle Digne se glorifiait déjà d'avoir donné le savant père Louis Richeome[2], homme d'une grande piété, controversiste habile, zélé défenseur de la foi contre les huguenots.

A peine arrivé dans son diocèse, Mgr. de Villedieu, jugeant qu'il serait avantageux au collège et au Séminaire que ces deux établissements fussent réunis, autant du moins qu'il serait possible, fit agrandir les bâtiments des anciens Trinitaires, secondé en cela par la ville, qui, à la sollicitation de M. d'Esmivy d'Auribeau, maire en 1785, contribua pour une somme de 5,000 livres environ. Le collège fut donc réuni au Séminaire, et il ne resta qu'une petite école dans la première maison.

A M. Faucou succéda, en 1786, dans le gouvernement du Séminaire, M. Estays qui, après la révolution, fut curé de Sisteron, et que nous avons vu ensuite pendant vingt-deux ans chanoine à Digne, où il a terminé son édifiante carrière en 1840, âgé de plus de quatre-vingt-quinze ans.

Pendant la révolution, le Séminaire devint la prison des

---

[1] La *Gallia Christiana* fait naître Gassendi en 1598; d'après la médaille de la *Galerie métallique des grands hommes français*, il serait né la même année, et mort en 1656 : ces dates sont fausses. P. Gassendi (dont le vrai nom est Gassend), naquit à Champtercier, le 22 janvier 1592, entre six et sept heures du matin; et mourut à Paris, le 24 octobre 1655, entre deux et trois heures après midi. C'est ce que prouvent diverses notes manuscrites qui appartenaient au neveu de Gassendi, et que possède à présent M. le docteur Honnorat.

[2] Voici comment Gassendi en parle : *Est vero sanè..... non reticendum, eximium illum Ludovicum Richeomum, virum in ea Societate (Jesu) scriptorum facundia, eruditione, copia celebrem, fuisse ex hac urbe oriundum. Memini, cum anno hujus seculi quinto ipsam revisisset, ac invitatus fuisset a concivibus ut dignaretur patriam concione quadam publica, cœpisse illum ab hoc exordio :* « *Quadraginta anni jam sunt ex quo mihi Dominus, ut olim Abrahamo dixit :* » *Exi de terra tua et de cognatione tua et de domo Patris tui, et veni in terram* » *quam monstravero tibi.* » *Scilicet tantum temporis erat ex quo Societati nomen dederat, neque deinceps repetierat lares.* Notitia Ecclesiæ Diniensis, cap. xx.

prêtres qui refusaient de participer au schisme; plus tard on y logea des soldats; en dernier lieu on y rouvrit des classes.

Dès que Mgr. de Miollis fut arrivé dans son évêché, il comprit que le rétablissement du Séminaire devait être sans délai l'objet de toute sa sollicitude; il s'en expliqua. Quatre des principales villes du nouveau diocèse lui firent aussitôt les offres les plus généreuses et les plus engageantes; mais un évêque est porté par beaucoup de raisons à placer son Séminaire auprès de lui; la ville épiscopale devait donc être et fut en effet préférée. Mgr. de Miollis s'adressa aux administrations locales pour les inviter à lui fournir un emplacement; et ce fut alors qu'on lui proposa le ci-devant couvent des Cordeliers.

Ce couvent, fondé du temps de Saint François (au xiiie siècle), et peut-être par Saint François lui-même[1], avait été illustré par plusieurs hommes célèbres, entre autres par Vital Dufour, mort cardinal à Avignon, sous le pontificat de Jean xxii, et par le savant François de Mayronis, qui enseigna avec distinction à Paris, fut surnommé le *Docteur éclairé*, institua l'acte appelé la *Sorbonique*, et fut confesseur de Sainte Delphine et de Saint Elzéar.[2]

Ruiné et réduit presque en cendres par les Calvinistes du xvie siècle, ce monastère ne put jamais être rétabli dans son premier état. Cependant on en répara l'église, et l'on rebâtit peu à peu des cellules pour un petit nombre de religieux. Mais la grande salle, qui servait auparavant de réfectoire, fut cédée

[1] *Is conventus (Fratrum minorum, quos Cordigeros etiam dicunt) est civitati ad Boream, ultra proximeque Mardaricum situs. Dicitur ipsum B. Franciscus, cum hac in regione aliquandiu commoraretur condidisse, etc.*

[2] *Præterea ex hocce conventu viros aliquot celebreis prodiisse : imprimis vero, ut certe est fama, Franciscum illum de Mayronis, qui solet in scholis, ac apud suos potissimum, illuminatus Doctor citari, quique sub annum mcccxv autor fuit Parisiis Sorbonici illius actus quo..... Baccalaureorum unus respondet argumentationibus cæterorum, ab hora usque septima matutina in vespertinam quintam, idque sine præside, sine socio, sine prandio, sine emigratione ex sede. Exstitisse hunc memorant a sacris confessionibus beatis Elzeario atque Delphinæ.* Gassendi, Notitia Ecclesiæ Diniensis, cap. xx.

vers 1623 aux Pénitents blancs de Notre-Dame, dont la confrérie avait été instituée en 1579, et ceux-ci la convertirent en chapelle. [1]

Quand les jours de la grande spoliation furent arrivés, les possessions des Cordeliers furent mises à l'enchère, au nom de la nation, par les administrateurs du district ; et le 13 février 1791, la ville de Digne devint adjudicataire des bâtiments et domaines en dépendant, formant l'enclos des FF. Mineurs conventuels, moyennant le prix de 8,000 livres qu'elle devait payer d'année en année par douzième. Cette acquisition ne comprenait ni le pré qui est au nord-ouest, et qui fut adjugé au sieur Martin pour le prix de 13,800 livres, ni la chapelle des Pénitents blancs.

Cependant la commune de Digne n'ayant pas satisfait aux différentes obligations auxquelles elle était assujettie par les lois des 11 frimaire et 18 pluviose an VIII, fut, en exécution de leurs dispositions, dépossédée dès le 9 germinal an VIII, des objets par elle acquis et pour raison desquels elle avait encouru la déchéance. Ses réclamations contre cette déchéance n'en détruisirent point l'effet ; l'administration des Domaines reprit

---

[1] *Sensit vero hoc quoque cœnobium Calvinistarum injurias ; quippe ab iis prope in cineres versum. Vidi ipse ecclesiam semirutam adhuc, quæ tota, jam contecta est, uti et quædam Religiosorum domicilia in dies reficiuntur. Quæ exstant adhuc parietinæ argumento sunt fuisse insignem domum.*

Anni amplius triginta sunt ex quo quæ aula refectorium fuerat, cujusque parietes adhuc semiruti constabant, exædificata fuit, versaque in ecclesiam quam vocatorum Pœnitentium Disciplinatorumve (eorumque alborum) capellam et casellam vocant. Ii nempe locum istum quæsierunt, illo dimisso qui ipsis fuerat ante annos ab heinc LXXV concessus apparatusque in Burgo, quique adhuc cohæret ecclesiæ, ingredientibus in ipsam, ad lævam. Gassendi, Notitia Ecclesiæ Diniensis, cap. XX.

Cette chapelle, qu'avaient les Pénitents à côté de Notre-Dame, et qu'on voyait encore du temps de Gassendi, n'existe plus. Elle communiquait apparemment à l'ancienne cathédrale par la première des deux portes latérales qu'on trouve à gauche en s'avançant dans l'église. La seconde de ces portes donnait entrée dans une chapelle à présent ruinée, et dite autrefois de Saint-Raynaud, et ensuite de Sainte-Anne.

les objets aliénés ; et dès lors le couvent des Cordeliers fut de nouveau à la libre disposition de l'État. [1]

M. l'Évêque et M. le Préfet s'adressèrent donc au gouvernement pour obtenir, en faveur du Séminaire, la cession de tout ce qui formait anciennement l'enclos des Cordeliers. Leur demande fut favorablement accueillie ; et par un décret impérial du 29 octobre 1807, *le Préfet des Basses-Alpes fut autorisé à concéder gratuitement à M. l'évêque de Digne le ci-devant Couvent des Cordeliers de cette ville, ainsi que la chapelle des Pénitents blancs y attenant, avec toutes leurs dépendances, pour y établir son séminaire diocésain.*

Le Couvent, sans compter la Chapelle des pénitents, comprenait l'église, le bâtiment des religieux, le jardin qui était entre l'église et la maison, et quatre parties de terrain qui environnaient le tout.

L'église, à l'exception du clocher, démoli comme celui de Notre-Dame du Bourg [2] en 1794, n'avait pas été ruinée. Elle s'étendait du couchant à l'orient sur une longueur de 55 mètres, et avait 25 mètres de largeur. Elle était formée d'une grande nef, le long de laquelle on voyait, en allant vers le chœur, sept chapelles de chaque côté, savoir : à droite, les chapelles de Notre-Dame des Grâces, de la Descente de Croix, de Saint-Crépin, de la Descente du Saint-Esprit, de Saint-François, de Notre-Dame du Mont Carmel, et de l'Immaculée Conception ; à gauche, celles de Sainte-Anne, de Saint-Clair, de Saint-Éloi, de Saint-Antoine de Padoue, de Saint-Sébastien, des Cinq Plaies et de l'Enfant Jésus. Bien des personnes respectables, à la tête desquelles était M. le chanoine Garcin, ancien supérieur duséminaire de Riez, étaient d'avis de la conserver. D'autres

[1] Avis du Directeur de l'administration de l'enregistrement et des domaines sur la lettre écrite par M. l'Évêque à M. le Préfet, le 25 juin 1807, et tendant à obtenir le couvent des Cordeliers, etc.

[2] Le clocher de Notre-Dame du Bourg était d'abord surmonté d'une flèche élégante qui fut abattue pendant les guerres civiles. Celle que Gassendi, encore enfant, avait vu construire était sans grâce ; c'est celle qu'on démolit en 94. Voyez *Notitia Ecclesiæ Diniensis,* cap. XI.

étaient d'une opinion contraire, alléguant qu'une église aussi vaste rétrécirait sans utilité le Séminaire, et qu'indépendamment de ce qu'il en coûterait pour la réparer, l'entretien en serait constamment dispendieux : ces raisons firent prévaloir leur avis, et de toute cette église on ne conserva que le portail qui forme presque tout le côté occidental de la chapelle actuelle.

La chapelle des Pénitents blancs, qui joignait l'habitation des Frères Mineurs à leur église, ne fut point abattue ; elle subsiste encore aujourd'hui ; mais elle est divisée en deux parties, dont l'une est la salle des classes et l'autre la sacristie.

Le bâtiment des Cordeliers, sans compter la cave, le réfectoire, la cuisine, une pièce voûtée, à côté, ni le colombier, se composait de deux étages contenant des chambres pour une dizaine de religieux. Ce logement, plus que suffisant pour les Cordeliers qui, vers la fin, n'étaient qu'au nombre de quatre à six [1], était évidemment trop étroit pour un séminaire. On chercha donc à multiplier les cellules en partageant les anciennes chambres par des cloisons ; et au-dessus du corridor qui régnait au nord du premier étage, on construisit quatorze cellules fort petites, et de plus très-basses parce qu'on voulut en raccorder le toit avec celui qui existait déjà. Or, bien que dans ces commencements on se bornât au strict nécessaire, nous apprenons néanmoins, par un rapport de 1810, conservé dans les registres [2], que Mgr. l'évêque *dépensa de ses propres deniers au moins dix mille livres*, pour réparer cette maison en ruine et l'approprier à sa nouvelle destination. L'ouverture s'en fit en 1809. [3]

Les ecclésiastiques se trouvant de jour en jour plus à l'étroit, à raison de leur nombre toujours croissant, Mgr. l'évêque fit construire, de 1810 à 1812, la partie du nouveau bâtiment où

---

[1] Quelques personnes se souviennent encore des Pères : Du Chaffaut, de Digne, gardien ; Lieutaud, aussi de Digne, prédicateur, théologien ; Blanc, de Briançon ; Roux, de Vallouise ; de Preyne, du Poil ; Mévolhon, de Sisteron ; Simon, gardien, venu d'un autre diocèse ; et du Frère Louis Rambert, de Saint-Estève en Piémont, lequel tenait une petite école.

[2] On le trouve dans le volume de 1807.

[3] Voyez ci-dessus, page 158.

est le réfectoire et qui a 21 mètres de longueur. ' La partie où
est la cuisine fut ajoutée de 1813 à 1814 ; et le reste jusqu'au
chemin , après.

En 1815 fut achevé le mur d'enceinte.

De 1818 à 1819, on retrancha la tribune qu'il y avait dans la
nouvelle chapelle, au nord, au-dessus de l'entrée; on plaça le
maître-autel de ce côté, et la porte d'entrée au midi.

En 1819, on fit des cellules au galetas du bâtiment neuf; et
au midi de la chapelle, un prolongement de 4 mètres.

En 1820 s'élevèrent au-dessus de l'ancienne chapelle des
Pénitents blancs quatorze cellules, à l'occasion desquelles on
ajouta au rez-de-chaussée le corridor par lequel la maison communique à la nouvelle chapelle ; et sur ces quatorze cellules on
en construisit encore autant, deux ans après.

En 1827, le Séminaire eut une fontaine alimentée par l'eau
que M. Jassaud de Thorame , pendant sa mairie, avait conduite
jusqu'au faubourg de la Traverse et que M. Duchaffaut, son
successeur, distribuait, depuis 1825, dans les divers quartiers
de la ville.

Enfin, en 1828 fut commencée, aux frais du gouvernement, la
reconstruction en entier de l'ancien corps de logis. L'adjudication
en fut passée le 24 mai, pour la somme de 25,670 francs 62 centimes. Les travaux furent terminés à la fin de 1829 ; et la dépense
totale s'éleva à la somme de 26,954 francs 15 centimes.

Ainsi s'est formé peu à peu , par la sollicitude et en grande
partie aux frais de Mgr. de Miollis , un établissement cher à tous
les amis de la religion et surtout aux prêtres de ce diocèse dont
il a été le berceau.

Mais l'ancienne retraite des pieux enfants de Saint François a
disparu. A peine ceux qui ne l'ont plus vue depuis quarante ans
distingueraient-ils aujourd'hui, dans le nouvel édifice, la cave et
le grenier des cénobites ou la chapelle des Frères Pénitents. Ils
ne reconnaîtraient guère que le modeste portail de l'église , les
tilleuls et les deux ormes séculaires qui l'ombrageaient, enfin le
puits qui ne tarit jamais, et où jadis on venait se désaltérer ,

' Voyez ci-dessus, page 159.

lorsque les eaux du vallon de Lambert, par le dérangement des
conduits, n'arrivaient pas aux fontaines, et que la Bléone, enflée
par les torrents, ne roulait sous le grand pont que des eaux
fangeuses.[1]

Il est vraisemblable que jamais ce couvent ne posséda des
peintures remarquables. Les tableaux sur bois ou sur toile qu'il
y eut ont péri. Nous avons trouvé cependant avec plaisir, le por-
trait en buste du célèbre François de Mayronis ; et nous aimons
à le conserver, non comme un chef-d'œuvre de l'art, mais
comme un souvenir précieux pour cette maison et honorable
pour le pays.

---

[1] *In Minoritarum cœnobio est unus (puteus) ad quem patet perfugium, defi-
cientibus ob canaleis interruptos fontibus, turbatis que Bledonæ aquis.* Gassendi, Notitia Ecclesiæ Diniensis, cap. v.

La ville autrefois n'avait que deux fontaines, celle du *Mitan* et celle de la
Porte de Gaubert, dont l'eau venait du vallon de Lambert, appelé aujourd'hui
vallon de Saint-Jean, à cause d'une chapelle qui y fut bâtie une douzaine
d'années avant la révolution.

TABLE DES MATIÈRES.

A

B

C

D

E

H

I

J

N

O

P

S

T

U

V

FIN.

www.ingramcontent.com/pod-product-compliance
Lightning Source LLC
Chambersburg PA
CBHW071347280326
41927CB00039B/2047